AF450789

Diseño: Gerardo Miño
Composición: Eduardo Rosende

Edición: Primera. Diciembre de 2022
ISBN: 978-84-18929-89-2

Códigos IBIC: HBLA1 (Historia clásica/civilización clásica)
1QDAE (Antiguo Egipto)
1QDA (Mundo Antiguo)

Lugar de edición: Buenos Aires, Argentina

dirección postal: Tacuarí 540 (C1071AAL)
Ciudad de Buenos Aires, Argentina
tel-fax: (54 11) 4331-1565
e-mail producción: produccion@minoydavila.com
e-mail administración: info@minoydavila.com
web: www.minoydavila.com
redes sociales: @MyDeditores, www.facebook.com/MinoyDavila

MARCELO CAMPAGNO / BERNARDO GANDULLA / IANIR MILEVSKI (eds.)

RELACIONES ENTRE EGIPTO Y PALESTINA EN EL IV MILENIO A.C.

Modelos e interpretaciones

Estudios del Mediterráneo Antiguo / **PEFSCEA Nº 27**

PROGRAMA

Consejo de dirección:

Marcelo Campagno	(Universidad de Buenos Aires-CONICET);
Julián Gallego	(Universidad de Buenos Aires-CONICET);
Carlos García Mac Gaw	(Universidad Nacional de La Plata-Universidad de Buenos Aires).

Comité asesor externo:

Jean Andreau	(École des Hautes Études en Sciences Sociales, París);
Josep Cervelló Autuori	(Universidad Autónoma de Barcelona, España);
César Fornis	(Universidad de Sevilla, España);
Antonio Gonzalès	(Université de Franche-Comté, Francia);
Ana Iriarte	(Universidad del País Vasco, España);
Pedro López Barja	(Universidad de Santiago de Compostela, España);
Antonio Loprieno	(Universidad de Basilea, Suiza);
Francisco Marshall	(Universidade Federal de Rio Grande do Sul, Brasil);
Domingo Plácido	(Universidad Complutense de Madrid, España).

ÍNDICE

PREFACIO

Este libro es una iniciativa del grupo de trabajo organizado en torno del Proyecto PICT-Raíces 2015-2943 "Relaciones entre Egipto y Palestina a fines del IV milenio a.C.: hacia la construcción de un modelo multidisciplinario de interpretación", otorgado por el FONCYT dependiente de la Agencia Nacional de Promoción de la Investigación, el Desarrollo Tecnológico y la Innovación (Argentina), enriquecido a partir del aporte de otros investigadores de diversos ámbitos académicos, lo que ha conferido al proyecto un carácter internacional. Como parte de tal proyecto, el equipo argentino ha participado durante 2018 en las excavaciones en Tel Erani, Israel, un sitio clave para entender la presencia egipcia en Canaán a fines del IV milenio a.C. (Milevski *et al.* 2019).

El tema de las relaciones entre Egipto y Palestina durante el IV milenio a.C. ha sido objeto de innumerables análisis de los estudiosos de ambas regiones del Cercano Oriente, que han abordado la multiplicidad de testimonios arqueológicos, iconográficos y escritos a partir de diversas perspectivas. La investigación tanto del Egipto protodinástico y dinástico temprano, como de la llamada Edad del Bronce Antiguo en lo que se conoce como Levante meridional (Canaán o Palestina) en el IV milenio a.C. ha avanzado mucho en el último medio siglo. Sin embargo, no existen coincidencias unánimes acerca de la naturaleza de las relaciones entre ambas regiones y entre las entidades sociales que entraron en contacto. En este contexto, este libro representa el trabajo de un grupo de investigadores de la Argentina, Israel, Polonia y Alemania, que trabajan en el Cercano Oriente en el campo de la historia y la arqueología.

Los temas del presente volumen se encuentran ordenados según regiones: Egipto, el Levante meridional central, y el Levante meridional sudoriental, incluyendo el aspecto del urbanismo cananeo; pero el objetivo ha sido el de tratar de imbricar en forma cooperativa todos los trabajos que aquí se presentan, dado que es el conjunto de ellos el que aporta ideas que permiten pensar en esas tempranas interacciones interregionales.

Queremos agradecer a todos los autores cuyos trabajos forman parte de este volumen, por su generosidad para compartir informaciones e ideas. En particular, un agradecimiento a María Belén Daizo por la edición de los mapas y a Pablo Jaruf por la revisión técnica de los manuscritos, así como también a la casa editorial Miño y Dávila, por el fino trabajo dedicado en cada paso de su elaboración.

Marcelo Campagno, Bernardo Gandulla, Ianir Milevski

Buenos Aires y Jerusalén, Julio de 2022

 Marcelo Campagno / Bernardo Gandulla / Ianir Milevski (eds.)

RECONSTRUYENDO LAS RELACIONES ENTRE EGIPTO Y PALESTINA EN EL IV MILENIO A.C.

Ianir Milevski
Autoridad de Antigüedades, Israel – Programa "Raíces",
Ministerio de Ciencia, Tecnología e Innovación, Argentina

Bernardo Gandulla
Universidad de Buenos Aires – Universidad Nacional de Luján

Marcelo Campagno
Universidad de Buenos Aires – CONICET

Las relaciones entre Egipto y Palestina a lo largo de la Antigüedad han sido estudiadas a través de testimonios arqueológicos, iconográficos y escritos por innumerables investigadores de ambas regiones del Cercano Oriente. La investigación tanto del Egipto protodinástico y dinástico temprano, como de la Edad del Bronce Antiguo en lo que se conoce como Canaán (Palestina) (ver mapas 1 y 2, pp. 10 y 11) en el IV milenio a.C. (ver Tabla 1) ha avanzado mucho en el último medio siglo a partir de estudios que consideran los hallazgos por lugar de origen y distribución permitiendo a especialistas de ambas regiones producir estudios pormenorizados de esas relaciones. Con cierta frecuencia, las excavaciones han puesto de relieve la presencia de testimonios originarios de Canaán en sitios egipcios, y viceversa, hallazgos de origen egipcio en localidades cananeas, lo que ha dado lugar a múltiples modelos e interpretaciones que han generado todo un campo de discusión específico en torno de estos contactos interregionales.

Período		Desde	Hasta
Levante meridional	**Egipto**		
BA IA1	Nagada IC-IIB	3700 cal. a.C.	3600 cal. a.C.
BA IA2	Nagada IIB-IID1	3600 cal. a.C.	3500/3400 cal. a.C.
BA IB1	Nagada IID2-IIIA	3500/3400 cal. a.C.	3200 cal. a.C.
BA IB2	Nagada IIIB-C1 / Dinastías 0-1	3200 cal. a.C.	3050 cal. a.C.

TABLA 1. Cronología de Egipto y el Levante meridional durante la Edad del Bronce Antiguo I (y ver Regev *et al.* 2012; Czarnowicz 2021: tabla 3).

En efecto, las excavaciones arqueológicas –sobre todo, las llamadas de salvataje– en el territorio de Israel y la Franja de Gaza en los últimos cuarenta años han tornado el tema de investigación de este volumen en uno de los tópicos predilectos de los investigadores del Cercano Oriente. Sitios anteriormente desconocidos, como Tell es-Sakan, Ashkelon-Afridar, En Besor, Tel Maahaz, Tel Lod, Amaziya, Tel Halif y otros han proporcionado innumerables hallazgos para considerar el tema de las tempranas relaciones entre Egipto y Palestina (Gophna

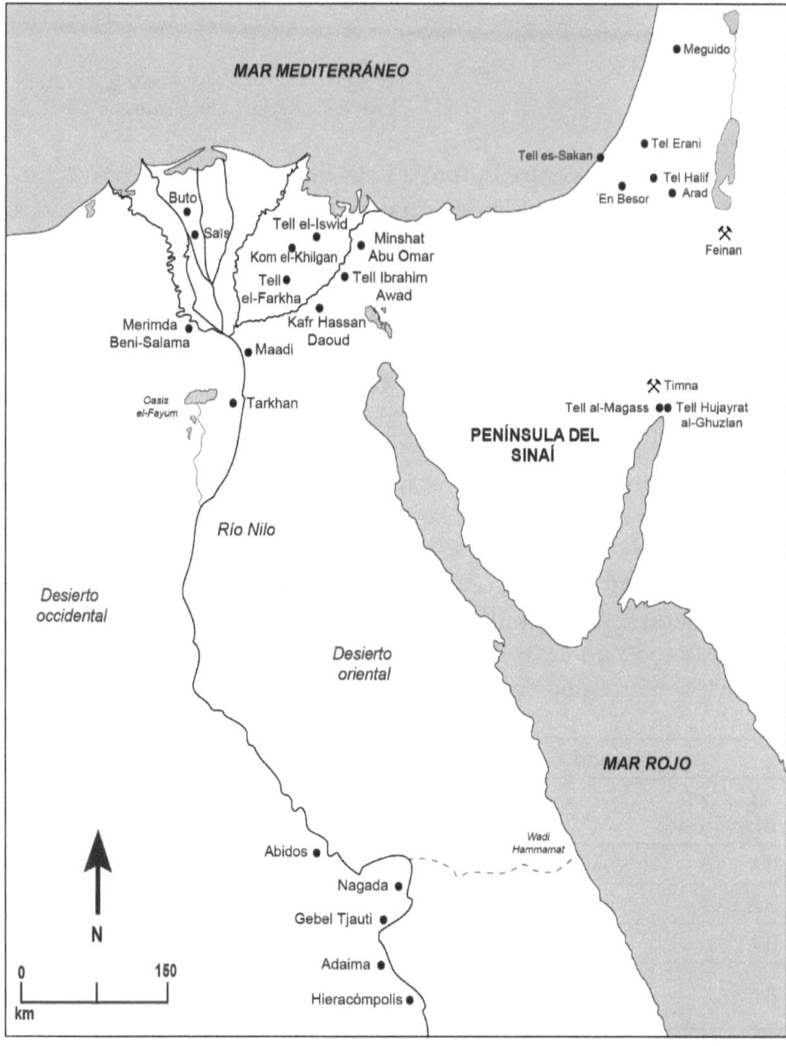

MAPA 1: Ubicación de los sitios más importantes de Egipto y el Levante meridional mencionados en este volumen.

     Marcelo Campagno / Bernardo Gandulla / Ianir Milevski (eds.)

1995a; 2004; Levy *et al.* 1997; Miroschedji *et al.* 2001; van den Brink y Braun 2003; Miroschedji y Sadek 2005). En cuanto a Egipto, las investigaciones de las últimas décadas en el delta del Nilo también han provisto de evidencias que permiten nuevas reflexiones acerca de las conexiones entre dicho territorio y la región cananea durante

Mapa 2: Ubicación de los sitios del Levante meridional mencionados en este volumen.

el IV milenio a.C. (van den Brink 1992; van den Brink y Levy 2002; Ciałowicz *et al.* 2015). En este sentido, el presente libro se ha visto beneficiado por la participación de la mayor parte de sus contribuidores en dos grandes proyectos en el delta del Nilo –Tell el-Farkha– y en la costa mediterránea de Israel –Tel Erani. Las excavaciones en los últimos años en ambos sitios (*e.g.* Chłodnicki *et al.* 2012; Ciałowicz *et al.* 2016; Milevski *et al.* 2019) han provisto de material muy importante para el tema que abordamos en este volumen.

Nuestro punto de partida es que para alcanzar una definición convincente acerca de las características de las interacciones entre Egipto y Palestina durante el IV milenio a.C. debemos tomar en cuenta un sinfín de características, incluyendo la producción de bienes –lo que abarca tanto las materias primas utilizadas como las tecnologías intervinientes– y la variedad de los modos de intercambio entre ambas regiones, que, como un todo, se expanden notablemente respecto de épocas anteriores. Por otro lado, hay que considerar que las relaciones entre las dos regiones tienen lugar en tiempos en que una de ellas –la del valle del Nilo– atraviesa una serie de cambios decisivos que conducen a la formación y expansión del Estado, en tanto que la otra –Palestina– ve el comienzo del proceso de la llamada "primera urbanización", de modo que las interacciones interregionales tienen lugar en un contexto que es todo menos estático. En este marco, el presente volumen afronta la complejidad del problema a partir de una diversidad de estrategias de abordaje. Entre las tareas que nos hemos trazado, y que se reflejan en los capítulos del libro, encontraremos:

1) Revisión de datos de las excavaciones relacionados con objetos y tecnologías de origen egipcio o "egipcianizante" (es decir, híbridos egipcio-cananeos) en Palestina y de origen cananeo en el delta y el valle del Nilo;
2) Estudio de fenómenos específicos de producción iconográfica, incluyendo sus implicancias ideológicas;
3) Relevamiento de teorías antropológicas y sociológicas aplicables a la situación en estudio;
4) Ponderación de las relaciones específicas entre el proceso de surgimiento y consolidación del Estado en el valle del Nilo y la presencia egipcia en Palestina;
5) Análisis de otras dinámicas de contacto interregional relacionadas con nuestra situación de estudio, tales como las establecidas entre el ámbito sudlevantino y el golfo de Áqaba o la región de Siria y el Transcáucaso; y

6) Integración del estudio y los resultados de las excavaciones recientes no solo en Tel Erani sino en otros sitios cananeos que reflejan una diversidad de formas de relación entre Egipto y Palestina durante el Bronce Antiguo I.

Las interpretaciones anteriores acerca de las relaciones entre el valle del Nilo y el Levante meridional desde comienzos del IV milenio y hasta comienzos del III milenio a.C. han abarcado una amplia gama de propuestas (cf. Anđelković 1995), desde aquellas que han planteado una conquista militar egipcia (p.ej., Yadin 1955) hasta aquellas que han propuesto la organización de un sistema colonial egipcio en Palestina (p.ej., Brandl 1992), o han enfatizado el papel del comercio interregional (p.ej., Ben-Tor 1986), o de las migraciones más o menos autónomas (p.ej., Kansa y Levy 2002), o de las influencias culturales de Egipto (p.ej., Dessel 1991). Varias de esas propuestas se han encuadrado bajo el par conceptual centro-periferia (Campagno 2010). Hoy día hay nuevas perspectivas, aunque no incompatibles con las anteriores, incluyendo la propuesta de vínculos intersocietales asimétricos, en los que una de las sociedades tiene una potencia mayor para intervenir que la otra, así como relaciones que suceden en un escenario intrarregional, especialmente entre centros urbanos y periferias rurales. Por cierto, en la consideración de las relaciones entre Egipto y el Levante meridional a lo largo de un período prolongado, debe tomarse en cuenta la diversidad de variantes que pueden haber sucedido en fases consecutivas (cf. Gophna 1992; 1995b).

En todo caso, en términos generales, podemos caracterizar la presencia egipcia en el Levante meridional a finales del IV milenio a.C. en términos de cierta prevalencia egipcia en esta última región, con centros que podrían haber actuado como representantes de los intereses egipcios en Palestina –algunos de los cuales posiblemente incluyeran funcionarios y soldados procedentes del valle del Nilo– aunque con un amplio margen para la autonomía de las poblaciones locales. Mientras que algunos núcleos (Tell es-Sakan, En Besor, quizás Ashkelon-Afridar) (Gophna 1995a, 2004; Miroschedji *et al.* 2001; Miroschedji y Sadek 2005) ofrecen una predominante presencia egipcia, en muchos otros parece apreciarse cierta asociación mutua o, al menos, cierta coexistencia: por ejemplo, los complejos de silos de gran escala como los documentados en Amaziya y quizá los de Tel Halif (Dessel 2009; Milevski *et al.* 2014a; 2014b) podrían haber sido utilizados por los cananeos aunque, en términos globales, podrían hallarse bajo alguna forma de primacía egipcia, cuyo status de "colonial" depende del modo en que se defina este término. A su vez, las percepciones ideológicas que el Egipto protodinástico se formularía acerca de sus vecinos cananeos los situaría en un contexto de centros y entornos, concebidos en términos de periferias territoriales y cósmicas respecto de la experiencia de los egipcios, centrada cada vez más en su dimensión estatal y, en particular, en la figura del rey-dios para la que todo aquello que quedaba fuera de su alcance se hallaba en rigor "en disponibilidad", a la espera de que el monarca manifestara su voluntad acerca de integrarlo o no al cosmos propiamente egipcio (cf. Campagno 2008; Vernus 2011).

Los problemas planteados para la época y zona geográfica en cuestión son de gran relevancia tomando en cuenta un contexto sociohistórico más amplio. En efecto, nuestro objetivo no se reduce a un "estudio de caso" sino al entendimiento de procesos históricos que comprendemos no solo a partir de los datos sino de la combinación de las metodologías empleadas. Nuestro laboratorio, si se quiere, toma al corredor levantino, entre el Cercano Oriente asiático y el valle del Nilo, como una región de continuos cambios en la historia del Viejo Mundo. En este marco, una serie de transformaciones en la prehistoria tardía fueron introduciendo cambios decisivos en las comunidades agrícolas de dicha zona, primero con la domesticación de plantas y animales, luego con la fabricación de utensilios de cerámica y la metalurgia y finalmente con la construcción de centros urbanos, lugares del poder y de la administración.

En Palestina, la última fase del llamado Bronce Antiguo I o Bronce Antiguo IB2 (*ca.* 3200-3050 a.C.) (Yekutieli 2000) señala el final de una época dominada por pequeñas aldeas y el inicio de la primera urbanización en la región. La intensificación de la producción agrícola y la cría de animales van acompañadas de una mayor circulación de bienes y la utilización del asno como medio de transporte. La producción e intercambio de formas cerámicas y una nueva tecnología para la producción de hojas de hoces (llamadas "cananeas") seguramente multiplicó los resultados de la cosecha de cereales. El desarrollo de la metalurgia del cobre con una mayor división del trabajo respecto del anterior período Calcolítico también derivará en una mayor diversificación de la economía. Se ha propuesto que la expansión y los contactos entre Egipto y Palestina se aceleran, desde comienzos del Bronce Antiguo I, por la búsqueda de materias primas por parte de Egipto (Gophna 1995b) pero posiblemente también por los excedentes en la producción cananea (Gophna y Milevski 2003).

    Marcelo Campagno / Bernardo Gandulla / Ianir Milevski (eds.)

Por su parte, en el valle del Nilo, el IV milenio a.C. es la época en la que las aldeas agropastoriles que comienzan a instalarse desde el milenio anterior experimentan una serie de cambios que desembocan en el surgimiento y consolidación del Estado egipcio. El epicentro de tales transformaciones acontece en el Alto Egipto, particularmente en torno de tres grandes núcleos: Hieracómpolis, Nagada y Abidos, hacia la fase Nagada II (*ca.* 3600-3400 a.C.) (cf. Campagno 2002). A posteriori, también se documenta la emergencia de núcleos que atestiguan la presencia de élites en el delta (entre otros, Buto, Tell el-Farkha, Minshat Abu Omar) (van den Brink 1992; Hendrickx *et al.* 2004). Las transformaciones sociopolíticas en el sur desembocan primero en una unificación a nivel regional que, hacia el 3000 (fase Nagada IIIB) y con el comienzo de la Dinastía I, culmina con la integración política de todo el valle del Nilo, desde la primera catarata hasta el mar Mediterráneo. En ese contexto de cambios, la búsqueda de materias primas, principalmente para la elaboración de bienes suntuarios, impulsa la presencia egipcia en el exterior, particularmente visible en la región sudlevantina. Se ha sugerido que *tokens* y sellos encontrados en ambas regiones marcan la probable presencia de un mecanismo de registro que permitiría contabilizar y/o identificar los bienes en circulación (Daizo 2019). Ambos hallazgos de origen egipcio aparecen, por ejemplo, en sitios como Tel Erani y En Besor en Palestina.

Las reflexiones contemporáneas de los investigadores acerca de los contactos del Egipto protodinástico con el Levante tienen un punto de partida con la interpretación de Yadin (1955) sobre la paleta de Narmer como una narración de una hipotética conquista de Egipto en Asia. Esa percepción se vio fortalecida a partir de los descubrimientos, especialmente durante los años 70 del siglo XX, de artefactos egipcios y en especial de *serekhs* del rey Narmer (primer rey de la Dinastía I) en diversos sitios cananeos (Arad, Tel Malhata, En Besor) en contextos del Bronce Antiguo I (Amiran *et al.* 1978; 1983; Gophna 1995a). Si bien posteriormente las explicaciones de tipo "historicista" sobre documentos tales como la paleta de Narmer fueron siendo sustituidas por otras interpretaciones que enfatizan los aspectos simbólicos (Köhler 2002), la continuada actividad arqueológica en el sur de Israel facilitó el descubrimiento de una serie de sitios que fue dando pruebas de la presencia a largo plazo de los egipcios en el Levante, incluyendo hallazgos que mostraban los modos de subsistencia y la preparación de alimentos, junto con alguna actividad administrativa.

Así, las excavaciones llevadas a cabo desde finales de 1970 hasta el presente han proporcionado una vasta acumulación de datos arqueológicos de tal presencia egipcia, en una gran cantidad de sitios entre los que destacan Tell es-Sakan, En Besor, Tel Maahaz, Tel Halif, Tel Erani, Arad, Taur Ikhbeineh, Nizzanim, Afridar, Tel Lod, Horvat Illin, Meguido y recientemente Amaziya (Braun y Milevski 1993; Anđelković 1995; Gophna 1995a; Beit Arieh y Gophna 1999; Dessel 2009; Braun 2009, 2014). En este sentido, se fue determinando que el núcleo fundamental de ocupación o interacción egipcia (Brandl 1992; Porat 1992) muy posiblemente se haya centrado en el sitio fortificado de Tell es-Sakan, cerca de Gaza, en torno del cual aparece un número de sitios pequeños con una gran proporción de hibridación egipcio-levantina del repertorio cerámico. Algunos sitios cercanos presentan testimonios de materiales egipcios o egipcianizados que podrían implicar una convivencia de población procedente del valle del Nilo con la propia de la región sudlevantina (Miroschedji *et al.* 2001; Miroschedji y Sadeq 2005; Yekutieli 2008; Braun 2014). Por su parte, las renovadas investigaciones en cementerios y sitios predinásticos y protodinásticos del valle del Nilo permitieron un refinamiento de la cronología egipcia, lo que a su vez ha incidido en una mejor comprensión de las diferentes fases en el Levante contemporáneo (Anđelković 1995; Hendrickx y Bavay 2002).

De este modo, a las suposiciones basadas en ideas preconcebidas sobre una "civilización" conquistadora, se opuso la evidencia de un proceso cambiante, que al menos reconoce tres fases principales para el IV milenio a.C. (Campagno 2010; Greenberg y Palumbi 2014). La primera de tales fases abarca el Calcolítico Tardío y el Bronce Antiguo IA / Nagada I-IID1); la segunda fase corresponde al Bronce Antiguo IB1 / Nagada IID2-IIIA); la tercera refiere al Bronce Antiguo IB2 / Nagada IIIB-IIIC1 (una cuarta fase –en la que no se hará foco principal en el presente libro– correspondería, ya en el III milenio a.C., al Bronce Antiguo II / período Dinástico Temprano, cuando los contactos decaen abruptamente; cf. Miroschedji 2002, 45-46). Cada una de estas épocas permite notar un gran dinamismo y una gran variedad de relaciones socioeconómicas, políticas e ideológicas, que cambian a lo largo del tiempo.

En las dos primeras fases, la mayor parte de la evidencia de interacción levantina-egipcia viene del propio Egipto –particularmente de sitios del delta del Nilo tales como Buto y Maadi– y de una dispersión de corta vida de sitios establecidos a lo largo del litoral norte del Sinaí. En la segunda fase, se trata en su mayoría de grandes

   Marcelo Campagno / Bernardo Gandulla / Ianir Milevski (eds.)

cantidades de cerámica del llamado horizonte "Erani C", cerámica encontrada en tumbas de élite en el valle del Nilo (Hendrickx y Bavay 2002), incluyendo la extraordinaria colección de recipientes descubiertos en la tumba U-j del cementerio predinástico de Abidos (Dreyer 1998; Hartung 2002). Esta cerámica ha sido encontrada también en sitios del delta del Nilo (Czarnowicz 2014). En el propio Levante meridional, sin embargo, la evidencia para el contacto es escasa. Yekutieli (2006) ha sugerido que Egipto habría tratado de "adquirir tecnologías agrícolas avanzadas" en las llanuras costeras levantinas del sur, o bien estaría intentando explotar una "periferia" subdesarrollada, extrayendo y transportando productos agrícolas hacia el Nilo. Greenberg y Palumbi (2014) han puesto más el acento en los procesos culturales, apuntando a la convivencia de grupos humanos de diferentes proveniencias en determinadas zonas, comparando estas dinámicas a las que tienen lugar respecto de las llamadas colonias de Uruk en el norte de Mesopotamia e Irán y la presencia de la cultura Kura-Araxes de origen transcaucásico en el Levante (Rothman 2003; Gandulla 2007; Lyonnet 2007; Greenberg y Goren 2009; Sagona y Zimansky 2009).

La tercera fase ofrece evidencia de la presencia de egipcios en Palestina y consiste en grandes cantidades de artefactos cotidianos de matriz egipcia pero de fabricación local, tales como moldes de pan, tinajas para cerveza, cuencos en forma de loto y artefactos de pedernal (ver, p.ej., Gophna 1995a; 1995b). En la zona núcleo, esos hallazgos conjuntamente con las importaciones propiamente dichas de Egipto constituyen el grueso de los elementos de cultura material recuperados, mientras que otros sitios muestran una clara mezcla de elementos egipcios y locales, incluyendo una cerámica "híbrida" (es decir, que resulta de una mezcla de la técnica egipcia y la forma local o viceversa). En los últimos sitios, se han presentado pruebas de la diversidad cultural y segregación, lo que según Greenberg y Palumbi (2014) indicaría que los egipcios y la población local ocuparían partes diferentes del sitio y probablemente pertenecerían a grupos con diferentes status. Además de los hallazgos de carácter doméstico, algunos sitios (Tell es-Sakan, En Besor) presentan clara evidencia de una presencia estatal egipcia, que incluyen edificaciones de estilo egipcio y cerámicas con *serekhs* incisos, así como improntas de sellos que apuntan a la existencia de cierta actividad administrativa.

En relación con esto último, y en el marco de un reciente caso de investigación centrado en los resultados de las excavaciones realizadas en el sitio de Amaziya (Milevski *et al.* 2014a; 2014b), se ha sugerido un modelo económico más complejo: los centros de población cananea como Tel Erani podrían haber tenido el control político y/o económico de otros sitios de menor escala de modo tal que los productores locales enviaran sus productos a la entidad central que almacenaría esa producción; tal interpretación se basa en el modelo de D'Altroy y Earle (1985), quienes apuntan al empleo de los bienes de consumo como elemento de la acumulación de la riqueza y como estrategia de las élites para reforzar su liderazgo, incluyendo la redistribución hacia la población asociada a la entidad central, que no producen su propio alimento. Si existió un control "colonial" egipcio en el sur del Levante y en particular en el área de Nahal Lachish, el dispositivo podría haber funcionado de modo tal que un centro local que representaría a la élite egipcia almacenaría los productos agrícolas, redistribuyendo *in situ* parte de esa producción. En este sentido, los complejos de silos de gran escala como los hallados en Amaziya (Milevski *et al.* 2014b) y quizá los de Tel Halif (Dessel 2009) estarían directamente relacionados con la presencia egipcia en el Levante meridional. La notoria cantidad de materiales egipcios hallados en Amaziya, Tel Erani, Tel Halif y otros sitios parecen así indicativos de cierta "asociación mutua" con la población cananea hacia finales del Bronce Antiguo I, en los últimos decenios del IV milenio a.C. (Braun 2001, 2009).

En este sentido, y a modo de balance preliminar, consideramos que es necesario confrontar los modelos hasta aquí reseñados con el creciente conjunto de datos arqueológicos para lograr una síntesis que conciba las relaciones entre estas dos regiones del Cercano Oriente en el marco de un proceso continuo de combinaciones dialécticas. Los trabajos aquí reunidos avanzan en ese objetivo y es nuestra convicción que contribuyen a alcanzar conclusiones de relevancia acerca de la índole de las relaciones entre las sociedades de ambas regiones en esa época crucial de la historia del mundo antiguo.

Bibliografía

Amiran, R., Paran, U., Shiloh, Y., Brown, R., Tsafrir, Y. y Ben-Tor, A. (1978). *Early Arad: The Chalcolithic settlement and Early Bronze city: The first–fifth seasons of excavations, 1962–1966.* Jerusalem.

Amiran, R., Ilan, O. y Arnon, C. (1983). "Excavations at Small Tel Malhata: Three Narmer serekhs", *The Israel Museum Journal* 2, 75-83.

Anđelković, B. (1995). *The Relations between Early Bronze Age I Canaanites and Upper Egyptians*, Centre for Archaeological Research 14. Belgrade.

Beit-Arieh, I. y Gophna, R. (1999). "The Egyptian Protodynastic (Late EB I) site at Tel Ma'ahaz: a reassessment", *Tel Aviv* 26, 191-207.

BEN-TOR, A. (1986). "The Trade Relations of Palestine in the Early Bronze Age", *Journal of Economic and Social History of the Orient* 29, 1-27.

BRANDL, B. (1992). "Evidence for Egyptian colonization of the Southern Coastal Plain and Lowlands of Canaan during the Early Bronze I period", en E.C.M. van den Brink (ed.), *op. cit.*, 441-476.

BRAUN, E. (2001). "Proto, Early Dynastic Egypt, and Early Bronze I-II of the Southern Levant: Some uneasy ^{14}C correlations", *Radiocarbon* 43 (3), 1279-1295.

BRAUN, E. (2009). "South Levantine Early Bronze Age chronological correlations with Egypt in light of the Narmer serekhs from Tel Erani and Arad: New interpretations", *British Museum Studies in Ancient Egypt and Sudan* 13, 25-48.

BRAUN, E. (2014). "Reflections on the context of a late Dynasty 0 Egyptian colony in the Southern Levant: Interpreting some evidence of Nilotic material culture at select sites in the Southern Levant (ca. 3150 BCE – ca. 2950 BCE)", en A. Mączyńska (ed.), *The Nile Delta as a centre of cultural interactions between Upper Egypt and the Southern Levant in the 4th millennium BC*, Studies in African Archeology 13. Poznan, 37-56.

BRAUN, E. y MILEVSKI, I. (1993). "Baja Khorvat 'Illin: Una aldea del Bronce Antiguo cerca de Beth Shemesh", *Revista de Arqueología* 142, 8-15.

CAMPAGNO, M. (2002). *De los jefes-parientes a los reyes-dioses. Surgimiento y consolidación del Estado en el antiguo Egipto*, Aula Ægyptiaca Studia 3. Barcelona.

CAMPAGNO, M. (2008). "Ethnicity and Changing Relationships between Egyptians and South Levantines during the Early Dynastic Period", en B. Midant-Reynes, Y. Tristant, J. Rowlands y S. Hendrickx (eds.), *Egypt at its Origins 2. Proceedings of the International Conference "Origin of the State. Predynastic and Early Dynastic Egypt", Toulouse (France) 5th-8th September 2005*, Orientalia Lovaniensia Analecta 172. Leuven / Paris / Dudley, 689-705.

CAMPAGNO, M. (2010). "Centros y periferias en las relaciones entre el valle del Nilo y el Levante meridional en torno del Bronce Antiguo (ca. 3700-2700 a.C.)", en C. Di Bennardis, F. D'Agostino, J. Silva Castillo e I. Milevski (eds.), *Relaciones Centro Urbano-Periferia en la Mesopotamia Antigua y Zonas Contiguas del Cercano Oriente = Rivista degli Studi Orientali* 83 (1-2), 189-214.

CHŁODNICKI, M., CIAŁOWICZ, K. y MĄCZYŃSKA, A. (eds.) (2012). *Tell el- Farkha I: Excavations 1998-2011*. Poznan.

CIAŁOWICZ, K., YEKUTIELI, Y., DĘBOWSKA-LUDWIN, J., ROSIŃSKA-BALIK, K., SHALEV, O. y WASILEWSKI, M. (2015). "Egyptian-Levantine Connections: New Evidence for Early Bronze Age Fortifications and some Preliminary Results of an Initial Season of Investigation at Tel Erani, Israel", en M.S. Pinarello, J. Yoo, J. Lundock y C. Walsh (eds.), *Current Research in Egyptology 15. Proceedings of the Fifteenth Annual Symposium University College London and King's College London, April 9-12, 2014*. Oxford, 13-28.

CIAŁOWICZ, K., YEKUTIELI, Y. y CZARNOWICZ, M. (eds.) (2016). *Tel Erani Vol. 1*. Krakow.

CZARNOWICZ, M. (2014). "Erani C pottery in Egypt", en A. Mączyńska (ed.), *The Nile Delta as a centre of cultural interactions between Upper Egypt and the Southern Levant in the 4th millennium BC*, Studies in African Archeology 13. Poznan, 96-102.

D'Altroy, T. y Earle, T. (1985). "Staple finance, wealth finance and storage in the Inka political economy", *Current Anthropology* 26, 187-206.

Daizo, M.B. (2019). "Circulación de bienes entre Egipto y el Levante meridional en el IV milenio a.C.", *Revista del Instituto de Historia Antigua Oriental* 20, 23-51.

Dessel, J.P. (1991). *Ceramic production and social complexity in Fourth Millennium Canaan: A case study from the Halif Terrace*. Unpublished Ph.D. thesis, The University of Arizona.

Dessel, J.P. (2009). *Lahav I. Pottery and Politics. The Halif Terrace Site 101 and Egypt in the Fourth Millennium B.C.E.* Winnona Lake.

Dreyer, G. (1998). *Umm el-Qaab I. Das prädynastische Königsgrab U-j und seine frühen Schriftzeugnisse.* Mainz.

Gandulla, B. (2007). "La cerámica Khirbet Kerak (Beth Yerah, Israel) y la etnicidad: un enfoque alternativo", *Runa* 27, 165-176.

Gophna, R. (1992). "The contacts between 'En Besor oasis, Southern Canaan, and Egypt during the Late Predynastic and the threshold of the First Dynasty", en E.C.M. van den Brink (ed.), *op. cit.*, 385-394.

Gophna, R. (1995a). *Excavations at 'En Besor.* Tel Aviv.

Gophna, R. (1995b). "Southern Canaan and the Egyptian Connection", en T.E. Levy (ed.), *The Archaeology of Society in the Holy Land.* London, 277-279.

Gophna, R. (2004). "Excavations at Ashqelon, Afridar. Introduction", *'Atiqot* 45, 1-8.

Gophna, R. y Milevski, I. (2003). "Feinan and the Mediterranean during the Early Bronze Age", *Tel Aviv* 30, 222-231.

Greenberg, R. y Goren, Y. (2009). *Transcaucasian migrants and the Khirbet Kerak culture in the third millennium BCE* (= *Tel Aviv* 36/2). Tel Aviv.

Greenberg, R. y Palumbi, G. (2014). "Corridors and colonies: Comparing fourth–third millennia BC interactions in Southeast Anatolia and the Levant", en B. Knapp y P. Van Dommelen (eds.), *Cambridge Prehistory of Bronze and Iron Age Mediterranean.* Cambridge, 111-138.

Hartung, U. (2002). "Imported Jars from Cemetery U at Abydos and the Relations between Egypt and Canaan in Predynastic Times", en E.C.M. van den Brink y T.E. Levy (eds.), *op. cit.*, 437-449.

Hendrickx, S. y Bavay, L. (2002). "The relative chronological position of Egyptian Predynastic and Early Dynastic tombs with objects imported from the Near East and the nature of interregional contacts", en E.C.M. van den Brink y T.E. Levy (eds.), *op. cit.*, 58-80.

Hendrickx, S., Friedman, R.F., Ciałowicz, K.M. y Chłodnicki, M. (eds.) (2004). *Egypt at its Origins. Studies in Memory of Barbara Adams*, Orientalia Lovaniensia Analecta 138. Leuven / Paris / Dudley.

Kansa, E. y Levy, T.E. (2002). "Ceramics, identity, and the role of the state: The view from Nahal Tillah", en E.C.M. van den Brink y T.E. Levy (eds.), *op. cit.*, 190-212.

Köhler, E.Ch. (2002). "History or ideology? New reflections on the Narmer palette and the nature of foreign relations in Pre- and Early Dynastic Egypt", en E.C.M. van den Brink y T.E. Levy (eds.), *op. cit.*, 499-513.

Levy, T.E., Alon, D., Smith, P., Yekutieli, Y., Rowan, Y., Goldberg, P., Porat, N., van den Brink, E.C.M., Witten, A.J., Golden, J., Grigson, C., Kansa,

E., Dawson, L., Holl, A., Moreno, J. y Kersel, M. (1997). "Egyptian-Canaanite interaction at Nahal Tillah, Israel (c.45003000 BCE): An interim report", *Bulletin of the American Schools of Oriental Research* 307, 1-51.

Lyonnet, B. (ed.) (2007). *Les Cultures du Caucase: leurs rélations avec le Proche-Orient*. Paris.

Milevski, I., Braun, E., Varga, D. e Israel, Y. (2014a). "A newly discovered Early Bronze Age settlement and silo complex at Amaziya, Israel", *Antiquity* 86 (331); http://www.antiquity.ac.uk/projgall/milevski331/; último acceso: 19/06/2015.

Milevski, I., Braun, E., Varga, D. e Israel, Y. (2014b). "On possible implications of a newly discovered Early Bronze Age, large-scale silo complex at Amaziya, Nahal Lachish (Israel)", en L. Manzanilla y M. Rothman (eds.), *Storage, Organization, Administration, and Control in Ancient Complex Societies*. Walnut Creek, 23-31.

Milevski, I., Campagno, M., Gandulla, B., Jaruf, P., Daizo, M. B., Czarnowicz, M., Ochał-Czarnowicz, A., Karmowski, J., Yegorov, D., Cohen-Sasson, E. y Yekutieli, Y. (2019). "Tel Erani, Israel: Reporte de la campaña arqueológica de 2018 y sus antecedentes", *Revista del Instituto de Historia Antigua Oriental* 20, 5-22.

Miroschedji, P. de (2002). "The Socio-political Dynamics of Egyptian-Canaanite Interaction in the Early Bronze Age", en E.C.M. van den Brink y T.E. Levy (eds.), *op. cit.*, 39-57.

Miroschedji, P. de, Sadeq, M., Faltings, D., Boulez, V., Naggiar-Moliner, L., Sykes, N. y Tenberg, M. (2001). "Les fouilles de Tell es-Sakan (Gaza): Nouvelles données sur les contacts égypto-cananéens aux IVe-IIIe millénaires", *Paléorient* 27/2, 75-104.

Miroschedji, P. de y Sadeq, M. (2005). "The frontier in the Early Bronze Age: preliminary soundings at Tell al-Sakan (Gaza Strip)", en J. Clarke (ed.), *Archaeological Perspectives on the Transmission and Transformation of Culture in the Eastern Mediterranean*. Oxford, 155-169.

Porat, N. (1992). "An Egyptian colony in southern Palestine during the Late Predynastic/Early Dynastic period", en E.C.M. van den Brink (ed.), *op. cit.*, 433-440.

Rothman, M. S. (2003). "Ripples in the Stream: Transcaucasia-Anatolia Interaction in the Murat/Euphrates Basin at the Beginning of the Third Millennium BC", en A.T. Smith y K.S. Rubinson (eds.), *Archaeology in the Borderland: Investigations in Caucasia and Beyond*. Los Angeles, 207-216.

Sagona, A. y Zimansky, P. (2009). *Ancient Turkey*. London / New York.

van den Brink, E.C.M. (ed.) (1992). *The Nile Delta in transition: 4th. - 3rd. Millennium B.C. Proceedings of the seminar held in Cairo, 21.-24. October 1990, at the Netherlands Institute of Archaeology and Arabic Studies*. Jerusalem.

van den Brink, E.C.M. y Levy, T.E. (eds.) (2002). *Egypt and the Levant. Interrelations from the 4th through the early 3rd Millennium B.C.E.* London / New York.

van den Brink, E.C.M. y Braun, E. (2003). "Egyptian elements and influence on the Early Bronze Age I of the Southern Levant. Recent excavations, research and publications", *Archéo-Nil* 13, 77-91.

Vernus, P. (2011). "Los barbechos del demiurgo y la soberanía del faraón. El concepto de 'Imperio' y las latencias de la creación", en M. Campagno, J. Gallego y C.G. García MacGaw (eds.), *El Estado en el Mediterráneo Antiguo. Egipto, Grecia, Roma*. Buenos Aires, 13-43.

Yadin, Y. (1955). "The earliest record of Egyptian military penetration into Asia?", *Israel Exploration Journal* 5, 1-7.

Yekutieli, Y. (2000). "Early Bronze Age I pottery in southwestern Canaan", en G. Philip y D. Baird (eds.), *Ceramics and Change in the Early Bronze Age of the Southern Levant*, Levantine Archaeology 2. Sheffield, 129-152.

Yekutieli, Y. (2006). "The ceramics of Tel 'Erani, Layer C", *Glasnik, The Journal of the Serbian Archaeological Society* 22, 225-242.

Yekutieli, Y. (2008). "Symbols in Action – The Megiddo Graffiti Reassessed", en B. Midant-Reynes, Y. Tristant, J. Rowlands y S. Hendrickx (eds.), *Egypt at its Origins 2. Proceedings of the International Conference "Origin of the State. Predynastic and Early Dynastic Egypt", Toulouse (France (France), 5th-8th September 2005*, Orientalia Lovaniensia Analecta 172. Leuven / Paris / Dudley, 807-837.

RELACIONES ENTRE EL VALLE DEL NILO Y EL LEVANTE MERIDIONAL DURANTE EL IV MILENIO A.C.:

LA PERSPECTIVA EGIPCIA

Marcelo Campagno
Universidad de Buenos Aires – CONICET

Las relaciones entre el valle del Nilo y el Levante meridional atravesaron, a lo largo del IV milenio a.C., variaciones muy significativas, incluyendo momentos de posible presencia de cananeos en el delta del Nilo y otros en los que se hace palpable una mayor influencia egipcia en la región asiática. El IV milenio a.C., por otra parte, es el período en el que acontece en el valle del Nilo el proceso de cambio que conduce a la conformación de una sociedad estatal, lo que implica el advenimiento de una élite con capacidad para tomar decisiones que van mucho más allá de la escala local. Este trabajo se propone considerar el status cambiante de las percepciones egipcias acerca de las poblaciones asiáticas a lo largo de ese milenio recurriendo, para ello, al par conceptual *topos/mímesis* propuesto inicialmente por Antonio Loprieno (1988). La hipótesis a plantear es que las representaciones egipcias acerca del mundo asiático que se plasman a partir de la Dinastía I y los definen invariablemente como enemigos a ser abatidos por el rey egipcio se comprenden en función de la dinámica histórica que acontece en el valle del Nilo durante el IV milenio a.C., particularmente asociada al despliegue de la lógica estatal en Egipto.

Introducción: *topos* y *mímesis*

Es ampliamente sabido que, a lo largo de su historia antigua, los egipcios percibieron a sus poblaciones circundantes de un modo que combinaba una actitud global fuertemente hostil con una disposición mucho menos negativa, que les permitía una variada gama de interacciones con ellas. Lejos de las miradas simplistas que han supuesto una suerte de contradicción entre "ideología" y "realidad" o, si se quiere, entre un discurso propagandístico xenófobo y los dictados de una *realpolitik* más proclive al entendimiento, el par conceptual *topos/mímesis* (Loprieno 1988; 1996, 404) permite una comprensión más profunda de esa duplicidad, en la medida en que la define como la combinación de dos planos de la existencia. Por un lado, el del *topos*, que es el de las concepciones cósmicas que representan el mundo como organizado por y desde el monarca divino. Y por otro, el de la *mímesis*, que es el plano en el que transcurre la experiencia de las situaciones específicas, y en el que existe cierto margen de oscilación que permite alejarse o acercarse relativamente respecto de lo que se prescribe desde el plano del *topos* (cf. Poo 2005, 59-60; Smith 2007, 230; Schneider 2010, 147-148).

Respecto de las percepciones sobre las poblaciones del Levante, tal vez no haya mejor ejemplo a considerar que la escena del cuento de Sinuhé (Lichtheim 1973, 222-235; Parkinson 1997, 21-53; López 2005, 40-76) en la que el protagonista acaba de ser rescatado de una muerte segura por un grupo de nómades asiáticos que lo encuentran desfalleciente en el desierto. Y aunque la escena descripta es la de un diálogo amable entre Sinuhé y el jefe del grupo, en cuanto este último pregunta acerca de la reciente muerte del rey egipcio, Sinuhé responde con una especie de oda al nuevo monarca, que entre otras cosas afirma que es alguien que "masacra a los asiáticos". Esto es, en cuanto la conversación bordea la peligrosa cuestión de la muerte del rey, que es motivo de caos, la respuesta es abandonar el intercambio mimético con el asiático y plegarse decididamente al *topos* que implica que el rey es un dios, garante del cosmos y por tanto oponente invariable de las fuerzas del caos que los no-egipcios representan (al respecto, cf. Campagno 2015).

Por cierto, la representación de los asiáticos en clave de enemigos caóticos se hallaba bien asentada en el Reino Medio (*c.* 2050-1650 a.C.), el tiempo de la redacción del relato de Sinuhé. De hecho, un milenio atrás, los testimonios iconográficos del Período Dinástico Temprano también presentan a los asiáticos, del mismo modo que a los otros vecinos libios y nubios, enfatizando sus rasgos fenotípicos y vestimentas que los contrastaban con los egipcios y en escenas en las que aparecen como prisioneros, sirvientes o víctimas del ritual de la masacre del enemigo. Puede decirse que, en tal sentido, en tiempos de la Dinastía I, el concepto tópico del asiático-enemigo ya se hallaba claramente disponible en el marco de las representaciones egipcias del mundo (Campagno 2008, 692-695; cf. Köhler 2002, 510).

 Marcelo Campagno / Bernardo Gandulla / Ianir Milevski (eds.)

Pero además, el inicio de la Dinastía I (c. 3000 a.C.) coincide con el punto más álgido de una temprana presencia egipcia en el Levante meridional. Y si el establecimiento de un asentamiento amurallado con amplia presencia egipcia como Tell es-Sakan (Miroschedji 2015), en la actual Gaza, podría ser consistente con la percepción de los asiáticos como enemigos, la mayor parte de los testimonios de esa presencia egipcia se registran en contextos con cultura material predominantemente levantina (por ejemplo, Tel Erani, Tel Halif, Tel Lod; cf. Braun 2002; Kansa y Levy 2002; van den Brink y Braun 2003; Campagno 2019; para la ubicación de los sitios, ver mapas 1 y 2, pp. 10 y 11). Tal situación permite suponer que cierta población egipcia podría haberse instalado, al menos temporalmente, en algunos de esos sitios levantinos, y que, en tal caso, podría haber tenido lugar cierta coexistencia pacífica entre locales y extranjeros. Si tal hubiera sido el caso, desde el punto de vista egipcio, esa convivencia podría enmarcarse en el mismo plano mimético que evoca la larga vida que, en el relato, Sinuhé despliega en el mundo asiático.

Ahora bien, si, para la época de la redacción del cuento de Sinuhé, puede asumirse con cierta confianza que hay un trasfondo de al menos un milenio en relación con las representaciones que allí se expresan sobre las poblaciones levantinas, ¿es posible asumir algo equivalente respecto de las percepciones que nos llegan de los documentos de la Dinastía I? La respuesta se inclina hacia la negativa. En primer lugar, va de suyo, no hay evidencia material que permitiera remontar en el tiempo ese argumento, de un modo seguro, hacia el IV milenio a.C. Es cierto que, como bien se sabe, ausencia de evidencia no es evidencia de ausencia, por lo que se podría pensar que esas representaciones se hallaban de todos modos vigentes y que son los avatares de la preservación de testimonios de tiempos tan remotos los que han borrado sus huellas por completo. Sin embargo, en segundo lugar, hay razones de otro tipo para sostener esa respuesta negativa. Son las dinámicas históricas del IV milenio a.C. en el valle del Nilo las que nos permiten pensar en la relativa novedad de esa representación de los vecinos asiáticos como poblaciones enemigas asociadas al caos con las que, a pesar de ello, se podrían entablar diversos vínculos no necesariamente conflictivos. En efecto, el IV milenio a.C. es el escenario temporal para el radical proceso de transformación sociopolítica que implica el advenimiento del Estado. Y hay razones para pensar que la especificidad del modo de simbolizar a esos vecinos que se advierte en los umbrales del III milenio a.C. es uno más de los múltiples efectos que ese enorme proceso de cambio introduciría en el valle del Nilo. Veamos ahora, más de cerca, la evidencia disponible y las ideas que podemos inferir a partir de ella.

A comienzos del IV milenio a.C.

(Nagada I-IIB / Calcolítico tardío-Bronce Antiguo IA2, *c.* 3900-3500 a.C.)

¿Qué representaciones acerca de las poblaciones sudlevantinas podrían haber existido a orillas del Nilo a comienzos del IV milenio a.C.? Tal vez no haya modo de ofrecer una respuesta en regla a esta pregunta. Pero, en todo caso, para intentarlo, han de tomarse en cuenta principalmente ciertos testimonios procedentes del Bajo Egipto. Se trata, por una parte, de un conjunto de cerámicas halladas en el sitio de Buto (Faltings 2002; Maczyńska 2013, 181-184), elaboradas con materias primas locales pero a partir de modelos y técnicas que registran paralelos en el ámbito de la cultura Ghassuliense del Levante meridional. Y por otra parte, de un grupo de construcciones semisubterráneas excavadas en el sitio de Maadi, muy atípicas para el valle del Nilo y con algunas semejanzas con estructuras residenciales o de almacenamiento de ciertos sitios del Levante contemporáneo (Rizkana y Seeher 1989, 51-55; Hartung *et al.* 2003, 151-167; Hartung 2013; Maczyńska 2013, 188-189), a lo que también se agregan algunos cuencos elaborados localmente con posibles influencias sudlevantinas (Braun 2016, 71-74; Maczyńska 2013, 185-187). Existe cierto consenso en admitir la posibilidad de que estas evidencias indiquen la presencia, no necesariamente permanente, de grupos asiáticos en el delta, que habrían trasladado al Nilo sus técnicas para la elaboración de cuencos y la construcción de estructuras domésticas (Faltings 1998; Midant-Reynes 2003, 107-108; Maczyńska 2014, 192; Braun 2016, 71). La hipótesis es plausible, pues no requiere de una presencia masiva de cananeos en el delta del Nilo –los migrantes podrían haber sido muy pocos; los egipcios podrían haber aprendido esas técnicas y replicarlas sin la presencia continuada de los asiáticos– pero sugiere *algún* tipo de contactos tempranos, más o menos directos, entre poblaciones del delta del Nilo y del Levante meridional.

En efecto, si algunos migrantes cananeos se hubieran instalado –siquiera transitoriamente, siquiera en exiguo número– en algunos núcleos del delta del Nilo, los locales habrían tenido la posibilidad de figurarse algo acerca de su apariencia, su lengua, sus costumbres. La posibilidad de que los extranjeros hubieran podido elaborar sus bienes o construir sus residencias allí, sumado al hecho de la inexistencia total de signos de violencia, sugiere un tipo de contactos pacíficos, probablemente centrados en la práctica del intercambio de bienes. Esta interpretación se refuerza no sólo por la existencia de un número considerable de cerámicas sudlevantinas en diversos sitios del delta sino también por el hecho de que, ya durante el Bronce Antiguo IA, se verifica en algunos sitios del sur del Levante (sitio H de Besor, Taur Ikhbeineh) la presencia de cerámica del delta del Nilo o elaborada localmente siguiendo patrones nilóticos (Gophna 1992; Oren y Yekutieli 1992; Campagno 2010, 195-196), lo que sugiere un mayor equilibrio en la circulación de bienes y las influencias entre ambas regiones, que a su vez podría haber profundizado las percepciones egipcias acerca de los vecinos cananeos en el marco de unas relaciones basadas en el intercambio interregional.

Un aspecto de las construcciones "asiáticas" de Maadi, sin embargo, ha de tenerse particularmente en cuenta: su aparente distanciamiento respecto de otras construcciones del asentamiento. De hecho, Béatrix Midant-Reynes (2003, 107) señala que esas estructuras se presentan como "un grupo aparte no sólo por su morfología sino por su localización. Ellas aparecen agrupadas, de tal suerte que efectivamente se podría preguntar si no constituían un 'barrio de extranjeros'". Tal situación podría haber implicado el mantenimiento de cierta distancia entre los grupos locales y los llegados de afuera. Esa posible segregación sería significativa pues resultaría compatible con las percepciones basadas en la desconfianza hacia el no-pariente, que son recurrentes en las comunidades no estatales (al respecto, cf. Sahlins 1978, 245; Campagno 2014, 207). Mantenerse a distancia de unos extranjeros con los que de todos modos se interactúa quizás podría haber sido la actitud básica para la elaboración de una imagen de esas poblaciones lejanas. Podría relacionarse esa doble actitud (distancia / interacción) a los planos asociados a *topos* y *mímesis*, dado que, si una significación central de la lógica del parentesco es la de asignar carácter negativo a los no-parientes, tal caracterización no impide necesariamente las acciones que oscilan y se apartan en mayor o menor medida respecto de lo que el plano del *topos* establece.

Para el contemporáneo Alto Egipto, la situación es aún más difícil de pensar pues, como señalan Stan Hendrickx y Laurent Bavay (2002, 72), es muy poco probable que haya habido contactos directos de esa región con la del Levante meridional y los escasos bienes importados del Levante en el Alto Egipto hasta mediados de la fase Nagada II "apuntan sólo a contactos muy esporádicos" (cf. también Maczyńska 2014, 197). Tal situación sólo deja abierta la posibilidad de algún tipo de información indirecta, intermediada por las poblaciones del Bajo Egipto, con las que las del Alto Egipto mantenían algún nivel de contactos (Watrin 2003, 566-568; Maczyńska 2014, 194-196), pero no hay forma de acceder a ese tipo de información, en el hipotético caso de que hubiera existido. Las propias comunidades del Bajo Egipto debían ser lejanos *otros* para las asentadas en el Alto Egipto: no hay modo de saber si habrían tenido elementos para distinguir esa lejanía de una aún mayor.

Ahora bien, la iconografía del Alto Egipto de esa época, en particular la que procede de Abidos, nos proporciona otro tipo de referencias, no acerca de los asiáticos, sino de las percepciones acerca de la dimensión extracomunitaria. Se trata de las representaciones de motivos en los que parecen describirse rituales violentos sobre prisioneros, que, al menos en un caso (vaso de la tumba U-239; cf. Dreyer *et al.* 1998, 114; ver Fig. 1.1), prefiguran el conocido motivo de la masacre del enemigo que constituye, a lo largo de los milenios posteriores, un ritual de salvaguarda cósmica en la que el oficiante da muerte a uno o más prisioneros que representan las fuerzas del caos (Hall 1986; Gundlach 1988; Cervelló Autuori 1996; Köhler 2002; Campagno 2021). En ese tipo de escenas de la iconografía de principios del IV milenio a.C., los ejecutores de las acciones aparecen bien caracterizados a partir de su mayor tamaño, sus vestimentas (incluyendo tocados, cola postiza y posibles estuches fálicos) y el uso de cetros y mazas. Las víctimas, en cambio, sólo se reconocen

Figura 1. La masacre del enemigo. 1.1) Decoración de un vaso de la tumba U-239 de Abidos; 1.2) Decoración de la Tumba 100 de Hieracómpolis; 1.3) Paleta de Narmer (Anđelković 2011, 27).

por su menor tamaño y su posición pasiva, pero no ofrecen ninguna caracterización particular. Todo indica que no ha habido intenciones de destacar marcas contrastivas y es muy probable que, tomando en cuenta el conjunto de la información disponible acerca de la situación sociopolítica de la época, se trate de prisioneros hechos en comunidades cercanas a aquellas en las que se celebraría el ritual, respecto de los cuales probablemente no hubiera marcas fuertes de contraste (Köhler 2002, 503-504; Campagno 2021, 154). Lo que importa destacar aquí es que los antecedentes más tempranos acerca de la realización de un ritual asociado al *topos* del orden cósmico y de la oposición nosotros/ellos sugieren que las coordenadas simbólicas iniciales de ese ritual eran las del ámbito local y que, en concordancia con el carácter dominante de la lógica de parentesco dentro de cada comunidad, la noción de enemigo habría sido equiparable a la de no-pariente, a la de no-miembro de la propia comunidad.

A mediados del IV milenio a.C.
(Nagada IIC-D / Bronce Antiguo IA2-IB1, *c.* 3500-3300 a.C.)

Las representaciones elaboradas en el valle del Nilo acerca de las poblaciones del sur del Levante seguramente debieron comenzar a virar a medida que iban desplegándose los efectos del proceso de cambio asociado al surgimiento del Estado. Ciertamente, una vez que adviene la lógica estatal, se constituiría una élite con capacidad de extraer tributación en función del control de los medios coercitivos, que, por un lado, generaría una demanda ampliada de bienes de prestigio respecto de lo que acontecía en las élites comunitarias preexistentes, y, por otro lado, dispondría de nuevas capacidades logísticas para afrontar la obtención de ese tipo de bienes (cf. Campagno 2010, 198).

En cuanto al delta del Nilo, la información disponible para mediados del IV milenio a.C. señala el cese del sitio de Maadi, en el que se registraba la presencia de estructuras de probable influencia asiática (Hartung 2013, 180, 186). La situación, sin embargo, no implicaría el cese de los contactos interregionales, habida cuenta de la presencia de testimonios de objetos sudlevantinos en sitios del delta tales como Buto, Tell el-Iswid y Tell el-Farkha (Levy y van den Brink 2002, 20; Maczyńska 2013, 182, 186, 192). Esa continuidad en los contactos entre ambas regiones podría haber mantenido viva cualquier representación que hubiera sido acuñada acerca de la presencia de los asiáticos en el delta en la época anterior, en particular porque de la naturaleza de los testimonios disponibles no se infiere un cambio significativo en las razones de los contactos, muy probablemente asociadas a la cuestión de los intercambios. Las posibles oscilaciones miméticas que esos intercambios podrían plantear sobre el *topos* del extranjero no confiable, también podrían haberse mantenido.

Pero, ciertamente, el comienzo del proceso de cambio que conduciría al advenimiento del Estado, y que incidiría fuertemente en la representación posterior de los vecinos asiáticos, tendría lugar en el Alto Egipto. Allí comienzan a advertirse, en torno de la fase Nagada IIC-D, los primeros testimonios firmes de bienes de procedencia asiática, tanto objetos cerámicos como materias primas (particularmente, el lapislázuli, de probable procedencia afgana) e incluso objetos manufacturados como, al menos a partir de Nagada IID, los sellos de tipo mesopotámico hallados en el sitio de Nagada (Hendrickx y Bavay 2002, 72-73; Watrin 2004-05; Torcia 2018). Tales bienes fueron encontrados, en su abrumadora mayoría, en tumbas con complejos ajuares funerarios, lo que sugiere que eran considerados –tanto por sus contenidos como por los bienes que con ellos se elaborarían o por el sentido que les sería atribuido en el valle del Nilo– como objetos de prestigio para ser consumidos por las élites locales que estaban protagonizando las transformaciones sociales radicales que comenzaban a producirse en la región. El consumo de esos bienes por parte de unas élites que estaban deviniendo estatales debió estimular fuertemente su búsqueda, lo que a su vez tenía que potenciar los contactos directos o indirectos con el Levante.

A esa dinámica probablemente debe imputarse el hecho de que un sitio como Minshat Abu Omar, en el vértice nororiental del delta y cuyos primeros testimonios datan de esta época, presenta evidencia funeraria fuertemente compatible con la que contemporáneamente se registraba en el Alto Egipto, así como una cantidad significativa de objetos procedentes del Levante (Kroeper 1989; 1992; Maczyńska 2013, 190-191). Es posible pensar que, a pesar de que las dinámicas políticas en el Alto Egipto de la época sólo podrían haber generado efectos de control territorial en el ámbito regional, un sitio como Minshat Abu Omar podría haber operado como un centro de concentración y reenvío hacia el Alto Egipto de los bienes procedentes del ámbito sudlevantino. Algo similar puede decirse acerca el sitio de Tell el-Farkha, cuya existencia en el delta se remonta a la fase Nagada IIB pero que comienza a exhibir para esta época una creciente influencia cultural del sur, que apunta también a la creciente gravitación de los

     Marcelo Campagno / Bernardo Gandulla / Ianir Milevski (eds.)

centros políticos del Alto Egipto en el delta, en busca de participar de o controlar las redes de intercambio con el Levante (Maczyńska 2013, 211-212; Cialowicz 2017, 235; Campagno *et al.* 2021, 109). No nos es dado inferir de la evidencia disponible el modo específico de simbolización que los egipcios elaborarían acerca de esos asiáticos con los que interactuaban directa o indirectamente, pero es claro que, a partir de entonces, debieron tener algún tipo de representaciones, en las que debía incidir tanto el antiguo plano tópico asociado a la negatividad propia de ese mundo exterior como el nuevo escenario planteado por la expansión de las prácticas de intercambio que apuntaban a la consecución de bienes para las élites.

Paralelamente, la iconografía de mediados del IV milenio a.C. no se aleja en demasía de la que venimos de considerar para la etapa previa respecto de la cuestión de la simbolización del extranjero. La decoración mural de la Tumba 100 de Hieracómpolis (Nagada IIC) presenta un testimonio incuestionable del motivo de la masacre del enemigo, esta vez respetando la disposición de la escena tal como será reiterada a lo largo de casi cuatro milenios (Quibell y Green 1902; Köhler 2002, 503; Campagno 2021, 154; ver Fig. 1.2). Es posible inferir un mismo esquema ideológico, la misma ecuación que equipara el extranjero a un enemigo caótico, aunque con una gran diferencia. Los procesos sociopolíticos en curso en el valle del Nilo estaban generando los primeros núcleos proto-estatales en sitios tales como Hieracómpolis, Nagada o Abidos (Campagno 2002; Kemp 2006, 76). El salto de escala que debieron registrar los conflictos militares, desde un plano inter-comunitario a otro inter-estatal, tenía que impactar en la resignificación del ritual, habida cuenta de que su ejecutor ya no era un líder local sino un monarca, que garantizaba el orden de un nuevo modo, a través del monopolio legítimo de la coerción. El enemigo, por su parte, seguiría siendo el extranjero pero ahora la condición de extranjería no vendría definida a través de su no-pertenencia a la misma trama parental de la comunidad sino por su no-pertenencia a la red estatal centrada en el rey. Así, el extranjero podría seguir siendo visto como un agente del caos pero ahora también sería concebido como un enemigo del Estado. Tales serían, de hecho, las características fundamentales que los egipcios mantendrían acerca del rey y del Estado en el plano del *topos* a lo largo de los milenios posteriores.

Y sin embargo, la escala regional dejaba lejos aún a los asiáticos. El enemigo de un proto-Estado como Hieracómpolis debería estar en algún otro núcleo comparable, como Nagada, pero no en las enormemente distantes poblaciones del Levante. Está claro que esas poblaciones ya no podían quedar absolutamente por fuera del universo conocido de un modo u otro en el valle del Nilo. Pero el imaginario político y cósmico de esos primeros núcleos estatales tenía que hallarse todavía concentrado en el Alto Egipto.

A finales del IV milenio a.C.
(Nagada IIIA1-C1 / Bronce Antiguo IB1-2, *c.* 3300-3000 a.C.)

La situación comienza a cambiar vertiginosamente en el último tercio del IV milenio a.C. La cerámica de procedencia sudlevantina sigue siendo visible en Minshat Abu Omar y otros sitios del delta del Nilo, lo que apunta a la continuidad de los vínculos de intercambio entre el valle del Nilo y el Levante. Pero de mayor importancia aún es el hallazgo de más de 700 cuencos del mismo origen en la tumba U-j de Abidos (Nagada IIIA2), que sin duda debió pertenecer a un monarca local (Dreyer 1998; 2011; Hartung 2002, 439-449). Resulta muy significativo el hecho de que la cerámica sudlevantina conocida en el Alto Egipto para esta época aparece concentrada en esta y otras tumbas del mismo cementerio. Como señalan Hendrickx y Bavay (2002, 73), "el hecho de que estos hallazgos se limiten a las tumbas de los tempranos líderes de Abidos indica que esos contactos no fueron un asunto de libre iniciativa individual sino que fueron controlados por estos mismos tempranos líderes" (cf. Hartung 2010). La observación es importante porque implica que el contacto con los asiáticos pasaría a ser un asunto de Estado. Por cierto, el consumo de los bienes procedentes del Asia ya debía estar centrado en las élites proto-estatales desde la etapa anterior. Pero la cantidad de cuencos asiáticos concentrados en la tumba U-j, que coincide con el salto de escala que esa tumba representa en términos de arquitectura funeraria, apunta a la expansión de la capacidad logística de la élite abidena. Por ello, es posible pensar que desde comienzos de Nagada III, y al compás de la consolidación de la lógica estatal en el Alto Egipto, la interacción con los asiáticos haya quedado también acoplada a esa lógica. Y en el aumento de la intensidad de esa interacción, podría haber ocasión también para un mayor conocimiento del mundo del que procedían esos bienes de prestigio.

De hecho, la región del sur del Levante estaba comenzando a atravesar una serie de cambios sociopolíticos que conduce a la aparición de los primeros núcleos amurallados. En efecto, tal parece ser la

   Marcelo Campagno / Bernardo Gandulla / Ianir Milevski (eds.)

situación de Tel Erani ya en el Bronce Antiguo IB1, aproximadamente contemporáneo de la tumba U-j de Abidos (Shalev 2018; Milevski *et al.* 2022). La constitución de élites locales en el sur del Levante, con capacidad para construir gruesas murallas, podría haber llamado la atención de las élites del Alto Egipto, ellas a su vez, en pleno proceso de consolidación estatal. En todo caso, cuando, en la continuidad de ese proceso iniciado en el Alto Egipto, esas élites emprendieran la integración política de todo el valle y el delta del Nilo, esa dinámica tendría efectos prácticamente inmediatos en la contigua región del Levante sur. En efecto, la fase Nagada IIIB, que coincide con la del Bronce Antiguo IB2 en el Levante, no solo será el momento de la unificación política del valle y el delta del Nilo en el umbral del reinado de Narmer, sino el de una presencia temporalmente breve pero muy intensa de egipcios instalados en el ámbito sudlevantino. En algunos de esos núcleos, particularmente en Tell es-Sakan, los testimonios egipcios son arqueológicamente dominantes, y el carácter amurallado del sitio ha hecho pensar en la construcción de una fortaleza egipcia en la región (Miroschedji *et al.* 2001; Miroschedji 2015). En otros, la evidencia de presencia egipcia es más modesta, pero ha hecho suponer el asentamiento siquiera provisional de egipcios en algunos sitios sudlevantinos como el ya mencionado Tel Erani y otros como Tel Halif y Tel Lod (cf. Levy *et al.* 1997; van den Brink 2002; Czarnowicz *et al.* 2014; Czarnowicz 2016, 76-79). Si bien no es fácil de establecer la índole precisa de esa presencia, es muy probable que haya estado relacionada, como en tiempos inmediatamente anteriores, con la obtención y remisión al valle del Nilo de los bienes que demandaba la élite egipcia (cf. Campagno 2010, 199-202).

La iconografía de la época, en este punto, aporta información decisiva. Los grabados rupestres de Gebel Tjauti, aproximadamente contemporáneos de la tumba U-j, presentan un personaje que blande un cetro en una mano y con la otra empuña una soga que inmoviliza los brazos de un prisionero (Darnell 2002, 13-19; ver. Fig. 2). Nada aún permite inferir características específicas de la representación de ese cautivo, en concordancia con lo que observábamos para la fase previa respecto de la iconografía de la Tumba 100 de Hieracómpolis. De hecho, se ha sugerido que ese grabado y otros en el mismo contexto celebran una victoria militar que probablemente tuviera como víctima al núcleo de Nagada, que en esta fase parece decaer sensiblemente (cf. Hendrickx y Friedman 2003). En cambio, los tradicionalmente llamados "documentos de la unificación" (cf. Cervelló Autuori 2009, 90-99;

Figura 2. Inscripción rupestre de Gebel Tjauti (Darnell 2002, 11).

Bestock 2018, 40-74) presentan un nuevo nivel de especificidad acerca de la descripción de aquellos que son objeto de la violencia del rey. Se podría imputar estas novedades a la disponibilidad de artesanos cada vez más experimentados al servicio de la élite estatal. Pero, a los fines de lo que aquí interesa observar, esas representaciones comienzan a incluir detalles faciales o vestimentas, a lo que pronto se sumarán caracteres jeroglíficos que probablemente introducen nombres de lugares o de personajes. De particular importancia, algunos de esos objetos –las paletas de los Toros, de las Ciudades y de Narmer (ver Figs. 3, 4 y 5)– presentan recintos amurallados que son destruidos por el rey, que los embiste en su apariencia de toro o por divinidades o sus portaestandartes provistos de azadas para derribarlos. Como venimos de mencionar, la construcción de murallas es algo que se verifica en el Levante –y sólo allí– desde los tiempos de la tumba U-j de Abidos. Para la época de la elaboración de esos "documentos de la unificación", esas murallas asiáticas debían ser largamente conocidas en el valle del Nilo.

Así, la iconografía de Nagada IIIB comienza a caracterizar a los enemigos del rey en función de elementos más específicos, y esos elementos apuntan a las poblaciones que iban quedando por fuera

     Marcelo Campagno / Bernardo Gandulla / Ianir Milevski (eds.)

FIGURA 3. Paleta de los Toros (Schulman 1991/92, 102).

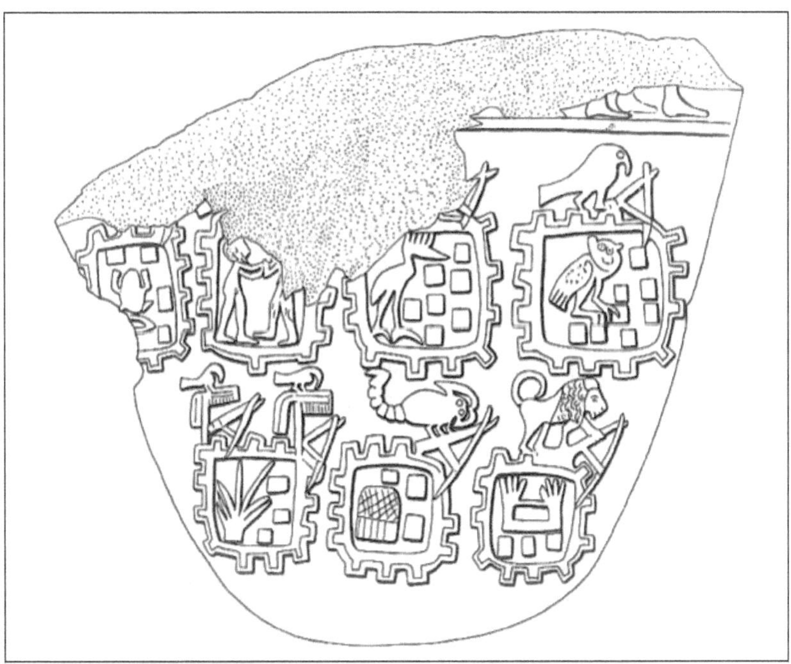

FIGURA 4. Paleta de las Ciudades (Kemp 2006, 96).

FIGURA 5. Paleta de Narmer (Kemp 2006, 84).

del territorio políticamente controlado por el Estado egipcio. Cuando, a comienzos de la Dinastía I, el tradicional territorio egipcio desde la primera catarata del Nilo al mar Mediterráneo estuviera integrado bajo un mismo mando político, esos enemigos sobre los que se efectuará la violencia estatal serán identificados con los nombres de las poblaciones establecidas más allá de esos límites: los asiáticos –junto con los nubios y los libios– quedarán así definitivamente reconocidos como enemigos de Egipto (cf. Köhler 2002; Wilkinson 2002; Campagno 2008). De este modo, las poblaciones levantinas comenzarían a poseer un sentido específico en el plano del *topos* egipcio. Notablemente, ese sentido sería compatible con el de la percepción globalmente negativa del mundo exterior pero, a la vez, contrastaría con las prácticas que vinculaban a los habitantes del valle del Nilo con los asiáticos desde mucho tiempo antes. Ese mismo tipo de prácticas, en las nuevas condiciones, continuaría existiendo, pero ahora en un nuevo diálogo mimético con la representación tópica del enemigo asiático.

Marcelo Campagno / Bernardo Gandulla / Ianir Milevski (eds.)

Balance

El par conceptual *topos/mímesis* resulta de gran relevancia para comprender no sólo la cosmovisión egipcia y el lugar que en ella ocupan los extranjeros sino la interacción entre esa concepción del mundo y las prácticas cotidianas que los egipcios podían entablar con las poblaciones allende los límites de la entidad política estatal. En particular, para entender las percepciones que los egipcios plasmarían acerca de los asiáticos a partir de la Dinastía I y que serían tan persistentes en los milenios posteriores es necesario considerar la dinámica histórica que se despliega a orillas del Nilo a lo largo del IV milenio a.C. Es posible notar así que cierto conocimiento de las poblaciones sudlevantinas debió existir al menos desde comienzos de ese milenio en el delta y al menos desde mediados del milenio en el Alto Egipto. Por otra parte, respecto de esta última región, la iconografía nos permite reconocer, a lo largo del IV milenio a.C., la vigencia de la concepción cósmica que simbolizaba a los extranjeros como enemigos no sólo políticos sino cósmicos, tal como sugieren las representaciones del ritual de la masacre del enemigo, que seguramente habría sido practicado primero respecto del extranjero extracomunitario y, una vez que advienen los primeros núcleos proto-estatales, respecto de quienes no formaban parte de cada uno de ellos.

En los últimos siglos del IV milenio a.C., el proceso de expansión territorial del Estado y la multiplicación y concentración en la élite estatal de las demandas de bienes procedentes de regiones lejanas terminarían por amalgamar un conocimiento cada vez más preciso de los asiáticos con la cosmovisión que reconocía a los enemigos cósmicos en las regiones circundantes. Pero la identificación de los asiáticos como enemigos de Egipto no implicaría la imposibilidad de mantener relaciones con ellos, en la medida en que esos vínculos fueran apreciados en función de esos dos planos de realidad que implican *topos* y *mímesis*. No es posible conocer la imagen exacta que los habitantes del Nilo se habrían hecho de las poblaciones sudlevantinas durante la mayor parte del milenio en discusión. Sabemos sí que, sean cuales fueren las representaciones que hubieran prevalecido, no impidieron la circulación de bienes entre ambas regiones. Pero, de hecho, esa circulación de bienes tampoco sería impedida cuando el *topos* del enemigo caótico finalmente recayera sobre los asiáticos. Así, si desde el plano del *topos*, los asiáticos comenzarían a ser vistos como una población que sólo debía ser constantemente repelida para que no vehiculizara el caos hacia Egipto, desde el plano de la *mímesis* se mantendría la posibilidad de seguir interactuando con ella.

La continuidad de esos vínculos, sin embargo, no sería sin variaciones. La consolidación de un territorio no sólo político sino cósmico para Egipto centrado en el valle y el delta del Nilo hacía de sus regiones periféricas lo que Pascal Vernus (2011) ha llamado "barbechos del demiurgo", regiones simbolizadas como a disposición del rey egipcio, que podía atacarlas, integrarlas o abandonarlas según sus planes. Si la construcción de una probable fortaleza militar en Tell es-Sakan en tiempos de Narmer puede ser comprendida en este sentido, también podría serlo el repliegue de la presencia egipcia en el sur del Levante, acontecido poco tiempo después: tal región nunca sería considerada propiamente "egipcia" por los egipcios y la presencia de habitantes del valle del Nilo allí probablemente haya sido siempre comprendida como provisoria o excepcional (Campagno 2008, 695-698). Como sucedería con Sinuhé, a pesar de pasar una vida en Asia, sabía bien que debía regresar a Egipto, al menos para morir allí. Pero también, como sucedería con los redactores de ese relato, la conciencia de que ese debía ser el buen final de la historia pues eso era lo que dictaba el *topos* no quita que, en la escritura del texto, se haya recurrido a toda la abundante información que evidentemente se disponía a través de los constantes contactos miméticos con ese mundo más allá de Egipto.

Bibliografía

Anđelković, B. (2011). "Political Organization of Egypt in the Predynastic Period", en E. Teeter (ed.), *Before the Pyramids. The Origins of Egyptian Civilization*, Oriental Institute Museum Publications 33. Chicago, 25-32.

Bestock, L. (2018). *Violence and Power in Ancient Egypt. Image and Ideology before the New Kingdom*, Routledge Studies in Egyptology. Abingdon / New York.

Braun, E. (2002). "Egypt's First Sojourn in Canaan", en E.C.M. van den Brink y T.E. Levy (eds.), *Egypt and the Levant. Interrelations from the 4th through the early 3rd Millennium B.C.E.* London / New York, 173-189.

Braun, E. (2016). "Little Pot Who made Thee? Dost Thou know Who made Thee?", en B. Bader, C. Knoblauch y E.Ch. Köhler (eds.), *Vienna 2 - Ancient Egyptian Ceramics in the 21st Century, Proceedings of the International Conference held at the University of Vienna, 14th-18th of May, 2012*, Orientalia Lovaniensia Analecta 245. Leuven, 69-84.

Campagno, M. (2002). "On the Predynastic 'Proto-States' of Upper Egypt", *Göttinger Miszellen* 188, 49-60.

Campagno, M. (2008). "Ethnicity and Changing Relationships Between Egyptians and South Levantines During the Early Dynastic Period", en B. Midant-Reynes, Y. Tristant, J. Rowlands y

S. Hendrickx (eds.), *Egypt at its Origins 2. Proceedings of the International Conference "Origin of the State. Predynastic and Early Dynastic Egypt", Toulouse (France) 5th-8th September 2005*, Orientalia Lovaniensia Analecta 172. Leuven / Paris / Dudley MA, 689-705.

CAMPAGNO, M. (2010). "Centros y periferias en las relaciones entre el Valle del Nilo y el Levante meridional en torno del Bronce Antiguo (ca. 3700-2700 a.C.)", *Rivista degli Studi Orientali* 83, 189-214.

CAMPAGNO, M. (2014). "Pierre Clastres y el problema del surgimiento del Estado", en M. Campagno (ed.), *Pierre Clastres y las sociedades antiguas*. Buenos Aires, 201-219.

CAMPAGNO, M. (2015). "Egyptian Boundaries in the Tale of Sinuhe", en H. Amstutz, A. Dorn, M. Müller, M. Ronsdorf y S. Uljas (eds.), *Fuzzy Boundaries. Festschrift für Antonio Loprieno*. Hamburg, 335-346.

CAMPAGNO, M. (2019). "Reflexiones sobre la presencia egipcia en el Levante meridional a finales del período del Bronce Temprano I (ca. 3300-3000 a. C.): a propósito de Tel Erani", *Trabajos de Egiptología / Papers on Ancient Egypt* 10, 49-62.

CAMPAGNO, M. (2021). "Une réflexion sur le sacrifice de l'ennemi et l'émergence de l'État en Égypte prédynastique", en N. Buchez, Y. Tristant y O. Rochecouste (eds), *Égypte antérieure. Mélanges de préhistoire et d'archéologie offerts à Béatrix Midant-Reynes par ses étudiants, collègues et amis*, Orientalia Lovaniensia Analecta 304. Leuven / Paris / Bristol CT, 151-159.

CAMPAGNO, M., CZARNOWICZ, M. y DAIZO, M.B. (2021). "Trayectorias de urbanización en el valle y el delta del Nilo en el IV milenio a.C.: Hieracómpolis y Tell el-Farkha en perspectiva comparada", *Revista del Instituto de Historia Oriental "Dr. A. Rosenvasser"* 22, 87-115.

CERVELLÓ AUTUORI, J. (1996). *Egipto y África. Origen de la civilización y la monarquía faraónicas en su contexto africano*, Aula Orientalis-Supplementa 13. Sabadell.

CERVELLÓ AUTUORI, J. (2009). "La aparición del Estado y la época tinita", en J.M. Parra (ed.), *El Antiguo Egipto*. Madrid, 69-124.

CIAŁOWICZ, K.M. (2017). "New discoveries at Tell el-Farkha and the beginnings of the Egyptian state", *Études et Travaux* 30, 231-250.

CZARNOWICZ, M. (2016). "Egyptian Pottery of Tel Erani Area D-3", en K.M. Ciałowicz, Y. Yekutieli y M. Czarnowicz (eds.): *Tel Erani I. Preliminary Report of the 2013-2015 Excavations*. Kraków, 75-84.

CZARNOWICZ, M., PASTERNAK, M., OCHAŁ-CZARNOWICZ, A. y SKŁUCKI, J. (2014). "The Egyptian Presence at Tel Erani", en M. Jucha, J. Dębowska-Ludwin y P. Kołodziejczyk (eds.), *Aegyptus est imago Caeli, Studies Presented to Krzysztof M. Ciałowicz on His 60th Birthday*. Kraków, 235-243.

DARNELL, J.C. (2002). *Theban Desert Road Survey in the Egyptian Western Desert, Volume 1: Gebel Tjauti Rock Inscriptions 1-45 and Wadi el-Hôl Rock Inscriptions 1-45*. Chicago.

DREYER, G. (1998). *Umm el-Qaab I. Das prädynastische Königsgrab U-j und seine frühen Schriftzeugnisse*. Mainz.

DREYER, G. (2011). "Tomb U-j the Burial of the Dynasty 0 at Abydos", en E. Teeter (ed.), *Before the Pyramids*. Chicago, 127-136.

DREYER, G., HARTUNG, U., HIKADE, T., KÖHLER, E.C., MÜLLER, V. y PUMPEN-MEIER, F. (1998). "Umm el-Qaab. Nach-untersuchungen im frühzeitlichen Königsfriedhof, 9./10. Vorbericht". *Mit-teilungen des Deutschen Archäologischen Instituts Abteilung Kairo* 54, 77-167.

FALTINGS, D. (1998). "Recent excavation in Tell el-Fara'in/Buto: new finds and their chronological implication", en C.J. Eyre (ed.), *Proceedings of the Seventh International Congress of Egyptologists*, Orientalia Lovaniensia Analecta 82. Leuven, 365-375.

FALTINGS, D. (2002). "The chronological frame and social structure of Buto in the fourth millennium BCE", en E.C.M. van den Brink y T.E. Levy (eds.), *Egypt and the Levant. Interrelations from the 4th through the early 3rd Millennium B.C.E.* London / New York, 163-170.

GOPHNA, R. (1992). "The contacts between 'En Besor Oasis, Southern Canaan, and Egypt during the Late Predynastic and the Threshold of the First Dynasty", en E.C.M. van den Brink (ed.), *The Nile Del-ta in Transition: 4th. - 3rd. Millennium B.C. Proceedings of the Seminar Held in Cairo, 21.-24. October 1990, at the Nether-lands Institute of Archaeology and Arabic Studies.* Jerusalem, 385-394.

GUNDLACH, R. (1988). "'Erschlagen des Feindes': Der Krieg als politisches Mit-tel und kulturelles Problem im pha-raonischen Ägypten", en H.H. Krum-macher (ed.), *Geisteswissenschaften - wozu?* Stuttgart, 245-265.

HALL, E.S. (1986). *The Pharaoh Smites his Enemies. A Comparative Study.* München.

HARTUNG, U. (2002). "Imported Jars from Cemetery U at Abydos and the Rela-tions between Egypt and Canaan in Predynastic Times", en E.C.M van den Brink y T.E. Levy (eds.), *Egypt and the Levant. Interrelations from the 4th through the early 3rd Millennium B.C.E.* London / New York, 437-449.

HARTUNG, U. (2010). "Hippopotamus hunters and bureaucrats. Elite burials at cemetery U at Abydos", en F. Ra-ffaele, M. Nuzzolo e I. Incordino (eds.), *Recent Discoveries and Latest Researches in Egyptology. Proceedings of the First Ne-apolitan Congress of Egyptology, Naples, June 18th-20th 2008.* Wiesbaden, 107-120.

HARTUNG, U. (2013). "Some Remarks on the Chronological Position of the Pre-dynastic Settlement at Maadi (Egypt) and its Relations to the Southern Levant", *Paléorient* 39 (1), 177-191.

HARTUNG, U., ABD EL-GELIL, M., VON DEN DRIESCH, A., FARES, G., HARTMANN, R., HIKADE, T. e IHDE, C. (2003). "Vorbe-richt über neue Untersuchungen in der prädynastischen Siedlung von Maadi", *Mitteilungen des Deutschen Archäologis-chen Instituts Abteilung Kairo* 59, 149-198.

HENDRICKX, S. y BAVAY, L. (2002). "The Relative Chronological Position of Egyptian Predynastic and Early Dy-nastic Tombs with Objects Imported from the Near East and the Nature of Interregional Contacts", en E.C.M van den Brink y T.E. Levy (eds.), *Egypt and the Levant. Interrelations from the 4th through the early 3rd Millennium B.C.E.* London / New York, 58-80.

HENDRICKX, S. y FRIEDMAN, R.F. (2003). "Gebel Tjauti rock inscription 1 and the relationship between Abydos and Hie-rakonpolis during the early Naqada III period", *Göttinger Miszellen* 196, 95-109.

KANSA, E. y LEVY, T.E. (2002). "Ceramics, Identity, and the Role of the State: The View from Nahal Tillah", en E.C.M van den Brink y T.E. Levy (eds.), *Egypt and the Levant. Interrelations from the 4th*

 Marcelo Campagno / Bernardo Gandulla / Ianir Milevski (eds.)

through the early 3rd Millennium B.C.E. London / New York, 190-212.

KEMP, B.J. (2006). *Ancient Egypt. Anatomy of a Civilization*, 2nd ed. Abingdon / New York.

KÖHLER, E.Ch. (2002). "History or ideology? New Reflections on the Narmer Palette and the Nature of Foreign Relations in Pre- and Early Dynastic Egypt", en E.C.M van den Brink y T.E. Levy (eds.), *Egypt and the Levant. Interrelations from the 4th through the early 3rd Millennium B.C.E.* London / New York, 499-513.

KROEPER, K. (1989). "Palestinian Ceramic Imports in Pre- and Protohistoric Egypt", en P. de Miroschedji (ed.), *L'urbanisation de la Palestine à l'âge du Bronze ancien. Bilan et perspectives des recherches actuelles*, British Archaeological Reports International Series 527. Oxford, 407-421.

KROEPER, K. (1992). "Tombs of the Elite in Minshat Abu Omar", en E.C.M. van den Brink (ed.), *The Nile Delta in Transition: 4th. - 3rd. Millennium B.C. Proceedings of the Seminar Held in Cairo, 21.-24. October 1990, at the Netherlands Institute of Archaeology and Arabic Studies.* Jerusalem, 127-150.

LEVY, T.E., ALON, D., SMITH, P., YEKUTIELI, Y., ROWAN, Y., GOLDBERG, P., PORAT, N., VAN DEN BRINK, E.C.M., WITTEN, A.J., GOLDEN, J., GRIGSON, C., KANSA, E., DAWSON, L., HOLL, A., MORENO, J. y KERSEL, M. (1997). "Egyptian-Canaanite Interaction at Nahal Tillah, Israel (c.4500-3000 BCE): An Interim Report", *Bulletin of the American Schools of Oriental Research* 307, 1-51.

LEVY, T.E. y VAN DEN BRINK, E.C.M. (2002). "Interaction Models, Egypt and the Levantine Periphery", en E.C.M van den Brink y T.E. Levy (eds.), *Egypt and the Levant. Interrelations from the 4th through the early 3rd Millennium B.C.E.* London / New York, 3-38.

LICHTHEIM, M. (1973). *Ancient Egyptian Literature*, vol. 1. Berkeley / Los Angeles / London.

LÓPEZ, J. (2005). *Cuentos y fábulas del Antiguo Egipto.* Barcelona.

LOPRIENO, A. (1988). *Topos und Mimesis. Zum Ausländer in der ägyptischen Literatur*, Ägyptologische Abhandlungen 48. Wiesbaden.

LOPRIENO, A. (1996). "Loyalistic Instructions", en A. Loprieno (ed.), *Ancient Egyptian Literature. History and Forms*, Problem der Ägyptologie 10. Leiden, 403-414.

MACZYŃSKA, A. (2013). *Lower Egyptian Communities and Their Interactions with Southern Levant in the 4th Millennium BC*, Studies in African Archaeology 12. Poznań.

MACZYŃSKA, A. (2014). "Some remarks on the visitors in the Nile Delta in the 4th millennium BC", en A. Maczyńska (ed.), *The Nile Delta as a centre of cultural interactions between Upper Egypt and the Southern Levant in the 4th millennium BC*, Studies in African Archaeology 13. Poznań, 181-216.

MIDANT-REYNES, B. (2003). *Aux origines de l'Égypte. Du Néolithique à l'émergence de l'État.* Paris.

MILEVSKI, I., CZARNOWICZ, M., YEGOROV, D., KARMOWSKI, J., GAMRAT, M., COHEN-SASSON, E. y YEKUTIELI, Y. (2022). "New excavations at Tel Erani: the Early Bronze Age I fortification walls and early urbanisation in the Southern Levant", *Antiquity* 96, 194-200.

MIROSCHEDJI, P. de (2015). "Les relations entre l'Égypte et le Levant aux IVe et IIIe millénaires à la lumière des fouilles de Tell es-Sakan", *Comptes rendus des séances de l'Académie des Inscriptions et Belles-Lettres* II (avril-juin), 1003-1038.

MIROSCHEDJI, P. de, SADEQ, M., FALTINGS, D., BOULEZ, V., NAGGIAR-MOLINER, L., SYKES, N. y TENGBERG, M. (2001). "Les fouilles de Tell es-Sakan (Gaza): Nouvelles données sur les contacts égypto-cananéens aux IVe-IIIe millénaires", *Paléorient* 27 (2), 75-104.

OREN, E.D. y YEKUTIELI Y. (1992). "Taur Ikhbeineh - earliest evidence for Egyptian interconnections", en E.C.M. van den Brink (ed.), *The Nile Delta in Transition: 4th. - 3rd. Millennium B.C. Proceedings of the Seminar Held in Cairo, 21.-24. October 1990, at the Netherlands Institute of Archaeology and Arabic Studies.* Jerusalem, 361-384.

PARKINSON, R.B. (1997). *The Tale of Sinuhe and Other Ancient Egyptian Poems, 1940–1640 BC.* Oxford.

Poo, M.Ch. (2005). *Enemies of Civilization. Attitudes Toward Foreigners in Ancient Mesopotamia, Egypt, and China.* Albany.

QUIBELL, J.E. y GREEN, F.W. (1902). *Hierakonpolis II*, British School of Archaeology in Egypt 5. London.

RIZKANA, I. y SEEHER, J. (1989). *Maadi III: The Non-Lithic Small Finds and the Structural Remains of the Predynastic Settlement.* Mainz.

SAHLINS, M. (1978). "Economía tribal", en M. Godelier (ed.), *Antropología y Economía.* Barcelona, 233-259.

SCHNEIDER, Th. (2010). "Foreigners in Egypt: Archaeological Evidence and Cultural Context", en W. Wendrich (ed.), *Egyptian Archaeology*, Blackwell Studies in Global Archaeology. Malden MA / Oxford / Chichester, 143-163.

SCHULMAN, A.R. (1991/92). "Narmer and the Unification: A Revisionist View", *Bulletin of the Egyptological Seminar* 11, 79-105.

SHALEV, O. (2018). "The Fortification Wall of Tel Erani: A Labour Perspective", *Tel Aviv* 45 (2), 193-215.

SMITH, S.T. (2007). "Ethnicity and Culture", en T. Wilkinson (ed.), *The Egyptian World.* Abingdon / New York, 218-241.

TORCIA, M. (2018). "Towards Upper Egypt: items and cultural elements on trade routes", en J. Kabaciński, M. Chłodnicki, M. Kobusiewicz y M. Winiarska-Kabacińska (eds.), *Desert and the Nile. Prehistory of the Nile Basin and the Sahara. Papers in honour of Fred Wendorf*, Studies in African Archaeology 15. Poznań, 451-467.

VAN DEN BRINK, E.C.M. (2002). "An Egyptian Presence at the End of the Late Early Bronze Age I at Tel Lod, Central Coastal Plain, Israel", en E.C.M van den Brink y T.E. Levy (eds.), *Egypt and the Levant. Interrelations from the 4th through the early 3rd Millennium B.C.E.* London / New York, 286-305.

VAN DEN BRINK, E.C.M. y BRAUN, E. (2003). "Egyptian Elements and Influence on the Early Bronze Age I of the Southern Levant. Recent Excavations, Research and Publications", *Archéo-Nil* 13, 77-91.

VERNUS, P. (2011). "Los barbechos del demiurgo y la soberanía del faraón. El concepto de 'imperio' y las latencias de la creación", en M. Campagno, J. Gallego y C.G. García MacGaw (eds.), *El Estado en el Mediterráneo Antiguo. Egipto, Grecia, Roma.* Buenos Aires, 13-43.

WATRIN, L. (2003). "Lower-Upper Egyptian interaction during Pre-Naqada period: From initial trade contacts to the ascendancy of southern chiefdoms", en Z. Hawass y L.P. Brock (eds.), *Egyptology at the dawn of the Twenty-first Century. Proceedings of the Eighth Inter-*

 Marcelo Campagno / Bernardo Gandulla / Ianir Milevski (eds.)

national Congress of Egyptologists. Cairo, 2000. Vol. 2. History, Religion. Cairo / New York, 566-581.

WATRIN, L. (2004-2005). "From Intellectual Acquisitions to Political Change: Egypt-Mesopotamia Interaction in the Fourth Millennium BC", *De Kêmi à Birit Nari. Revue Internationale de l'Orient Ancien* 2, 48-94.

WILKINSON, T.A.H. (2002). "Reality versus Ideology: The Evidence for 'Asiatics' in Predynastic and Early Dynastic Egypt", en E.C.M van den Brink y T.E. Levy (eds.), *Egypt and the Levant. Interrelations from the 4th through the early 3rd Millennium B.C.E.* London / New York, 514-520.

CIRCULACIÓN DE TECNOLOGÍAS ENTRE EL DELTA DEL NILO Y EL LEVANTE MERIDIONAL ENTRE EL VI Y EL IV MILENIO A.C.

M. Belén Daizo
Universidad de Buenos Aires – CONICET – Universidad Pedagógica Nacional

Introducción

Las dinámicas de interacción entre diferentes sociedades es un tema que ha generado amplio interés en Arqueología y en los estudios del Cercano Oriente Antiguo como punto en el que se articulan diferentes procesos que atañen al campo socioeconómico, político e ideológico (Renfrew 1975; Baugh y Ericson 1993; LaMotta y Schiffer 2001; Oka y Kusimba 2008, entre otros). En el ámbito de las relaciones a escala interregional, donde la circulación de bienes resulta su forma más visible, es posible advertir diferentes dimensiones que articulan las complejas configuraciones sobre las que se fundan y reproducen las dinámicas de interacción y circulación de artefactos[1]. Estas articulaciones no sólo conllevan la circulación de bienes tangibles sino también de mecanismos de transmisión de tecnologías[2] que son plasmados en las adopciones, elecciones y reconfiguraciones

---

1   Seguimos aquí la propuesta de D. Clarke (1978) quien señala que más allá de que un artefacto es un objeto modificado por un conjunto de atributos impuestos por el hombre, es el resultado de las "correlaciones de todo un conjunto de acciones, secuencias de acciones o comportamientos necesarios para materializar la concepción abstracta en la mente del hacedor" (1978, 155). Por lo tanto, cada artefacto contiene una infinidad de atributos que puede dar cuenta de un gran sistema de interconexiones e interacciones que están inmersos en los moldes mentales (*mental templates*, cf. Krieger 1944; Rice 1987) de quienes los han producido e incorporado en un contexto cargado de significación (Hodder y Hudson 2003).

2   T. Ingold (1986, 43) señala que una tecnología consiste "en un corpus de conocimiento que los individuos llevan en sus mentes, y transmiten por medio de una instrucción formal y simbólica". Complementariamente, P. Lemonnier (1992, 5) señala que las tecnologías y las acciones tecnológicas "involucran al menos alguna intervención física que lleva a una transformación real de la materia". Cada una de estas técnicas tiene cinco componentes asociados: materia, energía, objetos (usados para actuar sobre la materia), gestos o secuencias operacionales y conocimiento específico (*know-how*).

tecnológicas que son posibles de advertir a través de la evidencia arqueológica (Thomas 1991; Mura 2011; Lemonnier 2013).

Un punto importante por considerar aquí son las *elecciones tecnológicas*[3] comprendidas en un marco de cambios y continuidades. En este sentido, la transmisión de información en el marco de las interacciones interregionales depende del contexto socio-histórico, las configuraciones políticas, económicas y simbólicas a nivel intra e intercomunitario y la permeabilidad de las fronteras sociales (ver Barth 1976). Más allá de las contingencias geográficas propias de cada contexto, que facilitan o dificultan los contactos, esta permeabilidad depende del grado de autonomía que es consensuado en las diferentes comunidades, y de la necesidad que tienen –o creen tener– unas de otras. En este trabajo, nos proponemos poner de relieve esa dimensión social y simbólica que atraviesa la circulación y adopción de diferentes tecnologías en el marco de las relaciones entre el delta del Nilo y el Levante meridional entre el VI y el IV milenio a.C.[4], durante diferentes fases que demuestran gran dinamismo en materia de interacciones, en un contexto de diversos desarrollos socioeconómicos y políticos en cada región (cf. Daizo 2021). Para ello utilizaremos el marco teórico-metodológico de la Antropología de la Tecnología que propone una perspectiva que considera el sentido de las concatenaciones y las elecciones tecnológicas a partir de contextos socio-ecológico-territoriales específicos con énfasis en las intencionalidades políticas, las relaciones de poder y las necesidades de uso, como así también la confrontación de diversos corpus de conocimiento (Thomas 1991; Lemonnier 1992; 2013; Mura 2011, entre otros).

La evidencia arqueológica de los últimos 50 años en Egipto y el Levante meridional ha demostrado la intensidad de los contactos interregionales, que se manifiestan en el desarrollo de tecnologías de subsistencia, intercambio de bienes e intensificación de la especialización artesanal (Czarnowicz 2012; Köhler 2014; Mączyńska 2014, entre otros). Los primeros testimonios de contacto se remontan al VI milenio a.C. (Tassie 2014; Streit 2017; 2020) y pueden ser considerados como el preludio de unas dinámicas que llegan a su punto culminante hacia finales del IV milenio a.C. Los hallazgos que evidencian estas fluctuantes interacciones comprenden tanto importaciones –materias primas y objetos manufacturados– como copias e influencias de esti-

---

3   Entendidas como invenciones, préstamos y recombinaciones que están inmersas en un entramado sistema simbólico (Lemonnier 2013).

4   Para la ubicación de los sitios, ver mapas 1 y 2, pp. 10 y 11.

  Marcelo Campagno / Bernardo Gandulla / Ianir Milevski (eds.)

los foráneos que se incorporan y reconfiguran en los sistemas tecnológicos tanto de la región cananea[5] como del delta y el valle del Nilo.

La evidencia arqueológica: circulación de tecnologías entre el delta del Nilo y el Levante meridional

Fase 1. Del VI al V milenio a.C.

A lo largo del VI y del V milenio a.C., el delta del Nilo fue testigo de considerables cambios a nivel tanto ecológico como cultural. Las condiciones climáticas durante este período –denominado "Fase húmeda del Holoceno"– parecen haber generado un ambiente más cálido y húmedo, favoreciendo la habitación de regiones que en el presente son mucho más áridas (Claussen y Gayler 1997; Robinson *et al.* 2006). Tal escenario podría haber facilitado las interacciones entre el delta y el Levante dado que ecológicamente este espacio pudo ser advertido como un *continuum* (Streit 2017), lo que podría haber facilitado la búsqueda de nuevos recursos, incluyendo la incorporación o adopción de nuevas tecnologías[6].

En este contexto, sitios del delta del Nilo como Merimda Beni-Salama (ver Junker 1929; 1940; Eiwanger 1992; Rowland y Bertini 2016) y Saïs (ver Wilson *et al.* 2014) atestiguan las primeras evidencias de los cambios acontecidos en las tradiciones tecnológicas en el contexto de las interacciones interregionales aquí analizadas. La emergencia de la tecnología cerámica en el delta puede enmarcarse a mediados del VI milenio a.C. como un claro correlato de los contactos con la cultura de Wadi Rabah (Streit 2017; cf. Mączyńska 2018). La adopción e incorporación de esta tecnología es visible en varias de las formas presentes en el Bajo Egipto tales como cuencos abiertos, vasos carenados, asas perforadas en forma de "orejas", cuencos con pedestales y alta frecuencia de tarros (Eiwanger 1984, 53-55), sumadas a formas no-locales como cálices (Kantor 1942) que aparecen regularmente en los conjuntos de Wadi Rabah (Garfinkel 1999, 109, 123-124). Los elementos que componen el repertorio decorativo de Merimda Beni-Salama (62,5% de los hallazgos que componen el Estrato 1) evidencian engobe negro y rojo con un acabado bruñido

---

5   En este trabajo utilizamos el término "Canaán" y "cananeo" como sinónimo de "Levante" y "levantino" respectivamente.

6   En todo caso, la situación ecológica pudo registrar variaciones regionales. Respecto a las condiciones ambientales para la región cananea durante el VI y el V milenio a.C., cf. Bar-Matthews y Ayalon 2011.

y motivos incisos compatibles con un patrón en espiga (*herringbone pattern*[7]) (Eiwanger 1984) que dominan los conjuntos cerámicos de Wadi Rabah (Garfinkel 1999, 104-147).

Asimismo, en el estrato I de Merimda Beni-Salama se han hallado elementos que permiten advertir la adopción de nuevas tecnologías de subsistencia asociadas a la domesticación de ovicápridos (Wengrow 2006; Mączyńska 2015) y bovinos. Por un lado, dos discos de cerámica con un orificio en el centro (Eiwanger 1984, pl. 63: I.1186, I.1187) muy probablemente asociados a la tecnología de la hilandería y a la explotación de productos secundarios (Gibbs 2008; Orelle *et al.* 2012); por el otro, dos figurinas de arcilla cocida, que probablemente representen bovinos (Eiwanger 1984, 53-54, pl. 63: I.1174-77), podrían tener cierta concordancia con los restos osteológicos de estas especies (cf. von den Driesch y Boessneck 1985) y posiblemente con los hallazgos de figurinas similares en contextos del VII y VI milenio a.C. en el Levante meridional y Mesopotamia (*e.g.* Abu Zaureiq, Munhata, Nahal Zehora II, sitios asociados a distintas fases de lo que Gopher [2012] llama Wadi Rabah) (Garfinkel y Matskevich 2002, fig. 18:2; Garfinkel 1995, fig. 38: 1-2; Gopher y Eyal 2012, fig. 29.7: 1-3). Estos contactos a su vez son reforzados por la presencia en el Levante meridional de componentes óseos de perca nilótica (*Lates niloticus*) –importada como alimento– que ya se registran desde la fase de la cultura qatifiense (4800-4500 a.C.) (Reese *et al.* 1986; van Neer *et al.* 2004).

Fase 2. De fines del V a inicios del IV milenio a.C.
(Cultura del Bajo Egipto – Calcolítico Temprano / Bronce Antiguo IA1, c. 4200-3600 a.C.)

Durante fines del V milenio a.C. los contactos establecidos por las poblaciones del delta y el Levante parecen haber sido más esporádicos y se reducen a unos pocos testimonios en la región cananea. La presencia de moluscos de origen nilótico –apreciados por su interior de madreperla (*Chambardia arcuata*)– se encuentra extendida por la región asiática (Braun y van den Brink 2008, 646-647)[8]. Las evidencias atestiguan tanto su uso en la confección de ornamentos (*e.g.*

---

7   Si bien patrones similares pueden observarse en la cerámica yarmukiense, su posición cronológica no apoya una eventual influencia en el Bajo Egipto (ver Garfinkel 1999; Streit 2017, *contra* Larsen 1958; Eiwanger 1984).

8   En este sentido, M. Czarnowicz (*com. pers.*) sugiere cierta cautela sobre la exportación de *Chambardia arcuata* desde Egipto hacia el Levante durante este período (cf. Bar-Yosef Mayer 2002).

          Marcelo Campagno / Bernardo Gandulla / Ianir Milevski (eds.)

pendientes) (*e.g.* Goren y Fabian 2002; Fabian *et al.* 2015; Davidovich *et al.* 2018) como conchas sin modificaciones (Braun 2014) en sitios tales como Abu Matar, Horvat Beter, Teleilat el-Ghassul y Kissufim (Bar-Yosef Mayer 2002), así como, recientemente, en Beqoa y Nahal Patish (Ktalav 2018; Ben-Ari *et al.* en prensa).

Sin embargo, durante inicios del IV milenio a.C. la situación cambiaría notablemente. El registro material demuestra tanto la continuidad de las adopciones tecnológicas de la fase anterior como interacciones de carácter algo más permanente, que permiten suponer la presencia de grupos cananeos que –al menos transitoriamente– se habrían asentado en el delta. Los hallazgos de posibles campamentos de la costa norte del Sinaí (Oren 1989; Miroschedji 1998) dan indicios de la ruta de circulación de bienes hacia el Nilo, tanto hacia el delta como la región altoegipcia (Braun 2011).

Los testimonios del delta dan cuenta de la importancia creciente que adquieren sitios como Buto y Maadi en las interacciones interregionales. Por un lado, en Buto las cerámicas halladas en el estrato Ia evidencian tradiciones no-egipcias derivadas del Calcolítico Gassuliense del Levante meridional (Faltings y Köhler 1996; Faltings 2002; Tutundžic 2005). Si bien la morfología responde a influencias foráneas, los estudios petrográficos demuestran que se habrían producido localmente (Commenge-Pellegrin 1987). Estos conjuntos cerámicos aparecen en abundancia –representan el 30% de los allí recuperados (Faltings 2002, 166)– y se diferencian de los cuencos que continúan con las tradiciones del Neolítico del delta (cerámicas de paredes gruesas y confeccionadas manualmente) por sus paredes delgadas y su elaboración sobre un dispositivo rotativo[9] que no encuentra paralelos locales. Asimismo, una de las diferencias más notorias es la tendencia a decorar las vasijas con pintura o de forma plástica (ver Friedman 1992; Faltings 1998), que encuentra algunos paralelos con los hallazgos de Nahal Mishmar (Bar-Adon 1980, figs. 6.1, 6.6, 8.1-8.6). Entre las morfologías que componen este grupo se encuentran los jarros de boca ancha, cuencos en forma de "V" (un elemento distintivo del Calcolítico del Levante), cuencos con bordes dentados (*crust-pie rims*), mantequeras y cuencos con pedestales fenestrados (Friedman 1992; Faltings 1998; 2002).

---

9   Esto es advertido por las impresiones dejadas en la parte exterior de la base y por las ranuras producto de la rotación, que aún son visibles en el interior (Faltings 1998, 32; Faltings 2002, 165-166).

Por otro lado, contemporáneamente en Maadi las evidencias se extienden no sólo a la producción cerámica, sino también, a las estrategias de subsistencia-residenciales y a la introducción de la tecnología del cobre[10]. Contrariamente a lo que sucede en Buto Ia, solo el 3% de la cerámica hallada en Maadi –dada su morfología, técnicas de manufactura y análisis petrográficos– corresponde a importaciones cananeas (Rizkana y Seeher 1987, 31-32, 76-77; Badawi 2003). Adicionalmente, el hallazgo de estructuras subrectangulares semisubterráneas construidas en piedra –con ciertas similitudes con las estructuras residenciales o de almacenamiento del Calcolítico del valle de Beersheva– (Rizkana y Seeher 1989, 51-55; Levy 1992, 349-350; Hartung *et al.* 2003, 151-167) pone de relieve la presencia de nuevas tecnologías y modos de construcción de los grupos foráneos, que difieren considerablemente de los locales[11].

La presencia tanto de mena de cobre como de elementos ya confeccionados con esta materia prima –cuyos hallazgos se han registrado en mayores frecuencias artefactuales en Maadi (Rizkana y Seeher 1990; Klimscha 2011)– permite advertir la importancia que habría tenido la adquisición de este mineral durante el Bronce Antiguo (en adelante, BA) IA (*e.g.* agujas, hachas, punzones) (Rizkana y Seeher 1989, 13-18, pl. 3-4). En este sentido, es notable el hallazgo de lingotes de cobre que guardan grandes similitudes con los moldes registrados en Tall Hujayrat al-Ghuzlan, cerca de Áqaba (Eichmann *et al.* 2009, 29-31; Pfeiffer 2009, 308-310) y que se correlacionan con los análisis químicos que apuntan a Timna y Wadi Feynan (en Wadi Arabah) como sus fuentes de procedencia (Abdel-Motelib *et al.* 2012)[12].

Es posible apreciar un contraste sensible entre estas evidencias de Buto y Maadi. Por un lado, a diferencia de lo que sucede en Maadi, la presencia de tecnología extranjera en los conjuntos cerámicos de Buto es considerable, lo que sugiere la presencia de cananeos que habrían arribado al sitio (¿temporalmente?) y habrían producido su propia cerámica –sin descartar posibles copias de grupos locales–. A juzgar por los patrones de distribución –no hay una distinción intra-sitio que

---

10 Las evidencias de cobre en Maadi proceden de la región de Áqaba y pueden ser datadas entre fines del Calcolítico y principios del Bronce Antiguo IA (ver Klimscha, en este volumen).

11 Las construcciones locales en Maadi se caracterizan por su condición endeble: postes de madera que soportaban estructuras de caña y barro (Braun 2012, 230).

12 La existencia de contactos entre la región de Áqaba y Egipto se encuentra reforzada por los hallazgos de pedernal procedente del valle del Nilo en Áqaba (cf. Rizkana y Seeher 1988, 23; Oron *et al.* 2018; Klimscha, en este volumen).

     Marcelo Campagno / Bernardo Gandulla / Ianir Milevski (eds.)

demuestre cierto grado de segregación espacial (Commenge y Alon 2002)–, la tecnología "asiática" se habría incorporado rápidamente al repertorio cerámico local con un considerable grado de integración. En cambio, en Maadi encontramos un escenario que *a priori* pareciera totalmente diferente: las estructuras residenciales "cananeas" presentan cierto grado de segregación espacial (Midant-Reynes 2003, 107) lo que sugiere cierta distancia social (ver Campagno, en este volumen) que parece encontrar un correlato en la reducida extensión e integración de la tecnología cerámica en los momentos más tempranos de habitación del sitio.

Sin embargo, esta situación cambiará en las siguientes fases de ocupación: en Buto, el estrato Ib –que se correlaciona con el colapso de las sociedades calcolíticas en el sur del Levante (Levy y van den Brink 2002, 18-19)– señala la aparición de "estilos híbridos"[13] y el abandono del uso de los dispositivos rotativos. Probablemente se deba a que los migrantes adoptaron la tecnología local y gradualmente fueron abandonando las propias, o bien que los locales abandonaran esta tecnología en su proceso de producción, como resultado de una posible incompatibilidad entre la escala de especialización y la demanda, al no existir una fuerte integración interregional ni una estructura social compleja (Faltings 2002, 169; *contra* von der Way 1992; Midant-Reynes 2003).

Ahora bien, en la región del Levante meridional las evidencias de interacción con los grupos nilóticos y, por ende, la circulación de tecnologías, no son tan sustanciales como las del delta. De todos modos, durante el Calcolítico y el BA IA se advierte cierta influencia egipcia en el Levante, lo que es atestiguado por hallazgos en diferentes sitios cananeos que darían cuenta de cierto nivel de circulación tecnológica. Por un lado, se evidencian importaciones de cerámica de origen nilótico y de posibles elementos con influencia egipcia. Estas incluyen los vasos con forma de ave (*bird-like vessels*) hallados en una tumba calcolítica de Palmahim Quarry (Gophna y Lifshitz 1980, fig. 5) que presentan considerables paralelos con los registrados en

---

13   Cabe señalar aquí que el alcance de esta categoría es objeto de debate (ver Braun 2005; 2016). Por lo general, esta denominación suele utilizarse en un sentido más amplio y uno más restringido. En un sentido amplio, refiere a una materialidad que combina atributos egipcios y levantinos creando un nuevo elemento o elementos con características diferentes a los que lo originaron, es decir, que representan la materialización de conceptos abstractos de un conjunto cultural mixto. En un sentido más restringido, se utiliza para considerar vasijas con atributos similares o derivados de la esfera de influencia egipcia en el Levante, *e.g.* jarros de boca ancha con antiplástico orgánico y bruñidos o cuencos en forma de "V" con bruñido exterior (Faltings 2002).

Maadi (Rizkana y Seeher 1987, 47, pl. 64: 3-5). Asimismo, en el sitio H de Besor y en Taur Ikhbeineh los conjuntos cerámicos incluyen no sólo elementos nilóticos importados sino también producción local con influencias estilísticas egipcias (Gophna 1992; Oren y Yekutieli 1992). Estas han sido interpretadas como "consecuencia del ingreso de grupos del Bajo Egipto del Predinástico Tardío [...] animados a establecerse en el extranjero por la búsqueda de materias primas y bienes procesados luego de que el sistema de asentamientos del [período] Calcolítico ghasuliense ya había desaparecido desde hacía tiempo" (Gophna 1992, 392-393; *contra* Braun 2012, 174). Sin embargo, dada la exigua evidencia arqueológica resultaría mucho más probable que se tratase de contactos esporádicos. Esto es reforzado por los hallazgos del norte del Sinaí (Yekutieli 1998) que apuntan a que estas interacciones habrían comenzado en las fases iniciales del BA I (BA IA1) aunque son posibles de ser observadas arqueológicamente durante momentos más tardíos.

Por otro lado, las estatuillas halladas en la región de Beersheva durante el período Calcolítico (Perrot 1959; Elliot 1977; Milevski 2002) muestran considerables similitudes con los conjuntos de figurinas nilóticas del período Badariense e inicios de Nagada I (*e.g.* Brunton y Caton-Thompson 1928, nº 517; Eldar y Baumgarten 1933, fig. 166; Levy 1986, fig. 96). En este sentido, cabe destacar los hallazgos de cabezas de maza en diferentes regiones del Levante (*e.g.* Azor, Gat Guvrin/Zeita, Nahal Mishmar, Nahal Tillah) con materias primas tanto locales como foráneas (*e.g.* hematita, gabro, diorita) (Braun 2011; Bar-Adon 1980; Perrot y Ladiray 1980; el-Amri 2007) como así también paletas elaboradas localmente (*e.g.* Bir es-Safadi) que guardan ciertas similitudes morfológicas con las de Maadi (Rizkana y Seeher 1988, 83-6). Es importante advertir una sensible diferencia en los contextos de hallazgo en cada región, que puede darnos algunos indicios respecto de su funcionalidad: mientras que los entierros son el lugar de hallazgo predominante de las paletas halladas en Egipto, en el norte del Negev son registradas en contextos de asentamiento (*i.e.* lugares residenciales, silos) (Commenge y Alon 2012, 148). Si bien no se ha encontrado ningún taller de producción de estos elementos en la región cananea, es evidente que junto con las figurinas tuvieron un rol activo en el universo de representaciones simbólicas de las sociedades levantinas (ver Jaruf 2017; Ordynat 2018, entre otros).

    Marcelo Campagno / Bernardo Gandulla / Ianir Milevski (eds.)

Fase 3. Mediados del IV milenio a.C.
(Nagada IIB-D / Bronce Antiguo IA1-IB1, c. 3600-3300 a.C.)

En el delta durante este período acontecen cambios significativos que dan cuenta de una mayor fluidez en las interacciones con el Levante asociados con la expansión de las redes de intercambio. En este sentido, el control de las rutas de circulación de bienes (*e.g.* lapislázuli, cobre, vino, aceite de oliva) (ver Daizo 2019) impulsado por la demanda cada vez mayor de bienes de prestigio por parte de las élites altoegipcias[14] (Campagno 2010) y en cierta medida también de las locales (cf. Chłodnicki y Geming 2012), así como la domesticación del asno (Milevski 2016, 186-187; Milevski y Horwitz 2019) promovieron ciertas reconfiguraciones a nivel político y económico que impactaron en las relaciones entre los diferentes asentamientos.

En este contexto, Buto y Maadi podrían dar cuenta nuevamente de estos cambios, de un modo general, por la ocupación espacial a nivel intra-sitio y, de forma particular, por las elecciones tecnológicas y su incorporación al repertorio estilístico local. En Buto (estrato II) los conjuntos cerámicos registrados presentan gran homogeneidad y son mayoritariamente de tradición local –con ciertas similitudes con los de Maadi–. Por otro lado, los cuencos con bordes dentados (*piecrust rims*) –típicos de la región levantina– desaparecen dando lugar a otros de paredes cóncavas manufacturados con arcilla aluvial y antiplásticos vegetales (Tristant y Midant-Reynes 2011) y a las vasijas con forma de limón (*lemon-shaped*) –un importante marcador cronológico y cultural– hallados también en otros sitios del delta del Nilo para el mismo período (Buchez y Midant-Reynes 2007) y posteriormente en sitios del Levante (*e.g.* Tel Erani, Milevski *et al.* 2016). Los vínculos de Buto con la región cananea son visibles también en la presencia de cantidades considerables de cobre y raspadores tabulares de origen cananeo (Tristant y Midant-Reynes 2011).

Por su parte, en Maadi se evidencian algunas jarras de manufactura local pero con claras relaciones con los estilos morfológicos del BA I del sur del Levante[15]. Rizkana y Seeher (1987, Pl. 77, 1-4) registran las primeras evidencias de la cerámica identificada por W. F. Petrie como "W-class" en la que se reconoce la introducción de atributos foráneos

---

14   Para este momento se registra en la región del Alto Egipto la emergencia de los primeros núcleos estatales: Hieracómpolis, Nagada y Abidos (ver Campagno 2002; 2008).

15   Las asas, por lo general estilo repisa, pero ocasionalmente en forma de correa o de oreja, son omnipresentes en las vasijas del BA I y por lo tanto conforman un rasgo distintivo de la cerámica levantina (Braun 2016).

tales como asas onduladas en repisa (*wavy-ledge handles*) (Petrie 1902).
A pesar de la cantidad aparentemente limitada de vasijas importadas
cananeas, este rasgo parece haber causado una profunda impresión
en los alfareros egipcios, ya que desde su introducción deja su huella
en las tradiciones nilóticas, inicialmente como un apéndice funcional
y posteriormente como un elemento decorativo (Dreyer 2011; Teeter
2011) que perdería totalmente su función original (Braun 2005; 2014;
también Hoffman 1984, 118-20). Respecto a los testimonios de cobre,
se registran hallazgos en mayores frecuencias que en otros sitios del
delta (*e.g.* Minshat Abu Omar, Adaïma) y se destaca la presencia de
hachas –una morfología sin paralelos previos en la región– que sugiere un origen levantino (Rizkana y Seeher 1989, 15-16).

Asimismo, si bien tanto en Buto como en Maadi las tradiciones
generalizadas de construcción son locales –incluyendo el uso de barro y caña–, durante este período nuevamente se registran en Maadi
recintos habitacionales y/o de almacenamiento construidos en piedra
con planta subrectangular probablemente asociados a los de tradición
levantina (ver más arriba) (Hartung *et al.* 2003, 166).

Hacia fines de Nagada IIC (fines de BA IA e inicios de BA IB1) se
observa un aumento considerable de las importaciones en relación
con la fase anterior. Este momento es coincidente con el abandono
de Maadi y el surgimiento de Tell el-Farkha, que comienza a adquirir un papel notable en las redes de interacción tanto con el Levante
como con el Alto Egipto (Mączyńska 2014). Los testimonios de Tell
el-Farkha sugieren la existencia temprana de un complejo residencial y productivo –denominado por sus excavadores "residencia del
Bajo Egipto"– donde se han registrado diversos bienes foráneos: un
collar con cuentas de oro y piedras semipreciosas importadas del
Alto Egipto, un cuchillo de cobre, cabezas de maza, vasos de piedra
y cerámicas de procedencia levantina (Chłodnicki y Geming 2012).

En cuanto a la región cananea, las evidencias disponibles permiten
advertir un leve incremento de las interacciones, que parecen adquirir
un carácter más regular. Nuevos elementos aparecen en el repertorio
tecnológico de Ashkelon-Afridar (Riemer y Kuper 2000): los anillos
de cerámica denominados "*Clayton rings*" procedentes de la esfera
de influencia nilótica (Khalaily 2004, figs. 16.3-4). Estos objetos –cuyo
significado específico es desconocido– encuentran sus paralelos en el
Sahara oriental y se caracterizan por estar confeccionados en arcilla,
poseer una forma cilíndrica con los extremos abiertos, estar asociados a discos perforados en la parte central y, en algunas ocasiones,
presentan marcas de alfareros (Braun 2011, 110, fig. 12.8; ver también

Khalaily 2004, figs. 16.3-4). Su presencia sugiere contactos de larga distancia con los habitantes y/o con los agentes que habrían participado en las redes de circulación de bienes, posiblemente a través de una conexión con Maadi. En este sentido, Maadi y, posteriormente, Tell el-Farkha habrían sido los ejes centrales de las interacciones durante este período no sólo con el Levante meridional (Braun y van den Brink 2008; Guyot 2008) sino también con el Alto Egipto (Ciałowicz 2008; Buchez y Midant-Reynes 2011; Mączyńska 2011).

Fase 4. Fines del IV milenio a.C.
(Nagada IIIA1-C1 / Bronce Antiguo IB1-2, c. 3300-3000 a.C.)

Durante este período los contactos entre ambas regiones habrían aumentado de forma considerable, asociados a los profundos cambios socio-políticos acontecidos en el marco del proceso de expansión territorial del Estado egipcio que desemboca en la incorporación política del delta. Estas transformaciones, tanto en el ámbito de la organización socio-política como en la construcción social del paisaje, son testimoniadas en Tell el-Farkha. Hacia inicios de esta fase (Nagada IIIA1) se advierten testimonios de una edificación de gran magnitud –la denominada "residencia de Nagada"– con probables funciones de índole residencial y administrativa, dados los numerosos hallazgos en su interior que comprenden cerámicas levantinas, *tokens* y fragmentos de sellos de arcilla (Czarnowicz 2012; Kołodziejczyk 2012). Tal edificio sería destruido[16] y en su lugar se erigiría un posible "centro cúltico-administrativo" (Nagada IIIB) (Ciałowicz 2012), probablemente asociado a la élite local (Chłodnicki 2012). En esta estructura –de mayores dimensiones aún– se hallaron abundantes ejemplares de cerámicas de origen levantino utilizadas para almacenamiento (Czarnowicz 2012) y dos capillas con sendos depósitos votivos, que incluían, junto con varias decenas de figurinas y modelos, un conjunto de bienes procedentes tanto del Levante (*e.g.* instrumentos de cobre) como del Alto Egipto (*e.g.* piedras semipreciosas, huevos de avestruz) de probable carácter ritual (Ciałowicz 2009).

Los conjuntos cerámicos hallados en el delta, tanto importados como con influencias foráneas, continúan atestiguando relaciones con el Levante, aunque las frecuencias artefactuales se reducen (*e.g.* Tell el-Farkha, Minshat Abu Omar y Kom el-Khilgan) (Czarnowicz 2014).

---

16 Los excavadores proponen cierta intencionalidad en este episodio de destrucción asociado con otros estratos de conflagración por fuego en el sitio (Ciałowicz 2017; Chłodnicki y Ciałowicz 2018).

Es notable el caso de Tell el-Farkha, donde se advierte un notable incremento de la producción de cuencos de manufactura local que incorporan elementos estilísticos foráneos a medida que disminuyen las importaciones. Este hecho no sólo se extiende a la tecnología cerámica, sino que abarca la producción de vasos de piedra, atestiguada por la presencia de un pequeño recipiente de travertino que emula las vasijas levantinas con asas repisa en formato miniatura (Pryc 2012, figs. 6, 50).

Estas variaciones artefactuales en torno a los estilos importados, tanto a nivel general –marcada disminución de cerámica importada e incremento de la producción local de elementos con cierto nivel de influencia foránea– como particular –adopción y permanencia de elementos discretos– podrían atribuirse a diversos fenómenos. Centrándose en criterios de eficacia tecnológica, Czarnowicz (2012, 263) sugiere que las poblaciones altoegipcias –que habrían tenido una significativa presencia en Tell el-Farkha– optaron por la utilización de su propia producción cerámica para el transporte de vino y aceite de oliva por las ventajas tecnológicas que estas habrían proporcionado (*i.e.* una mejor cocción habría otorgado mejores propiedades). Esta interpretación podría complementarse con una visión que contemple las significaciones sociales y simbólicas que podrían haber influido en estas elecciones en el contexto de expansión territorial del Estado y su capacidad de centralización de los bienes foráneos. En tal sentido, podría pensarse la adopción de elementos discretos de tradición levantina no sólo en términos de una ventaja funcional, sino también por las cualidades estéticas asociadas a los bienes de prestigio procedentes del exterior.

En el Levante meridional, por su parte, se observa una marcada presencia egipcia asociada a la búsqueda y centralización de bienes dada por la creciente demanda de las élites altoegipcias. Durante el BA IB1 se advierten indicios tempranos del proceso de urbanización y la emergencia de los primeros núcleos amurallados (*e.g.* Tel Erani) y, posteriormente durante el BA IB2 se registra una acentuada presencia de grupos nilóticos –al menos por un breve período de tiempo– en la región sudlevantina (Milevski *et al.* 2021). En este contexto, se advierte la temprana presencia nilótica con un núcleo sustancial de ocupación centrado en Tell es-Sakan[17] cercano a un número de

---

17 Se propone una estancia de tres generaciones para el caso de Tell es-Sakan, mientras que para el caso de otros sitios como En Besor la duración de la presencia egipcia sería considerablemente más breve (Braun 2011, 117).

 Marcelo Campagno / Bernardo Gandulla / Ianir Milevski (eds.)

asentamientos con testimonios de procedencia egipcia (*e.g.* En Besor, Tel Halif) que podrían implicar su convivencia con las poblaciones locales (Miroschedji *et al.* 2001; Miroschedji 2015). En Tell es-Sakan se construyó una muralla, erigida en sucesivos episodios de acumulaciones de ladrillos de adobe, que resulta una novedad para la tradición arquitectónica egipcia. Es notable que en la región deltaica contemporánea el uso del adobe recién comenzaba a generalizarse en las construcciones (Chłodnicki y Ciałowicz 2002), por lo que las fortificaciones constituían una tecnología desconocida –hasta ese entonces– para las poblaciones de la región nilótica.

En este contexto puede entenderse el considerable impacto de la presencia de poblaciones nilóticas en el sur del Levante que dieron lugar a cambios en el paisaje social y en la estructura de los asentamientos. En efecto, se ha propuesto que la aparición de nuevas estructuras edilicias durante este período –entre ellas, las halladas en Tell es-Sakan (Miroschedji *et al.* 2001; Miroschedji 2015), En Besor (Gophna y Gazit 1985), Tel Erani (Kempinski y Gilead 1991; Brandl 1992; Czarnowicz *et al.* 2014), y probablemente Afridar (Gophna 2002) – podrían corresponder a esta influencia egipcia; asimismo se ha sugerido la existencia de estructuras funerarias de características egipcias (*e.g.* Tel Halif) (Levy y van den Brink 2002). En este contexto, se observan diferentes testimonios de elementos asociados a la administración local que sugieren cierto carácter estatal de la presencia egipcia en el Levante. Estas evidencias también atestiguan la confluencia de diferentes tradiciones tecnológicas: *bullae* y sellos cilíndricos confeccionados en materias primas locales con motivos egipcianizantes (*e.g.* Gezer, Halif Terrace, Tell es-Sakan, Tel Erani) (Brandl 1992, fig. 1.2; van den Brink 1998, fig. 3.a) asociados principalmente a alimentos (Braun 2011) y un número importante de *serekhs* –símbolos del monarca egipcio en su condición de Horus– manufacturados localmente (*e.g.* Tell es-Sakan, Tel Halif, Arad, Tel Malhata, Palmahim Quarry) (Braun 2011).

Paralelamente, los testimonios de la presencia egipcia en la región asiática se extienden a la esfera doméstica y, por lo tanto, a las prácticas cotidianas tradicionales de subsistencia que se habrían desarrollado con diversos grados de interacción con las poblaciones locales. Entre estos testimonios se registra la producción alfarera que conjuga elementos locales y egipcios (*e.g.* Tel Erani, Tell es-Sakan, Afridar) (Brandl 1989; Khalaily 2004; Pasternak *et al.* 2016, fig. 3-4) y los diferentes componentes del proceso de la elaboración de hogazas

de pan (*e.g.* Tel Erani, En Besor, Nahal Tillah). Esta práctica culinaria
–típicamente egipcia– registrada en sitios del valle y delta del Nilo y,
posteriormente, extendida al Levante meridional es atestiguada por
la identificación de estructuras homólogas en ambas regiones asociadas a diferentes etapas del proceso: por un lado, para la confección
y secado de los moldes, y por otro, para la posterior cocción de los
panes. Este registro sugiere que las personas asentadas en el sitio
mantuvieron su singularidad en la preparación y consumo de alimentos. De este modo, las prácticas culinarias en su conjunto resultan
significativos indicadores para abordar los contextos de interacción
entre diferentes sociedades (cf. Kansa *et al.* 2002; Czarnowicz 2014;
2016; Czarnowicz *et al.* 2014).

Discusión

Las relaciones entre el delta del Nilo y el Levante meridional entre
el VI y el IV milenio a.C. son atestiguadas no sólo por los hallazgos
de los bienes foráneos en una y otra región que formaron parte de
las redes de interacción interregional sino también por la circulación
de tecnologías adoptadas e incorporadas a la estructura socio-técnica
(Lemonnier 1992; 2013) de las sociedades en cuestión. En este sentido,
se advierte el carácter asimétrico y cambiante que adquieren las dinámicas de interacción durante el período abordado. Este dinamismo
habría permitido el despliegue de diferentes mecanismos que habi-
litaron tanto el intercambio de bienes como la circulación de estilos,
tecnologías e información que se superponen en el paisaje social y que
tomaron un carácter diverso y fluido a lo largo de la época analizada.

Los inicios de los contactos entre el delta y el Levante meridional
que tuvieron lugar en el VI milenio a.C. (fase 1) se enmarcan en un
contexto posiblemente influido por transformaciones a nivel ambiental. En este contexto, en el delta se advierte la adopción de tecnologías
claves para la subsistencia (*i.e.* incorporación de ovicápridos, cerámica
y elementos asociados al procesamiento de productos secundarios).
El impacto sobre las poblaciones nilóticas habría sido considerable y
transformaría la organización económica de las comunidades locales
y su relación con los grupos foráneos. En este sentido, la presencia
de figurinas semejantes a otras documentadas en el ámbito asiático
no sólo apunta a la afluencia de flujos migratorios desde el sur del
Levante sino a conceptos simbólicos compartidos –al menos– por
los grupos foráneos que se habrían asentado en el delta y tal vez
adoptados por los grupos locales.

          Marcelo Campagno / Bernardo Gandulla / Ianir Milevski (eds.)

Hacia fines del VI y principios del V milenio a.C. esta primera etapa de interacciones parecería haber cesado o bien aún no se han hallado los testimonios que den cuenta de la continuidad de los vínculos. Comoquiera que haya sido, esta situación sería revertida hacia fines del V milenio a.C. con interacciones de carácter esporádico, probablemente motivadas por la demanda de madreperla por las comunidades del Levante meridional. Hacia inicios del IV milenio a.C. estas relaciones se hacen más permanentes, lo que coincide con la emergencia de nuevos asentamientos en el delta (*i.e.* Buto y Maadi) (fase 2). En este marco, se advierten transformaciones a nivel tecnológico e informacional como consecuencia del posible asentamiento de poblaciones cananeas del valle de Beersheva de finales del Calcolítico –probablemente asociadas a las rutas de circulación de bienes– que habrían mantenido un contacto directo con las poblaciones locales.

Estos grupos –que trasladarían sus técnicas para la elaboración de alfarería y construcción de recintos domésticos– tendrían que adaptar sus tradiciones tecnológicas a las condiciones locales respecto de las materias primas disponibles. En este sentido, la presencia del dispositivo rotativo habría sido una novedad entre los grupos locales. Su adopción podría haberse dado no sólo por las ventajas tecnológicas que ofrecía (*e.g.* mayor expeditividad en el proceso productivo) sino también por cierto prestigio asociado a la percepción de los vínculos con las poblaciones foráneas. Sin embargo, su abandono no debería restringirse a argumentaciones que equiparan estructura social / integración comercial interregional / desarrollo tecnológico ya que no dan cuenta del potencial de significación de las tecnologías foráneas (Ingold 1993).

Como se deduce de los testimonios que recorren este período, hacia inicios del IV milenio a.C. los hallazgos del delta son más sustanciales que los del Levante por lo que se advierte cierto desequilibrio en la circulación de bienes y la adopción de tecnologías. La demanda de cobre por parte de las comunidades del delta pareciera haber estructurado las relaciones con sus vecinos cananeos y habría dado lugar a un espectro amplio de interacciones. En este sentido, desde fines del V milenio a.C. se perciben ciertos elementos comunes asociados a un lenguaje visual que es materializado en las diferentes representaciones de figurinas y paletas –procedentes o con influencias– tanto del Levante meridional como del delta y del Alto Egipto. Es posible que la presencia e incorporación de estos nuevos elementos en el repertorio tecnológico de ambas regiones se deba a que hayan jugado un rol relevante como vehículos de conocimiento cargados de cierto exotismo y prestigio en el marco de un consumo ostentoso detentado por las emergentes élites locales.

Hacia Nagada IIC-D (fase 3), el despliegue de las transformaciones asociadas a la emergencia de las dinámicas estatales en el Alto Egipto no tardaría en impactar en la región del delta. La demanda de bienes de prestigio se habría acrecentado por parte de las élites sureñas, que comenzaron a desplegar diferentes mecanismos logísticos para satisfacerlas. Esta situación encuentra un correlato con el proceso de domesticación del asno que habría cumplido un rol sustancial en la expansión de estos desarrollos. Por lo tanto, a partir de este momento las comunidades del delta experimentarían una notable intensificación de sus relaciones con las emergentes élites proto-estatales de Hieracómpolis, Nagada y Abidos. En este sentido, a diferencia de lo ocurrido durante momentos precedentes, el delta habría cumplido funciones de mediación en las redes de intercambio –que conectaban tanto las rutas hacia el este como hacia el sur– mientras comenzaba a ceder cierto nivel de la autonomía que había gozado previamente. El impacto de estas transformaciones se advierte en la envergadura que adquieren diferentes sitios como nodos centrales de interacción o redistribución en el delta (*e.g.* Maadi, Tell el-Farkha, Tell Iswid, Minshat Abu Omar) y en el sur del Levante (*e.g.* Tel Erani) (cf. Mączyńska 2013; Milevski *et al.* 2021).

En este contexto, tanto las construcciones registradas en Maadi –con paralelos con las registradas previamente en el Levante– como los hallazgos de cobre y pedernal podrían dar cuenta de nuevos flujos migratorios de grupos procedentes del centro de la región cananea como de Áqaba hacia el delta, que en el marco de las transformaciones socio-políticas acontecidas y la intensificación de la demanda de bienes, podrían haber actuado como mediadores de las comunidades asiáticas. Otra hipótesis factible podría sugerir que los grupos locales habrían adoptado las técnicas constructivas de migrantes cananeos anteriores –quizás como lugares de depósito para los bienes que centralizaba– ya que podrían ofrecer ciertas ventajas sobre las condiciones de almacenamiento (*i.e.* ventilación y temperatura adecuadas). En cualquiera de los dos casos, la mayor frecuencia de hallazgos de cobre respecto de otros sitios deltaicos sugiere que Maadi habría cumplido un rol como nodo de interacción y/o centro de redistribución en el Bajo Egipto. Asimismo, se advierte la adopción e incorporación de elementos discretos de la alfarería levantina (*i.e.* asas onduladas en repisa) que habrían tenido un fuerte impacto en las tradiciones de manufactura local y que fueron difundidas hacia el Alto Egipto. Estos cambios habrían tenido lugar en el marco de un proceso de *emulación transcultural* (Stein 1999) que no necesariamente implica que los elementos incorporados respondan a los mismos aspectos relacionales que sus precedentes en su ámbito de origen dado que su función podría haberse resignificado. En este caso, podría pensarse la posibilidad de un nuevo sentido en relación con el prestigio que podría haberse asociado a la percepción de los bienes cananeos, en el marco de su creciente demanda por las élites sureñas[18].

La prevalencia de Maadi en el ámbito regional cesa hacia fines de Nagada IIC cuando se advierte la emergencia de Tell el-Farkha en la zona nororiental del delta, con una construcción de gran magnitud: la "residencia del Bajo Egipto". Este complejo se caracteriza no sólo por sus dimensiones sino también por estar segregado del resto de las estructuras habitacionales y por los bienes hallados en su interior procedentes del Levante y del Alto Egipto (Chłodnicki y Geming 2012). Estos testimonios podrían dar cuenta de la emergencia de una élite local en Tell el-Farkha que podría haber gozado de cierta autonomía a nivel local. Sin embargo, a nivel regional se percibe una posible subordinación a los núcleos proto-estatales altoegipcios con los cuales habría sostenido intensas relaciones basadas en la mediación de las rutas de obtención de bienes. De este modo, ocuparía el rol que previamente habría tenido Maadi aunque con una trayectoria diferente que desembocaría en la emergencia de elementos con carácter urbano y una notable estratificación social (Ciałowicz 2017; Campagno *et al.* 2021).

Hacia finales del IV milenio a.C. (fase 4) se producen significativas transformaciones a nivel regional e interregional que producen cambios notables no sólo en la circulación de bienes y tecnologías, sino también en las relaciones que el delta establece con el Levante meridional y el Alto Egipto. El valle del Nilo atraviesa un proceso de profunda reconfiguración social y política que conduce a la expansión de las dinámicas estatales (Campagno 2002; 2007) mientras que en el área levantina comienza el proceso de la denominada "primera urbanización" (Levy y van den Brink 2002; Milevski *et al.* 2016). En efecto, estas transformaciones impactan notablemente en el delta donde los testimonios sugieren tanto una creciente diferenciación sociopolítica

---

18   Esto ha sido atestiguado por los numerosos hallazgos en tumbas del Alto Egipto en donde se aprecia que este proceso de transformación alcanzó otros soportes materiales (*e.g.* vasos de calcita) y persistió en el tiempo (cf. Hendrickx 2011, fig. 10.2).

respecto de períodos precedentes (*e.g.* Minshat Abu Omar, Tell el-Farkha, Kafr Hassan Daud) (cf. Campagno 2008), como la emergencia de asentamientos con rasgos urbanos con considerables cambios en los patrones de asentamiento (Ciałowicz 2011; Midant-Reynes y Buchez 2014; Moeller 2016; Campagno *et al.* 2021).

En este contexto, las comunidades del delta podrían haber quedado subordinadas respecto de una élite estatal que regiría desde el sur. Este escenario podría haberse concretado a través del control directo del delta por parte de las autoridades altoegipcias, o bien en función de la migración de algún grupo procedente del sur que habría operado de forma directa con la región del Levante meridional y administrado el despliegue logístico para la concentración de la cantidad considerable de bienes demandados por las élites sureñas[19] (cf. Campagno 2008).

Este tipo de situación de *heteronomía* (Campagno 2008) podría haberse desarrollado en Tell el-Farkha, si se toma en cuenta la propuesta de los excavadores acerca del estatus altoegipcio de la llamada "residencia de Nagada", sobre la que posteriormente se edifica el "centro cúltico administrativo" (Ciałowicz 2012; Chłodnicki 2012). Estas construcciones de gran magnitud permiten advertir la capacidad de la élite, por un lado, para movilizar una considerable fuerza de trabajo y, por el otro, para desplegar los mecanismos logístico-administrativos (*i.e.*, registro y almacenamiento) asociados a la centralización y remisión de bienes cananeos hacia el sur, así como para garantizar la satisfacción de sus propias demandas. La posible existencia de una élite se ve reforzada por los testimonios funerarios del Kom Oriental, cuyas tumbas permiten notar un incremento de la diferenciación social (*e.g.* Tumba 100, Tumba 55), lo que se hace visible también en otros sitios contemporáneos (*e.g.* Kom el-Khilgan, Kafr Hassan Daud, Minshat Abu Omar) (Buchez y Midant-Reynes 2007; 2011; Ciałowicz y Debowska-Ludwin 2013; Hassan *et al.* 2015). Podríamos sugerir que la magnitud de las construcciones en Tell el-Farkha, respecto del resto de las estructuras del sitio, no sólo habría estado relacionada con los requerimientos del dispositivo logístico, sino que el carácter de su monumentalidad también habría funcionado como un dispositivo con un mensaje en sí mismo: el control de la comunidad local por parte de la élite (ya sean grupos altoegipcios,

---

19   Esto es advertido por los testimonios de la tumba U-j de Abidos donde se halló una gran cantidad de jarras cananeas, probablemente conteniendo vino (Dreyer 1998; Hartung 2002).

     Marcelo Campagno / Bernardo Gandulla / Ianir Milevski (eds.)

o bien élites locales cooptadas por el dispositivo estatal). En este contexto, hacia las fases finales de Tell el-Farkha (Nagada IIIB-C1) se advierte una notable disminución de la cerámica cananea a la vez que se incrementa la producción local de elementos con cierto nivel de influencia levantina. Esta situación habría llevado al desarrollo de un tipo de estrategia tecnológica que resuelve la inclusión de elementos foráneos –percibidos como indicadores de cierto prestigio– en el contexto funerario de la élite local ante la disminución del flujo de importaciones de estos elementos cerámicos.

La unificación política del territorio egipcio también habría impactado considerablemente en el ámbito levantino que a su vez estaba experimentando una serie de cambios sociopolíticos. En este contexto, se advierte la capacidad de penetración del Estado egipcio y el despliegue del dispositivo administrativo y logístico para la búsqueda, concentración y remisión de bienes que proporcionaba la región asiática hacia el Alto Egipto (Campagno 2006; 2010). La movilización de, al menos, un segmento de la población egipcia que se habría asentado en los núcleos del Levante meridional –ya sea de modo exiguo o profuso– (*e.g.* Tell es-Sakan, En Besor) habría implicado cierto nivel de adecuación a un nuevo paisaje, sus recursos y las interacciones con las poblaciones locales. Esto habría conllevado no sólo la adaptación de sus tradiciones tecnológicas, sino también de sus prácticas y manifestaciones simbólicas entramadas en un nuevo escenario que conjugaría una gama variada de vínculos en el marco de las transformaciones socio-políticas (*e.g.* lazos sociales inter-intra grupales, organización espacial y tecnológica). Esto se ve reflejado, por un lado, en la producción y distribución diferencial de cerámica nilótica en torno a los sitios levantinos mediada por la intensidad del carácter de la presencia egipcia (*e.g.* Tell es-Sakan, Tel Erani, En Besor, Tel Halif, Tel Lod) y, por otro, en el traslado de las técnicas culinarias asociadas a la producción de hogazas de pan (*e.g.* Tel Erani, Tel Halif, En Besor).

Consideraciones finales

Los estudios sobre los sistemas tecnológicos del pasado suelen centrarse en los aspectos informacionales, es decir centrándose solo en las cuestiones formales. De esta forma se margina la importancia de la cuestión de las elecciones tecnológicas de los agentes que intervienen en una situación histórica dada. Estas cuestiones en realidad involucran opciones acerca de técnicas, materiales y elementos, que no se relacionan simplemente con la funcionalidad o la eficacia sino también con el sistema social y simbólico que atraviesa estas sociedades. Cuando una sociedad se apropia de rasgos de la cultura material de otra, a través del intercambio o la emulación, transforma los significados o el contenido ideológico de estos elementos en esquemas culturales locales. Por ello, las elecciones tecnológicas no deben comprenderse aisladamente sino como resultado de la articulación de diversos factores de orden económico, político y simbólico, que tienen lugar en un contexto de continuas transformaciones sociales que dan lugar a cambios y continuidades en las configuraciones a nivel regional e interregional. Al colocar el foco de análisis de las interacciones entre el delta del Nilo y el Levante meridional en la circulación de tecnologías, podemos advertir no sólo las características puntuales de los bienes en circulación sino también los factores sociales (políticos y simbólicos) que enmarcan esas interacciones.

Abordar estas relaciones interregionales desde tal perspectiva nos permite interpretar la complejidad de la trama que subyace a las dinámicas de interacción en las cuales no solo los bienes son puestos en circulación por los diferentes grupos sino también tecnologías, información, símbolos y percepciones de las sociedades circundantes. En este sentido, creemos que este ejercicio puede ser un punto de partida para repensar el problema de los contactos interculturales en este y en otros escenarios del Cercano Oriente Antiguo.

Agradecimientos

Agradezco a la Agencia Nacional de Promoción Científica y Tecnológica por el otorgamiento de la Beca Doctoral que se enmarcó en el PICT 2015-2943 y al Consejo Nacional de Investigaciones Científicas y Técnicas (CONICET) por otorgarme la continuidad de esta beca. Asimismo, quiero agradecer de manera especial al Dr. Marcelo Campagno (Universidad de Buenos Aires / CONICET) y al Dr. Ianir Milevski (Autoridad de Antigüedades, Israel) –quienes dirigen mi investigación– por la orientación y las generosas observaciones que me han brindado. Extiendo mi agradecimiento al Dr. Marcin Czarnowicz (Universidad Jagiellónica de Cracovia) por la invitación a participar de las excavaciones en Tell el-Farkha y por permitirme el acceso al material arqueológico y bibliográfico.

Bibliografía

Abdel-Motelib, A., Bode, M., Hart-mann, R., Hartung, U., Hauptmann, A. y Pfeiffer, K. (2012). "Archaeomet-allurgical Expeditions to the Sinai Peninsula and the Eastern Desert of Egypt (2006, 2008)", *Metalla (Bochum)* 19, 3-54.

Al-Amri, Y.A.S. (2007). *The Role of the Iron Ore Deposit of Mugharet el-Wardeh/ Jordan in the Development of the Use of Iron in Southern Bilad el-Sham*. Tesis de doctorado, Ruhr Universität, Bochum.

Badawi, F.A. (2003). "Preliminary Report on 1984-1986 Excavations at Maadi-West", *Mitteilungen des Deutschen Archäologischen Instituts Abteilung Kairo* 59, 1-10.

Bar-Adon, P. (1980). *The Cave of the Treasure: The Finds from the Caves in Nahal Mishmar*. Jerusalem.

Bar-Yosef Mayer, D. (2002). "Egyptian-Caananite Interaction during the Fourth and Third Millennia BCE-The Shell Connection", en E.C.M. van den Brink y T.E. Levy (eds.), *Egypt and the Levant: Interrelations from the 4th through the Early 3rd Millennium BCE*. London-New York, 129-135.

Bar-Matthews, M. y Ayalon, A. (2011). "Mid-Holocene climate variations revealed by high-resolution spelceothem records from Soreq Cave, Israel and their correlation with cultural changes", *The Holocene* 21, 163-171.

Barth, F. (1976). *Los grupos étnicos y sus fronteras*. México DF.

Baugh, T.G. y Ericson, J.E. (1993). "Trade and Exchange in a Historical Perspective", en J.E. Ericson y T.G. Baugh (eds.), *The American Southwest and Mesoamerica: Systems of Prehistoric Exchange*. New York, 3-26.

Ben-ari, N., Shemer, M. y Milevski, I. (en prensa). "Nahal Patish, Area D: A Chalcolithic and Early Bronze Age Ia Settlement Site on the Northern Fringes of the Beersheva Valley", *Journal of the Israel Prehistoric Society*.

Brandl, B. (1989). "Observations on the Early Bronze Age Strata of Tel Erani", en P. de Miroschedji (ed.), *L'urbanisation de la Palestine à l'âge du Bronze ancien. Bilan et perspectives des recherches actuelles*, BAR International Series 527. Oxford, 357-387.

Brandl, B. (1992). "Evidence for Egyptian Colonization in the Southern Coastal Plain and Lowlands of Canaan during the EB I Period", en E.C.M. van den Brink (ed.), *The Nile Delta in Transition: 4th-3rd. Millennium BC. Proceedings of the Seminar held in Cairo, 21-24. October 1990, at the Netherlands Institute of Archaeology and Arabic Studies*. Jerusalem, 441-477.

Braun, E. (2002). "Egypt's First Sojourn in Canaan", en E.C.M. van den Brink y T.E. Levy (eds.), *Egypt and the Levant. Interrelations from the 4th through the early 3rd Millennium B.C.E.* London / New York. 173-189.

Braun, E. (2005). "Identifying Ethnicity from Prehistoric Pottery in Ancient Egypt and the Southern Levant", en J. Clarke (ed.), *Archaeological Perspectives on the Transmission and Transformation of Culture in the Eastern Mediterranean*. Oxford, 140-154.

Braun, E. (2011). "Early Interaction between Peoples of the Nile Valley and the Southern Levant", en E. Teeter (ed.), *Before the pyramids: the origins of Egyptian civilization*. Chicago, 105-122.

BRAUN, E. (2012). "On Some South Levantine Early Bronze Age Ceramic "Wares" and Styles", *Palestine Exploration Quarterly* 144, 5-32.

BRAUN, E. (2014). "Observations on Contacts Between the Nile Valley and the Southern Levant in Late Prehistory Prior to Dynasty 0", en J. Deboswka-Ludwin, M.A. Jucha y P. Kolodziejczyk (eds.), *Aegyptus est imago caeli. Studies presented to Krzysztof M. Ciałowicz on His 60th Birthday*. Krakow, 223-234.

BRAUN, E. (2016). "Little Pot Who made Thee? Dost Thou know Who made Thee?", en B. Bader, C. Knoblauch y E.C. Köhler (eds.), *Vienna 2 - Ancient Egyptian Ceramics in the 21st Century, Proceedings of the International Conference held at the University of Vienna, 14th-18th of May, 2012*. Leuven, 69-84.

BRAUN, E. y VAN DEN BRINK, E.C.M. (2008). "Foreign Relations. Introduction", en B. Midant-Reynes, Y. Tristant, J. Rowlands y S. Hendrickx (eds.), *Egypt at its Origins 2. Proceedings of the International Conference "Origin of the State. Predynastic and Early Dynastic Egypt", Toulouse (France) 5th-8th September 2005*, Orientalia Lovaniensia Analecta 172. Leuven / Paris / Dudley MA, 637-641.

BRUNTON, G. y CATON-THOMPSON, G. (1928). *The Badarian Civilisation and Predynastic Remains near Badari*. London.

BUCHEZ, N. y MIDANT-REYNES, B. (2007). "Le Site Prédynastique de Kôm el-Khilgan (Delta Oriental). Données nouvelles sur les processus d'unification culturelle au IVe millénaire", *Bulletin de l'Institut français d'archéologie orientale* 107, 43-70.

BUCHEZ, N. y MIDANT-REYNES, B. (2011). "A Tale of Two Funerary Traditions: The Predynastic Cemetery at Kom el-Khilgan, Eastern Delta", en R.F. Friedman y P.N. Fiske (eds.), *Egypt at its Origins 3. Proceedings of the International Conference 'Origin of the State. Predynastic and Early Dynastic Egypt, London, 27th September–1st August 2008*. Leuven, 831-858.

CAMPAGNO, M. (2002). "On the Predynastic 'Proto-States' of Upper Egypt", *Göttinger Miszellen* 188, 49-60.

CAMPAGNO, M. (2006). "De los modos de organización social en el Antiguo Egipto: lógica de parentesco, lógica de Estado", en M. Campagno (ed.), *Estudios sobre parentesco y Estado en el Antiguo Egipto*. Buenos Aires, 15-51.

CAMPAGNO, M. (2007). "Relaciones interétnicas en un mundo no-estatal. El delta del Nilo y Canaán (ca. 4500-3500 a.C.)", en E. Néspolo, M. Ramos y B. Goldwasser (eds.), *Signos en el Tiempo y Rastros en la Tierra. V Jornadas de Arqueología e Historia de las Regiones Pampeana y Patagónica*. Luján, 427-435.

CAMPAGNO, M. (2008). "Dinámicas sociopolíticas en el Bajo Egipto durante Nagada IIIa-b: un interludio teórico", *Revista del Instituto de Historia Antigua Oriental "Dr. A. Rosenvasser"* 15, 51-74.

CAMPAGNO, M. (2010). "Centros y periferias en las relaciones entre el Valle del Nilo y el Levante meridional en torno del Bronce Antiguo (ca. 3700-2700 a.C.)", *Rivista degli Studi Orientali* 83, 189-214.

CAMPAGNO, M. CZARNOWICZ, M. y DAIZO, M.B. (2021). "Trayectorias de urbanización en el valle y el delta del Nilo en el IV milenio a.C.: Hieracómpolis y Tell el-Farkha en perspectiva comparada", *Revista del Instituto de Historia Antigua Oriental "Dr. A. Rosenvasser"* 22, 87-115.

CHŁODNICKI, M. (2012). "Lower Egyptian, Protodynastic and Early Dynastic Settlements on the Northern Part of the Eastern Kom", en M. Chłodnicki, K.M. Ciałowicz y A. Mączyńska (eds.), *Tell el-Farkha I. Excavations 1998 – 2011.* Poznań / Krakow, 19-34.

Chłodnicki, M. y Ciałowicz, K.M. (2002). "Polish Excavations at Tell el-Farkha (Ghazala) in the Nile Delta. Preliminary Report 1998-2001", *Archaeologia* LIII, 63-119.

Chłodnicki, M. y Ciałowicz, K.M. (2018). "Tell el-Farkha: Archaeological Fieldwork 2016-2017", *Polish Archaeology in the Mediterranean 27*, 123-148.

Chłodnicki, M. y Geming, M.M. (2012). "Lower Egyptian settlement on the Central Kom", en M. Chłodnicki, K.M. Ciałowicz y A. Mączyńska (eds.), *Tell el-Farkha I. Excavations 1998 – 2011.* Poznań / Krakow, 149-162.

Ciałowicz, K.M. (2008). "The Nature of the Relation between Lower and Upper Egypt in the Protodynastic Period. A View from Tell el-Farkha", en B. Midant-Reynes y Y. Tristant (eds.), J. Rowland y S. Hendrickx (col.) *Egypt at its Origins 2. Proceedings of the International Conference "Origin of the State. Predynastic and Early Dynastic Egypt", Toulouse, 5–8 Sept. 2005.* Leuven / Paris / Dudley MA, 501-513.

Ciałowicz, K.M. (2009). The Early Dynastic Administrative-cultic Centre at Tell el-Farkha, *British Museum Studies in Ancient Egypt and Sudan* 13, 83-123.

Ciałowicz, K.M. (2011). "The Early Dynastic Administrative-Cultic Centre at Tell el-Farkha", en R.F. Friedman y P.N. Fiske (eds.), *Egypt at its Origins 3. Proceedings of the Third International Conference "Origin of the State: Predynastic and Early Dynastic Egypt", London, 27th July – 1st August 2008.* Leuven, 763-800.

Ciałowicz, K.M. (2012). "Protodynastic and Early Dynastic Settlement on the Western Kom", en M. Chłodnicki, K.M. Ciałowicz y A. Mączyńska (eds.), *Tell el-Farkha I. Excavations 1998 – 2011.* Poznań / Krakow, 149-162.

Ciałowicz, K.M. (2017). "New discoveries at Tell el-Farkha and the Beginnings of the Egyptian State", *Études et Travaux* 30, 231-250.

Ciałowicz, K.M. y Dębowska-Ludwin, J. (2013). "The Origin of Egyptian Mastabas in the Light of Research at Tell el-Farkha", *Études et Travaux* 26, 153-162.

Clarke, D.L. (1978). *Analytical Archaeology.* London.

Claussen, M. y Gayler, V. (1997). "The greening of the Sahara during the Mid-Holocene: Results of an Interactive Atmosphere-biome Model", *Global Ecology and Biogeography Letters* 6, 369-377.

Commenge-Pellerin, C. (1987). *La poterie d'Abou Matar et de l'Ouadi Zoumeili (Beersheva) au IVe millénaire avant l'ère chrétienne.* Les Cahiers du Centre de Recherche Français de Jérusalem 3. Paris.

Commenge, C. y Alon, D. (2002). "Competitive Involution and Expanded Horizons: Exploring the Nature of Interaction between Northern Negev and Lower Egypt (c.4500-3600 BCE)", en E.C.M. van den Brink y T.E. Levy (eds.), *Egypt and the Levant. Interrelations from the 4th through the early 3rd Millennium B.C.E.* London / New York, 139-153.

Czarnowicz, M. (2012). "Southern Levantine Imports and Imitations", en M. Chłodnicki, K.M. Ciałowicz y A. Mączyńska (eds.), *Tell el-Farkha I. Excavations 1998 – 2011.* Poznań / Krakow, 456-483.

Czarnowicz, M. (2014). "Erani C Pottery in Egypt", en A. Mączyńska (ed.), *The Nile Delta as a Center of Cultural Interaction between Egypt and the Southern*

Levant in the 4th Millennium BC. Poznań, 95-104.

CZARNOWICZ, M., PASTERNAK, M., OCHAŁ-CZARNOWICZ, A. y SKŁUCKI, J. (2014). "The Egyptian Presence at Tel Erani", en M. Jucha, J. Dębowska-Ludwin y P. Kołodziejczyk (eds.), *Aegyptus est imago Caeli, Studies Presented to Krzysztof M. Ciałowicz on His 60th Birthday*. Krakow, 235-243.

DAIZO, M.B. (2019). "Circulación de bienes entre Egipto y el Levante meridional en el IV milenio a.C.", *Revista del Instituto de Historia Antigua Oriental "Dr. A. Rosenvasser"* 20, 23-51.

DAIZO, M.B. (2021). "Relaciones entre Egipto y el Levante meridional en el V y IV milenio a.C: Elecciones tecnológicas en un marco de interacción. Una aproximación metodológica para el estudio de las transformaciones e influencias de las tecnologías cerámicas", en R.R. Rodríguez y M. Magneres (eds.), *Sociedades Antiguas del Mediterráneo y América: aproximaciones desde el Sur*. Buenos Aires, 451-476.

DAVIDOVICH, U., ULLMAN, M., LANGFORD, B., FRUMKIN, A., LANGGUT, D., YAHALOM-MACK, N., y MAROM, N. (2018). "Distancing the Dead: Late Chalcolithic Burials in Large Maze Caves in the Negev Desert, Israel", *Bulletin of the American Schools of Oriental Research* 379, 113-152.

DREYER, G. (1998). *Umm el-Qaab I. Das prädynastische Königsgrab U-j und seine frühen Schriftzeugnisse*. Mainz.

DREYER, G. (2011). "Tomb U-j: A Royal Burial of Dynasty 0 at Abydos", en E. Teeter (ed.), *Egypt before the Pyramids: The Origins of Egyptian Civilization*. Chicago, 127-126.

EICHMANN, R., KHALIL, L. y SCHMIDT, K. (2009). "Excavations at Tall Hujayrat al-Ghuzlan (Aqaba/Jordan): Excavations 1998–2005 and Stratigraphy", *Prehistoric Aqaba* I, 17-33.

EIWANGER, J. (1984). *Merimde – Benisalâme I: Die Funde der Urschicht*. Mainz.

EIWANGER, J. (1992). *Merimde – Benisalâme III: Die Funde der jüngeren Merimdekultur*. Mainz.

ELDAR, I. y BAUMGARTEN, Y. (1985). "Neve Noy", en E. Stern (ed.), *The New Encyclopedia of Archaeological Excavations in the Holy Land 1-4*. Jerusalem, 163-165.

ELLIOTT, C. (1977). "Religious Beliefs of the Ghassulians c. 4000-3100 BC", *Palestine Exploration Quarterly* 109, 3-25.

FABIAN, P., SCHEFTELOWITZ, N. y GILEAD, I. (2015). "Horvat Qarqar South: Report on a Chalcolithic Cemetery near Qiryat Gat, Israel", *Israel Exploration Journal* 65, 1-30.

FALTINGS, D. (1998). "Recent Excavation in Tell el-Fara'in/Buto: New Finds and their Chronological Implication", en C.J. Eyre (ed.), *Proceedings of the Seventh International Congress of Egyptologists. Cambridge 3-9 September 1995*, Orientalia Lovaniensia Analecta 82. Leuven, 365-375.

FALTINGS, D. (2002). "The Chronological Frame and Social Structure of Buto in the fourth Millennium BCE", en E.C.M. van den Brink y T.E. Levy (eds.), *Egypt and the Levant. Interrelations from the 4th through the early 3rd Millennium B.C.E.* London / New York, 163-170.

FALTINGS, D. y KÖHLER E.C. (1996). "Vorbericht über die ausgrabungen des DAI in Tell el Fara'in/Buto 1993 bis 1995", *Mitteilungen des Deutschen Archäologischen Instituts Abteilung Kairo* 52, 88-114.

FRIEDMAN, R.F. (1992). "The Early Dynastic and Transitional Pottery of Mendes: the 1990 Season", en E.C.M. van den

 Marcelo Campagno / Bernardo Gandulla / Ianir Milevski (eds.)

Brink (ed.) *The Nile Delta in Transition: 4th-3rd. Millennium BC. Proceedings of the Seminar held in Cairo, 21-24. October 1990, at the Netherlands Institute of Archaeology and Arabic Studies.* Jerusalem, 199-205.

GARFINKEL, Y. (1995). *Human and animal figurines of Munhata (Israel).* Les Cahiers des Missions Archéologiques Françaises en Israël 8. Paris.

GARFINKEL, Y. (1999). "Neolithic and Chalcolithic Pottery of Southern Levant", *Qedem* 39, III-321.

GARFINKEL, Y. y MATSKEVICH, Z. (2002). "Abu Zureiq, a Wadi Rabah site in the Jezreel Valley: Final report of the 1962 excavations", *Israel Exploration Journal* 52, 129-178.

GIBBS, K.T. (2008). "Pierced clay disks and Late Neolithic textile production", en J.M. Córdoba, M. Molist, C. Pérez Aparicio, I. Rubio de Miguel y S. Martinez Lillo (eds.), *Proceedings of the 5th International Congress on the Archaeology of the Ancient Near East, Madrid, April 3-8 2006.* Madrid, 89-96.

GOPHER, A. y EYAL, R. (2012). "Clay and Stone Imagery Items of Nahal Zehora II", en A. Gopher (ed.), *Village communities of the Pottery Neolithic Period in the Menashe Hills, Israel: Archaeological investigations at the sites of Naḥal Zehora,* Monograph Series 29. Tel Aviv, 1170-1244.

GOPHNA, R. (1992). "The contacts between 'En Besor Oasis, Southern Canaan, and Egypt during the Late Predynastic and the Threshold of the First Dynasty", en E.C.M. van den Brink (ed.), *The Nile Delta in Transition: 4th. - 3rd. Millennium B.C. Proceedings of the Seminar Held in Cairo, 21.-24. October 1990, at the Netherlands Institute of Archaeology and Arabic Studies.* Jerusalem, 385-394.

GOPHNA, R. (2002). "Afridar 1968: Soundings in an EBI Occupation of the 'Erani C Horizon'", *Beer-Sheva* 15, 129-137.

GOPHNA, R. y LIFSHITZ, S. (1980). "A Chalcolithic Burial Cave at Palmahim", *'Atiqot* 14, 1-8.

GOPHNA, R. y GAZIT, D. (1985). "The First Dynasty Egyptian residency at 'En Besor", *Tel Aviv* 12, 9-16.

GOREN, Y. y FABIAN, P. (2002). *Kissufim Road: A Chalcolithic Mortuary Site,* IAA Reports 16. Jerusalem.

GUYOT, F. (2008). "The Origin of the "Naqadan Expansion" and the Interregional Exchange Mechanisms between Lower Nubia, Upper and Lower Egypt, the South Levant and North Syria During the First Half of the 4th Millennium B.C.", en B. Midant-Reynes y Y. Tristant (eds.), J. Rowland y S. Hendrickx (col.) *Egypt at its Origins 2. Proceedings of the International Conference "Origin of the State. Predynastic and Early Dynastic Egypt", Toulouse, 5–8 Sept. 2005.* Leuven / Paris / Dudley MA, 707-740.

HARTUNG, U. (2002). "Imported Jars from Cemetery U at Abydos and the Relations between Egypt and Canaan in Predynastic Times", en E.C.M. van den Brink y T.E. Levy (eds.), *Egypt and the Levant. Interrelations from the 4th through the early 3rd Millennium B.C.E.* London / New York, 437-449.

HARTUNG, U., ABD EL-GELIL, M., VON DEN DRIESCH, A., FARES, G., HARTMANN, R., HIKADE, T. y IHDE, C. (2003). "Vorbericht über neue Untersuchungen in der prädynastischen Siedlung von Maadi", *Mitteilungen des Deutschen Archäologischen Instituts Abteilung Kairo* 59, 149-198.

HASSAN, F.A., TASSIE, G., REHREN, T. y VAN WETERING, J. (2015). "On-going Investigations at the Predynastic to Early Dynastic site of Kafr Hassan Dawood:

Copper, Exchange and Tephra", *Archéo-Nil* 25, 75-90.

HAUPTMANN, A. (2007). *The archaeometallurgy of copper: evidence from Faynan, Jordan*. Berlin.

HENDRICKX, S. (2011). "Crafts and Craft Specialization", en E. Teeter (ed.), *Egypt before the Pyramids: The Origins of Egyptian Civilization*. Chicago, 93-98.

HODDER, I. y HUTSON, S. (2003). *Reading the past: Current approaches to interpretation in archaeology*. Cambridge.

HOFFMAN, M.A. (1984). *Egypt before the Pharaohs*. London.

INGOLD, T. (1986). *The Appropriation of Nature: essays on human ecology and social relations*. Manchester.

INGOLD, T. (1993). "The Temporality of the Landscape", *World Archaeology* 25, 152-174.

JARUF, P. (2017). *Sociedad y religión en la iconografía del período Calcolítico en el Levante meridional (ca. 4500-3800/3600 a.C.)*. Tesis de doctorado inédita, Universidad de Buenos Aires.

JUNKER, H. (1929). "Vorläufiger Bericht: Merimde Beni Salame 1929", *Anzeiger der Österreichischen Akademie der Wissenschaften 1929*, 156-248.

JUNKER, H. (1940). *Vorbericht über die siebente Grabung der Akademie der Wissenschaften in Wien auf der vorgeschichtlichen Siedlung Merimde-Benisalame: vom 25 Anzeiger der Österreichischen Akademie der Wissenschaften 1940*, 3-25.

KANSA, E., WITCHER, S. y LEVY, T. (2002). "Eat Like and 'Egyptian'? - A Contextual Approach to an Early Bronze I 'Egyptian Colony' in the Southern Levant", en M. Maltby (ed.), *Integrating Zooarchaeology. Proceedings of the 9th ICAZ Conference*, Durham 2007. Oxford, 76-91.

KEMPISNKI, A. y GILEAD, I. (1991). "New excavations at Tel Erani: A preliminary report of the 1985-1988 seasons", *Tel Aviv* 18, 164-191.

KHALAILY, H. (2004). "An Early Bronze Age Site at Ashqelon, Afridar-Area F", *'Atiqot* 45, 121-160.

KLIMSCHA, F. (2011). "Long-range Contacts in the late Chalcolithic of the Southern Levant. Excavations at Tall Hujayrat al-Ghuzlan and Tall al-Magass near Aqaba, Jordan", en J. Mynářová (ed.), *Egypt and the Near East – the Crossroads. Proceedings of an International Conference on the Relations of Egypt and the Near East in the Bronze Age, Prague, September 1–3, 2010*. Prague, 177-210.

KÖHLER, E.C. (2014). "Of Pots and Myths – Attempting a Comparative Study of Funerary Pottery Assemblages in the Egyptian Nile Valley during the late 4th Millennium BC", en: A. Mączyńska (ed.), *The Nile Delta as a centre of cultural interactions between Upper Egypt and the Southern Levant in the 4th millennium BC.*, Studies in African Archaeology 13. Poznań, 155-180.

KOLODZIEJCZYK, P. (2012). "Tokens and Seals", en M. Chłodnicki, K.M. Ciałowicz y A. Mączyńska (eds.), *Tell el-Farkha I. Excavations 1998 – 2011*. Poznań / Krakow, 267-278.

KRIEGER, A.D. (1944). "The Typological Concept", *American Antiquity* 9, 271-288.

KTALAV, I. (2018). "Chalcolithic and Early Bronze Age IB Mollusks from Beqo'a", *'Atiqot* 90, 75-78.

LAMOTTA, V.M. y SCHIFFER, M.B. (2001). "Behavioral archaeology: toward a new synthesis", en I. Hodder (ed.), *Archaeological Theory Today*. Cambridge, 14-64.

LARSEN, H. (1959). "Verzierte Tongefässcherben aus Merimde Benisalame in der ägyptischen Abteilung des

Mittelmeermuseums in Stockholm", *Orientalia Suecana* 8, 69-72.

Lemonnier, P. (1992). *Elements for an Anthropology of Technology*. Michigan.

Lemonnier, P. (2013). *Technological choices: Transformation in material cultures since the Neolithic*. New York.

Levy, T. (1986). "The Chalcolithic Period", *Biblical Archaeologist* 49/2, 82-108.

Levy, T. (1992). "Radiocarbon Chronology of the Beersheva Culture and Predynastic Egypt", en E.C.M. van den Brink (ed.), *The Nile Delta in Transition: 4th-3rd. Millennium BC. Proceedings of the Seminar held in Cairo, 21-24. October 1990, at the Netherlands Institute of Archaeology and Arabic Studies*. Jerusalem, 345-356.

Levy, T. y van den Brink, E.C.M. (2002). "Interaction Models, Egypt and the Levantine Periphery", en E.C.M van den Brink y T.E. Levy (eds.), *Egypt and the Levant. Interrelations from the 4th through the early 3rd Millennium B.C.E.* London / New York, 3-38.

Mączyńska, A. (2011). "Lower Egyptian-Nagadian transition. A view from Tell el Farkha", en R.F. Friedman, P.N. Fiske, J. Rowland y S. Hendrickx (eds.), *Egypt at its Origins. Proceedings of the International Conference "Origin of the State. Predynastic and Early Dynastic Egypt". London, 27th September-1st August 2008*, Orientalia Lovaniensia Analecta 205. Leuven, 879-908.

Mączyńska, A. (2013). *Lower Egyptian Communities and their Interactions with Southern Levant in the 4th Millennium BC*. Poznań.

Mączyńska, A. (2014). "Some remarks on the visitors in the Nile Delta in the 4th millennium BC", en A. Mączyńska (ed.), *The Nile Delta as a centre of cultural interactions between Upper Egypt and the Southern Levant in the 4th millennium BC, Studies in African Archaeology 13*. Poznań, 181-216.

Mączyńska, A. (2015). "The Nile Delta as a center of cultural interactions between Upper Egypt and South Levant in the 4th millennium B.C.", *Studies in Ancient Art and Civilisation* 18, 25-45.

Mączyńska, A. (2018). *In Search of the Origins of Lower Egyptian Pottery: A New Approach to Old Data*. Poznań.

Midant-Reynes, B. (2003). *Aux origines de l'Égypte. Du Néolithique à l'émergence de l'État*. Paris.

Midant-Reynes, B. y Buchez, N. (2014). *Tell el-Iswid 2006–2009*. Le Caire.

Milevski, I. (2002). "A New Fertility Figurine and New Animal Motifs from the chalcolithic in the Southern Levant: Finds from Cave K-1 at Quleh, Israel", *Paléorient* 28, 133-141.

Milevski, I. (2011). *Early Bronze Age Goods Exchange in the Southern Levant. A Marxist Perspective*. London.

Milevski, I. (2016). *Intercambio de productos en el Levante meridional durante el Bronce Antiguo*. Barcelona.

Milevski, I., Braun, E. y Varga, D. (2016). "On Some Possible Implications of a Newly Discovered Early Bronze Age, Large Scale Silo Complex at Amaziya, Nahal Lachish (Israel)", en L. Manzanilla y M. Rothman (eds.), *Storage in Ancient Complex Societies: Administration, Organization, and Control*. New York, 61-84.

Milevski, I. y Horwitz, L.K. (2019). "Domestication of the Donkey (Equus asinus) in the Southern Levant: Archaeozoology, Iconography and Economy", en R. Kowner, G. Baroz, M. Biran, M. Shahar y G. Shelach (eds.), *Animals and Human Society in Asia: Historical, Cul-*

tural and Ethical Perspectives. Hampshire, 93-148.

MILEVSKI, I., CZARNOWICZ, M., YEGOROV, D., KARMOWSKI, J., GAMRAT, M., COHEN-SASSON, E. y YEKUTIELI, Y. (2022). "New excavations at Tel Erani: the Early Bronze Age I Fortification Walls and Early Urbanisation in the Southern Levant", *Antiquity* 96, 194-200.

MIROSCHEDJI, P. de (1998). "Les Égyptiens au Sinaï du nord et en Palestine au Bronze ancien", en D. Valbelle y C. Bonnet (eds.), *Le Sinai durant l'antiquité et le Moyen-Âge: 4000 ans d´histoire pour un désert, Actes du colloque Sinaï qui s´est tenu à l´UNESCO du 19 au 21 septembre 1997*. Paris, 20-32.

MIROSCHEDJI, P. de (2015). "Les relations entre l'Égypte et le Levant aux IVe et IIIe millénaires à la lumière des fouilles de Tell es-Sakan", *Comptes rendus des séances de l'Académie des Inscriptions et Belles-Lettres* II (avril-juin), 1003-1038.

MIROSCHEDJI, P. de, SADEQ, M., FALTINGS, D., BOULEZ, V., NAGGIAR-MOLINER, L., SYKES, N. y TENGBERG, M. (2001). "Les fouilles de Tell es-Sakan (Gaza): Nouvelles données sur les contacts égypto-cananéens aux IVe-IIIe millénaires", *Paléorient* 27, 75-104.

MOELLER, N. (2016). *The Archaeology of Urbanism in Ancient Egypt. From the Predynastic Period to the End of the Middle Kingdom*. New York.

MURA, F. (2011). "De sujeitos e objetos: Um ensaio crítico de antropologia da técnica e da tecnología", *Horizontes Antropológicos* 17, 95-125.

OKA, R. y KUSIMBA, C.M. (2008). "The archaeology of trading systems, part 1: Towards a new trade synthesis", *Journal of Archaeological Research* 16, 339-395.

ORDYNAT, R. (2018). *Egyptian Predynastic Anthropomorphic Objects: A study of their Function and Significance in Predynastic Burial Customs*. Oxford.

ORELLE, E., EYAL, R. y GOPHER, A. (2012). "Spindle Whorls and their Blanks", en A. Gopher (ed.), *Village communities of the Pottery Neolithic Period in the Menashe Hills, Israel: Archaeological investigations at the sites of Naḥal Zehora*. Tel Aviv, 632-656.

OREN, E. (1989). "Early Bronze Age Settlement in Northern Sinai: A Model for Egypto-Canaanite interactions", en P. de Miroschedji (ed.), *L'urbanisation de la Palestine à l'âge du Bronze ancien: bilan et perspectives des recherches actuelles, Actes du colloque d'Emmaüs (20-14 Octobre 1986)*. Oxford, 389-407.

OREN, E. y YEKUTIELI, Y. (1992). "Taur Ikhbeineh - Earliest Evidence for Egyptian Interconnections", en E.C.M. van den Brink (ed.), *The Nile Delta in Transition: 4th. - 3rd. Millennium B.C. Proceedings of the Seminar Held in Cairo, 21.-24. October 1990, at the Netherlands Institute of Archaeology and Arabic Studies*. Jerusalem, 361-384.

ORON, M., GODER-GOLDERBERG, M., GOLANI, A., MILEVSKI, I. y YEGOROV, D. (2018). "Egyptian Flint Items from Early Bronze I Assemblages, Southern Coastal Plain, Israel", en *Annual Meeting of the Israel Prehistoric Society*. Beersheva.

PASTERNAK, M.D., SHALEV, O., YEKUTIELLI, Y., COHEN-SASSON, E. y ATKINS, S. (2016). "Beyond the Wall of Tel Erani", en K.M. Ciałowicz, Y. Yekutieli y M. Czarnowicz (eds.), *Tel Erani I. Preliminary Report of the 2013-2015 Excavations*. Krakow, 59-63.

PERROT, J. (1959). "Statuettes en ivoire et autres objets en ivoire et en os provenant des gisements préhistoriques de la région de Beersheba", *Syria* 36, 6-19.

Perrot, J. y Ladiray, D. (1980). *Tombes à ossuaires de la région côtière palestinienne au IVe millénaire avant l'ère chrétienne*, Mémoires et travaux du Centre de Recherches Préhistoriques Français de Jérusalem 1. Paris.

Petrie, W.M.F. (1902). *Abydos, Part 1*. London.

Pfeiffer, K. (2009). "The Technical Ceramic for Metallurgical Activities in Tall Hujayrat al-Ghuzlan and Comparable Sites in the Southern Levant", *Prehistoric Aqaba* 1, 305-338.

Pryc, G. (2012). "Stone vessels", en M. Chłodnicki, K.M. Ciałowicz y A. Mączyńska (eds.), *Tell el-Farkha I. Excavations 1998–2011*. Poznań / Krakow, 297-314.

Reese, D.S., Mienis, H.K. y Woodward, F.R. (1986). "On the trade of shells and fish from the Nile River", *Bulletin of the American Schools of Oriental Research* 264, 79-84.

Renfrew, C. (1975). "Trade as action at a distance: Questions of integration and communication", en J.A Sabloff y C.C. Lamberg-Karlovsky (eds.), *Ancient civilization and trade*. Albuquerque, 3-60.

Rice, P. (1987). *Pottery Analysis: A Sourcebook*. Chicago.

Riemer, H. y Kuper, R. (2000). "'Clayton Rings': Enigmatic Ancient Pottery in the Eastern Sahara", *Sahara* 12, 91-109.

Rizkana, I. y Seeher, J. (1987). *Maadi I: The Pottery of the Predynastic Settlement*. Mainz.

Rizkana, I. y Seeher, J. (1988). *Maadi II: The Lithic Industries of the Predynastic Settlement*. Mainz.

Rizkana, I. y Seeher, J. (1989). *Maadi III: The Non-Lithic Small Finds and the Structural Remains of the Predynastic Settlement*. Mainz.

Rizkana, I. y Seeher, J. (1990). *Maadi: Excavations at the Predynastic Site of Maadi and Its Cemeteries*. Mainz.

Robinson, S.A., Black, S., Sellwood, B.W. y Valdes, P.J. (2006). "A review of Palaeoclimates and Palaeoenvironments in the Levant and Eastern Mediterranean from 25,000 to 5000 years BP: Setting the Environmental Background for the Evolution of Human Civilization", *Quaternary Science Reviews* 25, 1517-1541.

Rowland, J.M. y Bertini, L.C. (2016). "The Neolithic within the Context of Northern Egypt: New Results and Perspectives from Merimde Beni Salama", *Quaternary International* 410, 160-172.

Stein, G.J. (1999). "Material Culture and Social Identity: the Evidence for a 4th Millennium BC Mesopotamian Uruk Colony at Hacinebi, Turkey", *Paléorient* 25, 11-22.

Streit, K. (2017). "Transregional Interactions between Egypt and the Southern Levant in 6th Millennium calBC", *Ägypten & Levante* 27, 403-429.

Streit, K. (2020). *The Ancient Near East in Transregional Perspective. Material Culture and Exchange between Mesopotamia, the Levant and Lower Egypt from 5800 to 5200 calBC*. Mattersburg.

Tassie, G. (2014). *Prehistoric Egypt: socioeconomic transformations in North-east Africa from the last glacial maximum to the Neolithic, 24,000 to 6,000 cal BP*. London.

Teeter, E. (2011). *Egypt before the Pyramids: The Origins of Egyptian Civilization*. Chicago.

Thomas, N. (1991). *Entangled Objects*. Cambridge.

Tristant, Y. y Midant-Reynes, B. (2011). "The predynastic cultures of the Nile

Delta", en E. Teeter (ed.), *Before the pyramids: the origins of Egyptian civilization.* Chicago, 45-54.

TUTUNDŽIC, S.P. (2005). "A Preliminary View on the Appearance of Canaanites at Chalcolithic Buto I, Lower Egypt", *Journal of the Serbian Archaeological Society* 21, 113-123.

VAN DEN BRINK, E.C.M. (1998). "Late Protodynastic - Early First Dynasty Egyptian Finds in Late Early Bronze Age in Canaan: An Update", en C.J. Eyre (ed.), *Proceedings of the Seventh International Congress of Egyptologists. Cambridge 3-9 September 1995*, Orientalia Lovaniensia Analecta 82. Leuven, 215-225.

VAN NEER, W., LERNAU, O., FRIEDMAN, R., MUMFORD, G., POBLÓME, J. y WAELKENS, M. (2004). "Fish remains from archaeological sites as indicators of former trade connections in the Eastern Mediterranean", *Paléorient* 30, 101-148.

VON DEN DRIESCH, A. y BOESSNECK, J. (1985). *Die Tierknochenfunde aus der neolithischen Siedlung von Merimde-Benisalame am Westlichen Nildelta.* München.

VON DER WAY, T. (1992). "Excavations at Tell el-Fara'in/Buto in 1987-1989", en E.C.M. van den Brink (ed.), *The Nile Delta in Transition: 4th-3rd. Millennium BC. Proceedings of the Seminar held in Cairo, 21-24. October 1990, at the Netherlands Institute of Archaeology and Arabic Studies.* Jerusalem, 1-10.

WENGROW, D. (2006). *La Arqueología del Egipto arcaico: Transformaciones sociales en el noreste de África (10.000-2650 a.C.).* Barcelona.

WILSON, P., GILBERT, G. y TASSIE, G. (2014). *Sais 2: The Prehistoric Period.* London.

YEKUTIELI, Y. (1998). *The Early Bronze Age I of North Sinai- Social, Economic and Spatial Aspects.* Ph. D. Thesis, Ben Gurion University of the Negev.

EL ROL DEL DELTA DEL NILO EN LAS RELACIONES EXTERIORES DEL TEMPRANO ESTADO EGIPCIO CON EL CERCANO ORIENTE

Marcin Czarnowicz
Universidad Jagiellónica de Cracovia

El propósito de este artículo[1,2] –en lugar de sumarse a la reciente discusión entre los investigadores sobre el cambio cultural ocurrido en el delta del Nilo a partir del 4000 a.C. (cf. Köhler 2020; Ciałowicz 2020; Midant-Reynes 2020)– es el de centrarse en los cambios provocados por la aparición del aparato administrativo en esta zona, al menos los inspirados en las soluciones desarrolladas en el Alto Egipto, así como el de interpretar las relaciones que se establecen entre esta región y la del contiguo Levante meridional, particularmente a fines del IV milenio a.C. En este sentido, todas las expresiones utilizadas en este trabajo, como "nagadienses" o cultura de Nagada / Bajo Egipto, no se refieren a grupos étnicos, sino que se entienden desde el punto de vista de la ciencia arqueológica como grupos caracterizados por la producción de una cultura material similar que habitan un área geográfica específica.

Marco cronológico y cultural

El IV milenio a.C. fue una época de enorme desarrollo para las regiones del Mediterráneo oriental. Aparecieron las primeras ciudades y los cambios sociales condujeron a la formación de entidades estatales. Durante esta época se intensificaron los contactos entre las

---

1   Este texto resume dos proyectos financiados por el Centro Nacional de Ciencias de Polonia. El primero, aprobado por la decisión UMO-2016/20/T/HS3/00228, se refiere a cuestiones relativas a las relaciones culturales, en sentido amplio, entre Egipto y Oriente Medio en el IV milenio a.C., mientras que el segundo, aprobado por la decisión UMO-2014/15/N/HS3/01144, se centra en cuestiones relacionadas con la circulación del cobre y sus productos entre Egipto, el Levante meridional y las zonas vecinas.

2   Traducción de Marcelo Campagno; revisión de Ianir Milevski.

comunidades que vivían en Egipto y el sur del Levante[3] (Miroschedji 2002; Hartung 2014), lo cual se manifiesta en la presencia de importaciones, principalmente de cuencos cerámicos. La mayor cantidad de bienes llegó a Egipto en las fases Nagada IID-IIIA2 (Czarnowicz 2014), que corresponde a la fase Erani C (Bronce Antiguo IB1 en el Levante meridional). En Egipto, las importaciones se encuentran con mayor frecuencia en los cementerios del Alto Egipto. Se descubrieron hallazgos de este tipo en Nagada (Petrie y Quibell 1896) y en el cementerio Hk6 de Hieracómpolis (Tutundžić 1993, 34; Hendrickx y Bavay 2002, 68). Los hallazgos del cementerio de Umm el-Qaab en Abidos se convirtieron en un símbolo específico de esta relación. Tanto la magnitud de las importaciones como su destino, es decir, las tumbas de los dignatarios (tumbas reales), indican el valor de los productos importados del Levante y a quiénes eran entregados (Dreyer 2011; Hartung 1993; 2001; 2002; Hendrickx y Bavay 2002, 68). Se asume que arribaban desde el Levante bienes tales como vino, aceite de oliva, cobre o lapislázuli, que debían satisfacer las necesidades de la naciente clase nobiliaria (cf. Hendrickx y Bavay 2002; Ciałowicz 2012).

Es sorprendente que la cantidad de artículos importados disminuyera drásticamente en Egipto una vez que se produjo el asentamiento limitado de la cultura de Nagada en el sur del Levante. Esto tuvo lugar en la fase Nagada IIIB-C1, que equivale al final del Bronce Antiguo IB. La naturaleza de la presencia de Nagada en el Levante se ha explicado de diversas maneras, desde una invasión y ocupación armada (Yadin 1955) hasta una colonización (Miroschedji 2002). Las excavaciones realizadas en los últimos años en Tel Erani (cf. Czarnowicz *et al.* 2016) contradicen estas hipótesis, dando legitimidad a una tesis planteada por Amiran (1985), según la cual el intercambio de bienes sirvió de base para esta relación. La desaparición de la cerámica importada durante este período puede indicar el control de las rutas comerciales por parte de los egipcios, que empezaron a transportar sus cerámicas mucho mejor adaptadas para su traslado (Czarnowicz 2012). El recipiente en sí no era importante, sino su contenido: vino o aceite de oliva (cf. Hartung 2002, 437). En general, se cree que el fin de la presencia nagadiense en el sur del Levante está relacionado con los cambios sociales que acabaron produciéndose en el Bronce Antiguo I. Las comunidades que habitaban el Levante no querían seguir siendo explotadas por los colonos egipcios y se volvieron contra los

---

3   Para la ubicación de los sitios, ver mapas 1 y 2, pp. 10 y 11.

"invasores" (Yekutieli 2008). A la luz de los recientes hallazgos, este punto de vista también puede ser cuestionado (cf. Czarnowicz *et al.* 2016). Cualesquiera que sean las razones del cambio, después del reinado de Narmer se hace evidente la disminución de la cantidad de productos importados.

Anđelković (2011, 29) cree que ya en la fase Nagada IIC estamos ante la formación de una entidad proto-estatal en el Alto Egipto. Tales entidades desarrollaron un sistema burocrático que era necesario para ejercer el control sobre diversos ámbitos de la vida, incluido el comercio. Su desarrollo se manifiesta, entre otras cosas, por la aparición de cilindros-sellos. Los primeros objetos de este tipo se conocen, por ejemplo, en Nagada (Petrie y Quibell 1896) a partir de principios de Nagada IIB-C (Kołodziejczyk 2012, 267). Por lo tanto, se puede decir que el marco cronológico de este estudio se encuadra en el período comprendido entre las fases Nagada IIC y IIIC1.

La cultura del Bajo Egipto y las relaciones con el Levante y el Alto Egipto

Las comunidades que habitaban el delta del Nilo mantenían amplias relaciones con el Levante a principios del IV milenio a.C. No es de extrañar que los habitantes del Alto Egipto se dirigieran hacia el delta en busca de satisfacer las necesidades de la naciente nobleza. En el período en que surgió la demanda, la función de enlace fue cumplida por el asentamiento de Maadi (cf. Hauptmann 1989). Es probablemente a través de tal asentamiento que el cobre de Wadi Feinan (cf. Hauptmann y Weisgerber 1987) llegó al Alto Egipto, seguido también de bienes transportados en contenedores de cerámica. También se conocen hallazgos de cerámica importada en otras localidades de la cultura del Bajo Egipto, como Tell Iswid (Guyot 2014, 117, fig. 11.8) o Tell Ibrahim Awad (Mączyńska 2013, 193). Sin embargo, su número disminuyó con la unificación cultural de las zonas del delta y del valle del Nilo (cf. Guyot 2014, 117). Maadi perdió su relevancia con antelación al final del desarrollo de la cultura del Bajo Egipto. En el momento en que comenzó a registrarse la presión poblacional del Alto Egipto, Tell el-Farkha actuaba como centro de la región. Los restos del asentamiento encontrados en el Kom Central (cf. Chłodnicki y Geming 2012, 92-93) demuestran que –contrariamente a lo que se ha pensado hasta ahora– la cultura del Bajo Egipto presentaba una amplia estratificación social que puede compararse fácilmente con la conocida para el Alto Egipto. Sin embargo, la forma en que se manifestaba el estatus social era diferente (Ciałowicz 2018, 10). La llamada "residencia del Bajo Egipto", un edificio habitado por el gobernante local, es de especial interés. El edificio fue erigido en la fase Nagada IIB-C (Ciałowicz 2018, 10) y estuvo en uso hasta finales de Nagada IID2 (Chłodnicki y Mączyńska 2018, 81-82). Tal edificio presentaba una disposición muy compleja. Estaba separado del resto del asentamiento primero por una empalizada y luego por un muro de ladrillos. En su contexto se encontraron cabezas de maza del Alto Egipto, un cuchillo de cobre y adornos de oro con piedras semipreciosas (Chłodnicki y Geming 2012, 92-97, fig. 7, 12-15). Sin duda, Tell el-Farkha era el centro político, social y administrativo de la parte oriental del delta del Nilo. De allí que los análisis presentados en este estudio se basan en los hallazgos descubiertos en ese sitio.

Aparición de los primeros elementos de control de las rutas comerciales

Durante el período Nagada IID1, las altas crecidas del Nilo destruyeron las instalaciones para la producción de cerveza situadas en el Kom Occidental. En su lugar se construyó un vasto edificio de adobe (Ciałowicz 2012; 2018, 11-12). Actualmente se asume que el ocupante de esta edificación era un dignatario del Alto Egipto. El edificio fue destruido y reconstruido varias veces. En su contexto fue posible encontrar sellos y fichas (*tokens*) de arcilla sin decorar, utilizados en el comercio como contadores de los artículos transportados (cf. Kołodziejczyk 2012). Los investigadores encontraron hallazgos similares en Tel Erani (Milevski *et al.* 2016), lo que indica que se utilizaban al organizar el intercambio de bienes. Cabe señalar aquí que muchos fragmentos de vasijas importadas descubiertas en el contexto de la residencia nagadiense poseen decoraciones típicas del horizonte C de Erani, relacionado con el sitio ya mencionado (Czarnowicz 2014). Sin duda, la residencia nagadiense fue la primera manifestación de un intento de los recién llegados del sur por controlar la ruta comercial que abastecía al Alto Egipto.

En las ruinas de la mencionada residencia del Bajo Egipto se construyó un almacén a principios de la fase Nagada IIIA1. Lo más probable es que su tamaño fuera de unos 20 x 30 m. Había habitaciones a ambos lados de un amplio y largo patio. Los muros exteriores tenían un grosor de hasta 1,8 m, lo que sugiere que el edificio podía tener más de una planta (Chłodnicki y Mączyńska 2018). En las ruinas de este

 Marcelo Campagno / Bernardo Gandulla / Ianir Milevski (eds.)

edificio han sobrevivido muchos ejemplos de cerámica del Levante (Chłodnicki y Mączyńska 2018, 87). Lo más probable es que la salida del edificio condujera hacia la Residencia Nagadiense, que existía en la misma época. Probablemente sirvió como instalación utilizada para almacenar bienes antes de que fueran enviados en un viaje posterior. El hecho de que los artículos que allí se guardaban se utilizaban para el comercio queda demostrado por el descubrimiento de *tokens* en forma de bolas de arcilla listas para ser cocidas (Chłodnicki y Mączyńska 2018, 82). El edificio tuvo dos fases de construcción. Dejó de utilizarse en la primera mitad de Nagada IIIB (Chłodnicki y Mączyńska 2018, 86) (ver Fig.1).

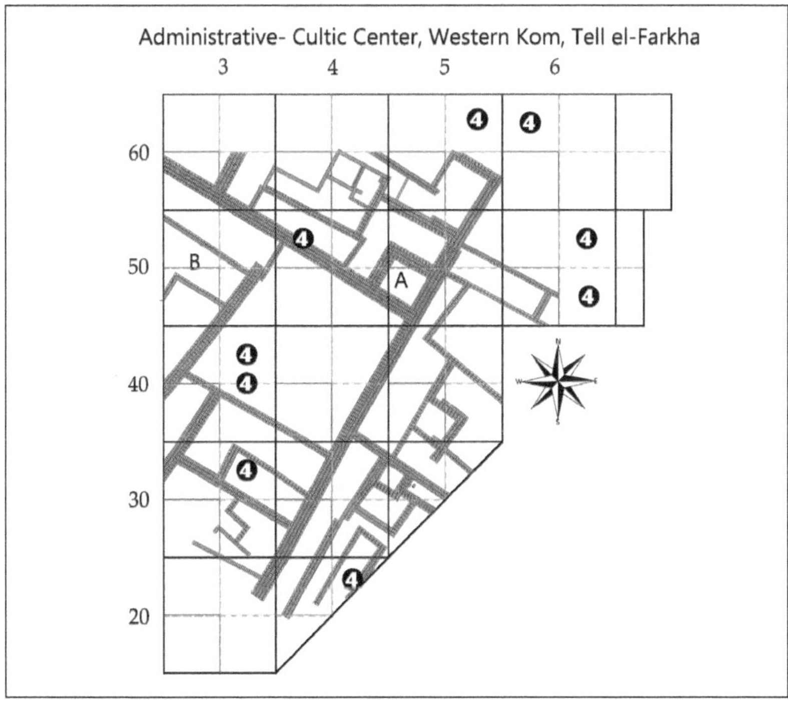

FIGURA 1. Distribución espacial de importaciones seleccionadas encontradas en el contexto del centro cúltico-administrativo. Tell el-Farkha, Kom Occidental.

Centro cúltico-administrativo

La Residencia Nagadiense fue destruida durante la última parte de Nagada IIIA1. Cayó en ruinas quizás por razones naturales, o tal vez como resultado de una invasión (Ciałowicz 2012, 168). Sobre la capa de destrucción se levantó otro extenso complejo con funciones de culto y administrativas. Constaba de numerosas cámaras, incluyendo capillas, almacenes y talleres situados alrededor del patio. En el contexto de esta estructura se encontró un gran número de objetos importados. Se trataba de recipientes del tipo de jarras con asa utilizadas para almacenamiento. El tratamiento de la superficie muestra que se fabricaron en el sur del Levante meridional, lo que confirman los estudios petrográficos que muestran que la arcilla utilizada para su producción procedía de la Formación Monza, que se encuentra cerca de Tel Lod (cf. Czarnowicz 2012; Ownby 2014). Tales recipientes se encontraron principalmente en los almacenes y en el patio, lo que puede indicar que este espacio se utilizaba para almacenar bienes.

En este punto, cabe mencionar un fragmento del cuerpo de un recipiente de almacenamiento con una superficie oscura, decorada con rayas estrechas pintadas de blanco (ver Fig. 2). Se trata de una pieza de cerámica muy singular. Las únicas analogías se encuentran en el sitio de Meguido (Braun 2013). Esto pone de relieve que los vínculos de los habitantes de Tell el-Farkha eran más amplios de lo que se pensaba. El hallazgo de importantes cantidades de cerámica levantina en el centro cúltico-administrativo situado en el Kom Occidental permite afirmar que en el período Protodinástico el comercio a larga distancia se convirtió en un monopolio controlado por el naciente Estado de los primeros reyes de Egipto.

Cerámica importada en Tell el-Farkha

Aunque en Tell el-Farkha se encuentran cerámicas importadas en los tres koms (cf. Mączyńska 2018; Czarnowicz 2012; 2018), la gran mayoría de los hallazgos proceden del contexto de los espacios de almacenamiento. Los primeros ejemplos de importaciones aparecen ya en la fase Tell el-Farkha 1, lo que puede indicar que, desde el principio, la comunidad que vivía en el asentamiento llevaba una economía basada en el intercambio de bienes. Las cerámicas que llegaron a Tell el-Farkha eran recipientes de almacenamiento procedentes del sur del Levante meridional. Entre ellas, había también un pequeño grupo de vasijas de un tipo diferente. Se trata de pequeñas jarras o teteras que llevan un bruñido rojo muy característico, típico de la parte norte del Levante meridional (Czarnowicz 2012, 249-250, fig. 12: 2-4) (ver Fig. 3). Los hallazgos de este tipo son muy raros en Egipto. En todas las etapas del desarrollo de Tell el-Farkha se observa un número similar de importaciones hasta su desaparición durante

Figura 2. Fragmento cerámico pintado, con franjas de pintura blanca que cubren el fondo oscuro. La cerámica decorada de este modo sólo se conoce en BA I en Meguido. Tell el-Farkha, Kom Occidental. Foto propiedad de la Expedición Arqueológica Polaca en el Delta Oriental del Nilo.

Figura 3. Jarra importada con el característico bruñido rojo, típico de las regiones septentrionales del Levante meridional. Tell el-Farkha. Foto propiedad de la Expedición Arqueológica Polaca en el Delta Oriental del Nilo.

Relaciones entre Egipto y Palestina en el IV milenio a.C.   81 el período Nagada IIIB. Este es el período que corresponde al establecimiento de los primeros puestos de intercambio nagadienses en el Levante. En esta época se generaliza el uso de las tinajas de vino. Su cocción es más intensa y tienen una forma especial, más adecuada para el transporte. Resulta interesante que en los estratos fechados en el período Nagada IIIB-C1, en un momento en que las importaciones estaban desapareciendo en el inventario de Tell el-Farkha, aparezcan repentinamente imitaciones de recipientes levantinos. Esto podría indicar que los habitantes del sitio viajaban con las caravanas al Levante y observaban allí los estilos cerámicos locales que luego, tras volver a casa, intentaban imitar (cf. Czarnowicz 2012, 252-257) (ver Fig. 4).

Una interpretación de las relaciones entre Egipto y el Levante a fines del IV milenio a.C.: el modelo del bazar

Entre los modelos que actualmente describen las relaciones egipcio-levantinas (Anđelković 1995; 2012; Gophna y Gazit 1985; Amiran 1965; Yadin 1955), el más probable parece ser el que postula el intercambio de bienes entre ambas regiones como impulso para el

FIGURA 4. Imitación de un recipiente de almacenamiento con asa del Levante meridional hecho de travertino local. Tell el-Farkha, Kom Oriental, Nagada IIIC1. Foto propiedad de la Expedición Arqueológica Polaca en el Delta Oriental del Nilo.

desarrollo de enclaves de asentamiento dentro de algunos de los yacimientos situados en la Shefelá, el Néguev y las llanuras costeras. Los principales defensores de esta idea fueron R. Amiran (1970, 94; 1974, 10-11) y A. Ben-Tor (1982; 1986), quienes creían que esta era la forma en que Egipto podía acceder a recursos no disponibles localmente. Estas afirmaciones de los investigadores israelíes provocaron críticas, siendo el principal argumento contra la existencia de relaciones basadas únicamente en el intercambio de bienes el inevitable "balance económico negativo". Este término fue utilizado por primera vez por Y. Yekutieli (1998, XXII-XXIII), quien afirmó que el coste de mantener las colonias debía superar con creces los beneficios que la parte egipcia podría haber obtenido de sus recursos. Otros estudiosos destacaron que las comunidades que habitaban el Levante no tenían bienes que ofrecer que fueran de valor para los egipcios (Kansa 2001, 54). Otra voz importante en este debate fue la de R. Gophna (1992, 386), quien argumentó que, dado el desigual desarrollo social del Levante y Egipto, el intercambio de bienes en igualdad de condiciones no era posible, ya que el grupo más desarrollado siempre explotaría al otro bando.

Pero, ¿podemos realmente aplicar las reglas de una economía de libre mercado a las relaciones entre dos civilizaciones del IV milenio a.C.? Parece más justificado utilizar otro enfoque. Las relaciones en el IV milenio a.C. eran mucho más directas y se basaban en los contactos entre comerciantes que conducían caravanas de un centro a otro. El precio se fijaba mediante el regateo y reflejaba la necesidad o el deseo de obtener determinadas mercancías más que los costes reales de su fabricación. Esto se ajusta mucho más a un modelo conocido como *economía de bazar*, que según algunos economistas fue el predecesor del mercado libre del capitalismo (Katzin 1960). Una característica de este modelo es que la misma persona combina los papeles de vendedor y comprador, siendo a menudo sólo un intermediario entre el fabricante y el receptor (Geertz 1963, 34; Fanselow 1990, 251). Los precios se fijan mediante el regateo (Dewey 1962a; 1962b; Davis 1973; Geertz 1978; Alexander y Alexander 1987; Fanselow 1990, 254-255).

La relación entre las partes comerciales es muy importante en el modelo del "bazar", mientras que el precio y la innovación desempeñan un papel menos relevante. Es responsabilidad de los contratistas suministrar el producto, y cuando surge un problema con el suministro por cualquier motivo, es su tarea cumplir el contrato. Esto hacía que el intercambio fuera hasta cierto punto seguro y eliminaba la necesidad de buscar nuevos proveedores: los contratistas, ya fueran comerciantes, jefes locales o comunidades, hacían todo lo posible por satisfacer las necesidades de sus clientes. Este enfoque crea una relación, que a menudo implica elementos de clientelización (Geertz 1978, 29-31), y hace que ambas partes del contrato dependan, en cierta medida, la una de la otra. Con el tiempo, estos lazos se consolidan porque los participantes en el intercambio sólo permiten la entrada en el mercado de un grupo estrictamente definido de productores/ intermediarios. Esto debió ocurrir a finales del IV milenio, cuando se establecieron los puestos comerciales de Nagada en el sur del Levante. Su tarea consistía en recoger y redistribuir las mercancías, cuyos destinatarios eran el mercado local, probablemente controlado por la fuente de poder existente en sitios como Tell es-Sakan o Tel Erani.

El modelo de economía de bazar encaja perfectamente en las relaciones que unen a Egipto con el sur del Levante. Aunque el desarrollo de las dos regiones siguió trayectorias diferentes y las estructuras sociales también fueron distintas, las relaciones entre ellas llevan el sello de ese sistema económico. En la parte egipcia ya se habían desarrollado centros de poder, inicialmente locales y más tarde centrales, y estaban interesados en la adquisición de determinados bienes. Lo que les importaba era la cantidad y la calidad más que el precio. La otra parte exportaba los excedentes de su producción. Durante mucho tiempo, estas relaciones debieron apoyarse en intermediarios o, en opinión de C. Renfrew (Renfrew y Bahn 2002, 352), en el envío de emisarios a la otra parte o a lugares intermedios entre las dos zonas. Con el tiempo, las relaciones se intensificaron aunque los canales de intercambio siguieron siendo los mismos. Además, los descubrimientos de Tel Erani sugieren que el yacimiento servía como una especie de punto de encuentro, al que llegaban productos de diversas partes del Levante (cf. Braun 2016). Los enclaves establecidos hacia finales del IV milenio a.C. llegaron a servir como una forma de bazar donde se podían realizar tratos de intercambio.

Cabe destacar que la presencia de cerámica egipcia en el Sinaí sugiere que esta zona también debe tenerse en cuenta al hablar de las relaciones egipcio-levantinas. Esta hipótesis se ve corroborada por los análisis de isótopos de plomo de las muestras de cobre de Tell el-Farkha, que demuestran que a finales del IV milenio a.C. el cobre del Sinaí estaba presente en Egipto (Rehren y Pernicka 2014). Así pues, tenemos un eje Egipto-Sinaí-Levante, en el que el territorio del Sinaí sería una zona poco desarrollada que se beneficia de los logros de sus vecinos. A. Khazanov (1984, 203) afirma que los nómadas no pueden existir sin cierta simbiosis con las poblaciones asentadas, que les proporcionan los productos agrícolas necesarios. Durante sus viajes, las tribus nómadas llegaban a los asentamientos urbanos no sólo para obtener ciertas cantidades de alimentos, sino también para obtener herramientas de cobre dañadas o usadas y reciclarlas (Segal y Rosen 2011, 126). Todo esto significaba que los nómadas desempeñaban un papel importante en el sistema de conexiones y relaciones culturales. No debían su posición a un precio bajo, sino al acceso constante a un producto valioso y al cuidado de su alta calidad. Sin embargo, al día de hoy, no es posible demostrar si estos grupos intercambiaban bienes directamente con los inmigrantes de Egipto o, más probablemente, con las comunidades locales.

El Sinaí era una periferia del mundo en aquella época. Los pueblos del Levante intercambiaban mercancías con los egipcios, pero también enviaban algunas a los nómadas que habitaban el sur del Néguev y el Sinaí, a cambio de otras (por ejemplo, cobre) deseadas por los nagadienses. Egipto desempeñaba el papel de centro mundial en ese período, y los egipcios eran capaces de acumular grandes excedentes de productos agrícolas para el comercio. De especial importancia era el grano, y también el pescado y los animales, posiblemente exportados por la carne (Abłamowicz 2012; Czarnowicz 2012; Makowiecki 2012; Sowada 2018). La existencia del referido eje es especialmente evidente en las etapas finales de las relaciones de Egipto con el Levante. Las relaciones presentadas anteriormente coinciden con la perspectiva del "sistema-mundo" descrita por I. Wallerstein (1987), en la que un mundo significa una entidad extendida en el tiempo y el espacio, que abarca una serie de comunidades unidas por relaciones. En este modelo, todas las regiones de un sistema-mundo pueden incluirse en una de estas tres categorías: núcleo, semiperiferia y periferia. Las zonas centrales son las más desarrolladas, las semiperiféricas utilizan los contactos como medio de desarrollo, y las periféricas son incapaces de desarrollarse de forma independiente sin una conexión con las zonas centrales.

El modelo de Wallerstein puede aplicarse a nuestra situación bajo ciertas condiciones. En el IV milenio a.C., el impacto del centro político y social de Egipto sobre el Levante meridional semiperiférico era muy limitado. Las comunidades que habitaban las dos regiones parecen haberse desarrollado de forma relativamente independiente, y los mayores logros de la zona en desarrollo, es decir, la aparición de la cultura urbana y la progresiva urbanización, surgieron como resultado de procesos sociales locales y no como préstamos del centro. En consecuencia, las comunidades de ambas partes participaron en los contactos desde posiciones de partida más equilibradas, aunque los intentos de ejercer un control sobre algunos aspectos de las relaciones (por ejemplo, en las rutas comerciales) por parte de los nagadienses serían hasta cierto punto evidentes. En resumen, el modelo de relaciones más probable parece ser el de un intercambio trilateral de bienes entre Egipto, el Levante y las tribus nómadas que habitaban el sur del Néguev y el Sinaí. En este sistema, el Levante meridional no sólo era el receptor de las mercancías traídas de Egipto, sino que también redistribuía una parte de las importaciones entre los nómadas a cambio de cobre, necesario tanto para el mercado interior como por ser una materia prima importante para el intercambio con los egipcios. Este tipo de sistema estuvo vigente sobre todo en un período en el que los contactos se hicieron más intensos, lo que tuvo lugar debido al desarrollo de la cultura de Nagada y a la fundación de los primeros centros proto-urbanos en el Levante, como Tel Erani.

Agradecimientos

Me gustaría agradecer a los tutores de mi trabajo, Krzysztof Ciałowicz e Ianir Milevski, por su ayuda en este texto. Un agradecimiento aparte merecen Marcelo Campagno y Eliot Braun por sus numerosos consejos sobre las cuestiones presentadas en este texto.

Bibliografía

ABŁAMOWICZ, R. (2012). "Animal remains", en M. Chłodnicki, K.M. Ciałowicz, y A. Mączyńska (eds.), *Tell el-Farkha I. Excavations 1998–2011*. Poznań / Kraków, 409-424.

ALEXANDER, J. y ALEXANDER, P. (1991). "What's a Fair Price? Price-Setting and Trading Partnerships in Javanese Markets", *Man* 26/3, 493-512, https://doi.org/10.2307/2803879.

AMIRAN, R. (1965). "A preliminary Note on the Synchronism between the Early Bronze Strata of Arad and the First Dynasty", *Bulletin of the American Schools of Oriental Research* 179, 30-33.

AMIRAN, R. (1970). "The Beginning of Urbanization in Canaan", en J.A. Sanders (ed.), *Near Eastern Archaeology in the Twentieth Century: Essays in Honor of Nelson Glueck*. New York, 83-100.

AMIRAN, R. (1974). "An Egyptian Jar Fragment with the Name of Narmer from Arad", *Israel Exploration Journal* 24, 4-12.

AMIRAN, R. (1985). "Canaanite Merchants in Tombs of the Early Bronze Age I at Azor", *'Atiqot* 17, 190-192.

Anđelković, B. (1995). *The Relations between Early Bronze Age I Canaanites and Upper Egyptians*. Belgrade.

Anđelković, B. (2011). "Political Organization of Egypt in the Predynastic Period", en E. Teeter (ed.), *Before the Pyramids. The Origins of Egyptian Civilization*. Chicago, 25-32.

Anđelković, B. (2012). "Hegemony for Beginners: Egyptian Activity in the Southern Levant during the Second Half of the Fourth Millennium B.C.", *Issues in Ethnology and Anthropology n.s.* 7(3), 789-808.

Ben-Tor, A. (1982). "The Relations between Egypt and the Land of Canaan during the Third Millennium B.C.", *Journal of Jewish Studies* 33, 3-18.

Ben-Tor, A. (1986). "The Trade Relations of Palestine in the Early Bronze Age", *Journal of the Economic and Social History of the Orient* 29, 1-27.

Braun, E. (2013). *Early Megiddo on the East Slope (the "Megiddo Stages"): A Report on the Early Occupation of the East Slope of Megiddo (Results of the Oriental Institute's Excavations, 1925-1933)*, Oriental Institute Publications 139. Chicago.

Braun, E. (2016). "Preliminary comments on the ceramics assemblage of area D-3 (sub-areas D-3H and D-3L)", en K.M. Ciałowicz, Y. Yekutieli, y M. Czarnowicz (eds.), *Tel Erani I, Preliminary Report of the 2013–2015 Excavations*. Kraków, 65-75.

Chłodnicki, M. y Geming, M. (2012). "Lower Egyptian settlement on the Central Kom", en M. Chłodnicki, K.M. Ciałowicz y A. Mączyńska (eds.), *Tell el-Farkha I. Excavations 1998–2011*. Poznań / Kraków, 89-104.

Chłodnicki, M. y Mączyńska, A. (2018). "Central storage devices from the Central Kom at Tell el-Farkha", en K.M. Ciałowicz, M. Czarnowicz y M. Chłodnicki (eds.), *Eastern Nile Delta in the 4th Millennium BC*. Kraków / Poznań, 81-91.

Ciałowicz, K.M. (2012). "Protodynastic and Early Dynastic on the Western Kom", en M. Chłodnicki, K.M. Ciałowicz y A. Mączyńska (eds.), *Tell el-Farkha I. Excavations 1998-2011*. Poznań / Kraków, 163-180.

Ciałowicz, K.M. (2018). "Socio-political transformations in the Eastern Delta in the second half of 4th millennium BC. The view from Tell el-Farkha", en K.M. Ciałowicz, M. Czarnowicz y M. Chłodnicki (eds.), *Eastern Nile Delta in the 4th Millennium BC*. Kraków / Poznań, 9-20.

Ciałowicz, K.M. (2020). "Of culture wars and the clash of civilizations in Prehistoric Egypt – a different perspective", *Ägypten & Levante* 30, 67-77.

Czarnowicz, M. (2012). "Southern Levantine imports and imitations", en M. Chłodnicki, K.M. Ciałowicz y A. Mączyńska (eds.), *Tell el-Farkha I. Excavations 1998-2011*. Poznań / Kraków, 245-265.

Czarnowicz, M. (2014). "Erani C Pottery in Egypt", en A. Mączyńska (ed.), *The Nile Delta as a Centre of Cultural Interaction between Egypt and the Southern Levant in the 4th Millennium BC: Proceedings of the Conference Held in the Poznań Archaeological Museum, Poznań 22-23 June 2013*, Studies in African Archaeology 13. Poznań, 95-104.

Czarnowicz, M., Yekutieli, Y., Ochał-Czarnowicz, A. y Pasternak, M.D. (2016). "The excavation of area D-3", en K.M. Ciałowicz, Y. Yekutieli y M. Czarnowicz (eds.), *Tel Erani I. Preliminary report of the 2013-2015 excavations*. Kraków, 27-43.

Davis, R. (1973). *The Rise of Atlantic Economies*. New York.

DEWEY, A.G. (1962a). *Peasant marketing in Java*. Glencoe.

DEWEY, A.G. (1962b). "Trade and social control in Java", *Journal of the Royal Anthropological Institute* 92, 177-90.

DREYER, G. (2011). "Tomb U-j the Burial of the Dynasty 0 at Abydos", en E. Teeter (ed.), *Before the Pyramids. The Origins of Egyptian Civilization*. Chicago, 127-136.

FANSELOW, F. (1990). "The Bazaar Economy or How Bizarre is the Bazaar Really? ", *Man n.s.* 25(2), 250-265.

GEERTZ, C. (1963). *Peddlers and Princes*. Chicago.

GEERTZ, C. (1978). "The Bazaar Economy: Information and Search in Peasant Marketing", *American Economic Review* 68, 28-32.

GOPHNA, R. (1992). "The contacts between En Besor Oasis, southern Canaan and Egypt during the late Predynastic and the threshold of the First Dynasty: a further assessment", en E.C.M. van den Brink (ed.), *The Nile Delta in Transition: 4th–3rd millennium B.C. Proceedings of the seminar held in Cairo, 21–24. October 1990, at the Netherlands Institute of Archaeology and Arabic Studies*. Tel Aviv, 385-394.

GOPHNA, R. y GAZIT, D. (1985). "The First Dynasty Egyptian Residency at 'En Besor", *Tel Aviv* 12, 9-16.

GUYOT, F. (2011). "Le céramique CBE et Naqada IIIA–B", en B. Midant-Reynes y N. Buchez (eds.), *Tell el Iswid 2006 –2009*, FIFAO 73. Le Caire, 99-130.

HARTUNG, U. (1993). "Importkeramik aus Grab U-j", *Mitteilungen des Deutschen Archäologischen Instituts Abteilung Kairo* 49, 49-55.

HARTUNG, U. (2001). *Umm el-Qaab II: Importkeramik aus dem Friedhof U in Abydos (Umm el-Qaab) und die Beziehungen Ägyptens zu Vorderasien im 4. Jahrtausend v. Chr.*, Archäologische Veröffentlichungen 92. Mainz.

HARTUNG, U. (2002). "Imported Jars from Cemetery U at Abydos and the Relations between Egypt and Canaan in Predynastic Times", en E.C.M. van den Brink y T.E. Levy (eds.), *Egypt and the Levant. Interrelations from the 4th through the Early 3rd Millennium B.C.E.* London / New York, 437-449.

HAUPTMANN, A. (1989). "The Earliest Periods of Copper Metallurgy in Feinan, Jordan", en A. Hauptmann, E. Pernicka y G.A. Wagner (eds.), *Old World Metallurgy, Der Anschnitt 7*. Bochum, 119-135.

HAUPTMANN, A. y WEISGERBER, G. (1987). "Archaeometallurgical and mining-archaeological investigations in the area of Feinan, Wadi Arabah (Jordan)", *Annual of the Department of Antiquities of Jordan* 31, 419-437.

HENDRICKX, S. y BAVAY, L. (2002). "The relative chronological position of Egyptian Predynastic and Early Dynastic tombs with objects imported from the Near East and the nature of interregional contacts", en E.C.M. van den Brink y T.E. Levy (eds.), *Egypt and the Levant. Interrelations from the 4th through the Early 3rd Millennium B.C.E.* London / New York, 58-80.

KANSA, E. (2001). *Smitten by Narmer: Ethnicity, Economy and Trade in the 4th Millennium BCE Egyptian Presence in the Southern Levant*. Ph.D. Dissertation, Harvard University.

KATZIN, M.F. (1960). "The Business of Higglering in Jamaica", *Social and Economic Studies* 9 (3), 207-331.

KHAZANOV, A.M. (1984). *Nomads and the outside world*. Cambridge.

 Marcelo Campagno / Bernardo Gandulla / Ianir Milevski (eds.)

Köhler, Ch. (2020). "Of culture wars and the clash of civilizations in Prehistoric Egypt – an epistemological analysis", *Ägypten & Levante 30*, 17-59.

Kołodziejczyk, P. (2012). "Tokens and Seals", en M. Chłodnicki, K.M. Ciałowicz y A. Mączyńska (eds.), *Tell el-Farkha I. Excavations 1998-2011*. Poznań / Kraków, 267-277.

Mączyńska, A. (2013). *Lower Egyptian Communities and their Interactions with Southern Levant in the 4th Millennium BC*, Studies in African Archaeology 12. Poznań.

Mączyńska, A. (2018). "*Pottery imports from the Southern Levant at Tell el-Farkha (seasons 2012-2016)*", en K.M. Ciałowicz, M. Czarnowicz y M. Chłodnicki (eds.), *Eastern Nile Delta in the 4th millennium BC*. Kraków / Poznań, 91-98.

Makowiecki, D. (2012). "Fish Remains", en M. Chłodnicki, K.M. Ciałowicz y A. Mączyńska (eds.), *Tell el-Farkha I, Excavations 1998–2011*. Poznań-Kraków, 425-431.

Midant-Reynes, B. (2020). "Of culture wars and the clash of civilizations in Prehistoric Egypt –an epistemological analysis, by E. Christiana Köhler, Vienna. Commentary", *Ägypten & Levant 30*, 115-119.

Miroschedji, P. de (2002). "The socio-political dynamics of Egyptian-Canaanite interaction in the Early Bronze Age", en E.C.M. van den Brink y T.E. Levy (eds.), *Egypt and the Levant. Interrelations from the 4th through the Early 3rd Millennium B.C.E.* London / New York, 39-57.

Ownby, M. (2014). "Petrographic analyses of pottery from Tell el-Farkha", en A. Mączyńska (ed.), *The Nile Delta as a Centre of Cultural Interaction between Egypt and the Southern Levant in the 4th Millennium BC: Proceedings of the Con-ference Held in the Poznań Archaeological Museum, Poznań 22-23 June 2013*, Studies in African Archaeology 13. Poznań, 217-229.

Petrie, W.M.F. y Quibell, J.E. (1896). *Naqada and Ballas*. London.

Rehren, T. y Pernicka, E. (2014). "First data on the nature and origin of the metalwork from Tell el-Farkha", en A. Mączyńska (ed.), *The Nile Delta as a Centre of Cultural Interaction between Egypt and the Southern Levant in the 4th Millennium BC. Proceedings of the Conference Held in the Poznań Archaeological Museum, Poznań 22–23 June 2013*, Studies in African Archaeology 13. Poznań, 237-252.

Renfrew, C. y Bahn, P. (2002). *Archeologia. Teoria, metody, praktyka*, (trad. polaca, T. Gołgowski). Warszawa.

Segal, I. y Rosen, S.A. (2005). "Copper Among the Nomads: Early Bronze Age Copper Objects from the Camel Site, Central Negev, Israel", *Institute for Archaeo-Metallurgical Studies 25*, 3-5.

Sowada, K.N. (2018). "Hidden exports: a likely early Bronze Age exchange in Egyptian cattle to the Levant", *Bulletin of the Australian Centre for Egyptology 26*, 71-78.

Tutundźić, S. (1993). "A Consideration of Differences Between the Pottery Showing Palestinian Characteristics in the Maadian and Gerzean Cultures", *Journal of Egyptian Archaeology 79*, 33-55.

Wallerstein, I. (1987). *World-System Analysis*. Stanford.

Yadin, Y. (1955). "The earliest record of Egypt's military penetration into Asia", *Israel Exploration Journal 5(1)*, 1-16.

Yekutieli, Y. (1998). "The Pottery Assemblage of Level C of the Early Bronze Age IB 1 from Area DII at Tel Erani", en S. Ahituv y E.D. Oren (eds.), *Aharon Kempinski Memorial Volume*, Beer-Sheva Studies in Archaeology and Related Disciplines 15. Beersheva, 57-78.

YEKUTIELI, Y. (2008). "Symbols in Action – the Megiddo Graffiti Reassessed", en B. Midant-Reynes, Y. Tristant (eds.), J. Rowland y S. Hendrickx (coll.), *Egypt at its Origins 2. Proceedings of the International Conference "Origin of the State, Predynastic and Early Dynastic Egypt", Toulouse (France), 5th-8th September 2005*, Orientalia Lovaniensia Analecta 172. Leuven / Paris / Dudley, 807-837.

Marcelo Campagno / Bernardo Gandulla / Ianir Milevski (eds.)

CONTACTOS DE LARGO ALCANCE EN EL PERÍODO CALCOLÍTICO TARDÍO DEL LEVANTE MERIDIONAL SEGÚN LAS EXCAVACIONES EN TALL HUJAYRAT AL-GHUZLAN Y TALL AL-MAGASS EN ÁQABA (JORDANIA)

Florian Klimscha
Museo del Estado de Baja Sajonia, Hanover

Este capítulo presentará los resultados de las excavaciones jordano-alemanas en Tall Hujayrat al-Ghuzlan y Tall al-Magass, Áqaba, Jordania (ver Fig. 1)[1, 2]. Pondrá a estos sitios en el marco más amplio del intercambio entre Egipto y el Levante meridional en el V y IV milenios a.C., luego de una introducción sobre el llamado período Calcolítico.

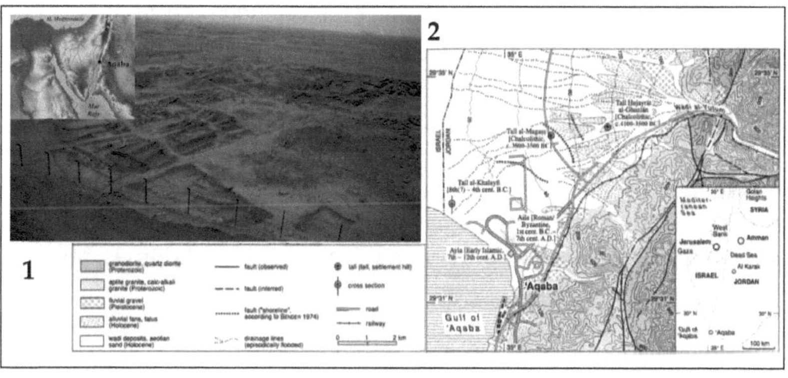

FIGURA 1. Vista de Tall Hujayrat al-Ghuzlan, vista desde el sureste, con mapa de la región y la ubicación de la ciudad de Áqaba.

El Calcolítico del Levante meridional

El Levante meridional se definirá aquí como el área ocupada por los países modernos de Israel y Jordania, así como los Territorios

---

1   El presente capítulo es una traducción actualizada de un artículo mío anterior (Klimscha 2011). Se coloca aquí el término árabe "tall" o "tell", o sea un montículo arqueológico artificial, como tel en castellano.

2   Traducción y edición de Ianir Milevski, revisión de Marcelo Campagno.

Autónomos Palestinos y partes del Líbano y Siria[3]. El concepto de Calcolítico fue creado por primera vez por Albright quien, a principios de la década de 1930, argumentó que algunas formas de vasijas cerámicas neolíticas podrían explicarse como arquetipos para tipos posteriores de la Edad del Bronce Antiguo (Albright 1931). Casi al mismo tiempo, desde 1929 hasta 1938, se excavaron los montículos de asentamiento llamados Teleilat Ghassul que están situados en la costa noreste del Mar Muerto en Jordania. La cultura material de ese sitio proporcionó ciertos "eslabones perdidos" que podrían ayudar a explicar mucho mejor la secuencia tipológica (Mallon *et al.* 1934; Koeppel *et al.* 1940). Por lo tanto, Teleilat Ghassul fue ampliamente aceptado como un sitio tipo de la cultura calcolítica, y se usó para nombrar una industria lítica calcolítica específica (Ghassuliense), que luego se transfirió a la variedad completa de cultura material calcolítica (Neuville 1931; Neuville y Mallon 1931). Debe enfatizarse que el uso de cobre no se puede verificar en todos los sitios calcolíticos, a pesar de que el término Calcolítico, es decir la Edad del Cobre y la Piedra, sugiere precisamente eso. Si bien Rothenberg y Merkel (1995) han defendido que los artefactos de cobre fundido aparecían en contextos del Neolítico tardío, Rowan y Golden (2009, 11) lo niegan. No existe un amplio consenso sobre el marco cronológico del Calcolítico (Rowan y Golden 2009, 3-10, con un resumen de la discusión).

Desde la década de 1980, las excavaciones de rescate causadas por proyectos de urbanización a gran escala y el desarrollo urbano e industrial han sacado a la luz datos que entran en conflicto con muchos detalles de síntesis más antiguas de la arqueología del Calcolítico (para una síntesis, ver Rowan y Golden 2009). Además, muchos grupos culturales se definieron únicamente a través de muestreos, pequeños sondeos o contextos inseguros. Lovell (2001, 51) define cuatro tradiciones más amplias en el Calcolítico del Levante meridional: el grupo Beersheva en el Negev, Neve Ur en el norte del Valle del Jordán, el Ghassuliense en el sur del Valle del Jordán y el grupo del Golán, que se distribuye en el norte de Israel, Líbano y norte de Jordania. Levy (1986), sin embargo, divide el mismo material en no menos de once culturas arqueológicas limitadas regionalmente: cinco de ellas en el norte del Levante meridional y otras seis en la parte sur. Por esa razón, el conocimiento de la arqueología calcolítica

---

todavía varía regionalmente y el registro arqueológico está lejos de ser representativo para toda la región (Rowan y Golden 2009, 14-20).

En el siguiente texto, el período comprendido entre 4800/4700 a.C. y 3900/3800 a.C. se llamará Calcolítico temprano, mientras que el período desde el 3800/3700 a.C. hasta el 3500 a.C. será considerado como un Calcolítico tardío, destacando su conexión con la Edad del Bronce Antiguo (cf. Joffe y Dessel 1995, 514; *contra* Rowan y Golden 2009, 12). La adscripción cultural de los sitios cerca de Áqaba no es clara ya que el estado de la investigación en Cisjordania y Transjordania es diferente[4].

La metalurgia del cobre en forma de fundición y fusión aparece por primera vez dentro del Calcolítico, aunque todavía no está claro cuándo exactamente[5]. La última investigación sobre el sitio tipo de Teleilat Ghassul sugiere que estas innovaciones se introdujeron en los últimos siglos del V milenio a.C. (Rowan y Golden 2009). Mientras que el uso del cobre se limita a la fundición de hachas planas, cabezas de mazas y agujas o punzones, muchas herramientas más grandes todavía se fabricaban con diferentes piedras (Mallon *et al.* 1934; Koeppel *et al.* 1940).

En Nahal Mishmar se han realizado hallazgos espectaculares (Bar-Adon 1980; Gilead y Gošić 2014) que incluyen más de 400 piezas en la técnica de la cera perdida, o los ocho anillos de oro y electro en las tumbas de la cueva de Nahal Qanah (Gopher y Tzuk 1996). En los asentamientos, es posible que los trabajos fueran realizados con material lítico y no con instrumentos de metal (Neuville 1934; Levy 1987; Golden *et al.* 2001). Las cabezas de hacha grandes elaboradas con pedernal, las cabezas de maza de piedra pulida y los discos de pedernal perforados también eran todavía de uso común y fueron intercambiados mediante redes de dones (Rosenberg y Shimelmitz 2017).

El estado de la investigación de la década de 1990 parecía indicar que este aspecto de la cultura calcolítica se limitaba a la parte noroeste del Levante meridional y, por lo tanto, fue bastante sorprendente cuando el trabajo de campo pudo identificar un centro comparable de fundición y derretimiento de cobre en el sur de Jordania que podría ser fechado en la transición del Calcolítico a la Edad del Bronce Antiguo.

---

4 Para un panorama preliminar de la cerámica y la lítica de Áqaba, ver Kerner 2009; Hikade 2009; informes preliminares en Brückner *et al.* 2002; Eichmann *et al.* 2009.

5 Para el surgimiento de la metalurgia y las teorías al respecto, ver Klimscha 2011, 177-179; 2013; 2021.

Excavaciones en la región de Áqaba

Los asentamientos prehistóricos Tall Hujayrat al-Ghuzlan y Tall al-Magass están situados en la periferia de la ciudad moderna de Áqaba (ver Fig. 1). La región de Áqaba ha sido investigada por el Instituto Arqueológico Alemán y la Universidad de Jordania desde 1998[6]. Desde 2002 en adelante, el trabajo fue apoyado financieramente por la Deutsche Forschungsgemeinschaft y se concentró en Tall Hujayrat al-Ghuzlan y su interior. Se han publicado los resultados de las dos primeras fases del proyecto (Brückner *et al.* 2002; Khalil y Schmidt 2009), mientras que la fase del proyecto de 2006-2010 no se ha publicado debido a la trágica muerte del Prof. Klaus Schmidt (ver Siegel 2014). Además de documentar y examinar un sistema de riego prehistórico situado al noreste del tel (Heemeier *et al.* 2009; Siegel 2009), los restos metalúrgicos fueron un foco de interés principal. La datación por radiocarbono sitúa tanto a Tall Hujayrat al-Ghuzlan como a Tall al-Magass entre 4000/3900 y 3500 a.C. (Klimscha 2009, 363-369). El análisis de la cerámica sugiere una correlación de estos sitios con Wadi Feinan (Kerner 2009; 2011), mientras que los análisis de la lítica permiten advertir relaciones con Egipto (Hikade 2009). Esto sugiere que ambos sitios son claves para comprender las transformaciones socio-económicas del Calcolítico tardío al Bronce Antiguo (Milevski 2021).

Tall Hujayrat al-Ghuzlan es un asentamiento fortificado que fue golpeado al menos por dos terremotos (Korjenkov y Schmidt 2009). Los terremotos dañaron varios elementos constructivos, por lo que fue necesario que los habitantes prehistóricos agregasen muros de contención de diferentes alturas en diversos niveles en las habitaciones. El plano de la planta se parece mucho a un laberinto. Estos muros no solo aseguraron la estabilidad de las habitaciones del tel sino que también constituyeron el carácter especial del sitio: a diferencia de otros asentamientos en tels, los edificios de Hujayrat al-Ghuzlan nunca fueron arrasados, nivelados o sobreconstruidos por nuevas capas. Más bien, los restos arquitectónicos se conservan hasta 4 m de altura y permiten una perspectiva única de un asentamiento de principios del IV milenio. No sólo se conservan paredes y revoques sino también aberturas de puertas y ventanas, así como pilares centrales que alguna vez soportaron las estructuras del techo. Nuevos

---

6   Para reportes preliminares de esta investigación, ver Brückner *et al.* 2002; Eichmann *et al.* 2009.

    Marcelo Campagno / Bernardo Gandulla / Ianir Milevski (eds.)

estudios han permitido reconstruir diferentes fases en los edificios comenzando con habitaciones espaciadas que fueron sucesivamente subdivididas hasta que se presentan como el mencionado laberinto (Klimscha 2012; Siegel 2014).

Los estudios arqueobotánicos demuestran que el clima calcolítico en el área de Áqaba no difirió mucho del actual (Neef 2009), aunque la zona costera parece haber estado dominada por marismas (Niemi y Smith 1999). Esto significa que los habitantes de Tall Hujayrat al-Ghuzlan tuvieron que soportar veranos con hasta 50°C, casi sin vegetación, tormentas de arena y ca. 10 mm de lluvia al año. Hoy en día, el sitio se encuentra cerca del Mar Rojo en la periferia norte de la moderna Áqaba (ver Fig. 1). Por lo tanto, el asentamiento necesitaba una fuente regular de agua para existir. Entre 2004 y 2006 se examinó un sistema de riego en las cercanías de Tall Hujayrat al-Ghuzlan (cf. Heemeier *et al.* 2009; Siegel 2009) (ver Fig. 2.1), que emplea técnicas diferentes a las conocidas para el período (Müller-Neuhof 2014), utilizando una combinación de cuencas y canales que acumulaban agua y la transportaban a áreas agrícolas 300 m al suroeste del asentamiento. Varias áreas con una capa de suelo saturado de agua que

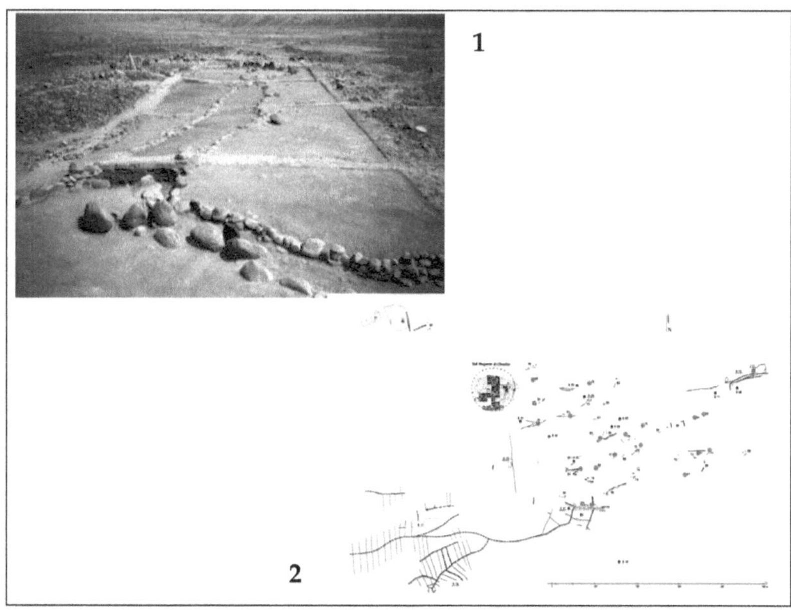

FIGURA 2. Estructuras de riego en las cercanías de Hujayrat al-Ghuzlan. 1) Vista general de una estructura de riego; 2) Mapa de las estructuras de riego (cortesía del Instituto Alemán de Arqueología [DAI] / Sección de Oriente).

consta de una mezcla de arena y grava pudieron ser identificadas mediante geoeléctrica (Heemeier *et al.* 2009, 257-261). Durante un estudio, las estructuras construidas con grandes cantos rodados y guijarros, que se pueden encontrar en el abanico aluvial del wadi incluso hoy, pudieron ser identificadas sobre el suelo (Siegel 2009).

Las estructuras se pueden clasificar en "cuencas" redondeadas y sub-rectangulares, por un lado, y filas alargadas de hileras de piedras paralelas, por el otro. Las excavaciones proporcionarían evidencia de su uso como sistema de riego: no se excavaron artefactos dentro de ninguna de las estructuras y las acumulaciones de sinterización en las filas paralelas y alargadas sugieren que el agua había corrido allí con regularidad. Datar las estructuras no es fácil, porque los análisis de radiocarbono (C^{14}) de las acumulaciones de sinterización estaban contaminados y las fechas posibles oscilaban entre el Neolítico y el período islámico (Rhodius *et al.* 2015). Sin embargo, dado que no hay otras características arqueológicas en las cercanías de las estructuras que no sean del tel calcolítico, y dado que la datación por luminiscencia estimulada ópticamente (OSL) generó el mismo rango de edad para el tel y el sistema de irrigación, uno puede atribuir este último con relativa seguridad al período Calcolítico. El agua se recogía al aire libre, en cuencas redondeadas cerca de las áreas donde salía a la superficie, y desde allí era transportada a través de los canales a los campos en terrazas en las áreas sur y suroeste del asentamiento (ver Fig. 2.2). Especialmente los campos del sureste estaban muy bien conservados y muestran que existían varias zonas de forma y tamaño similares a aquellas de las que se traía el agua. Sólo se conocen estructuras comparables en el Golán (Epstein 1978): dentro del perímetro de Majami, se reconocieron varias estructuras rectangulares y cerca de esas estructuras se encontraron "amontonamientos de piedra" escalonados e identificados como los límites de los campos. Los engastes de piedra, que eran paralelos o divergentes de las áreas con mayor humedad fueron, por otro lado, interpretados como un sistema de riego temprano que intentaba controlar la propagación de esta humedad (Epstein 1978, 32). La existencia de sistemas de riego también es considerada para algunos de los sitios calcolíticos en el Negev (Gilead 1988; Levy 1995, 230).

Producción de metal en Tall Hujayrat al-Ghuzlan

Con la excepción de los hornos de fundición, la *châine opératoire* completa de la producción de cobre puede ser rastreada en el material encontrado de Hujayrat al-Ghuzlan (Pfeiffer 2009)[7]. El análisis científico ha identificado el origen de los minerales fundidos en Timna. Sin embargo, la composición de los oligoelementos hace teóricamente posible que también se hayan utilizado las fuentes conocidas en el Wadi Feinan en Jordania o algunas fuentes aún desconocidas en el Sinaí (Khalil y Riederer 1998; Hauptmann *et al.* 2009). Timna está conectado a través del Wadi Arabah a Hujayrat al-Ghuzlan y está a aproximadamente 30 km de distancia del tel. Hauptmann (Hauptmann *et al.* 2009, 303) indica que la actividad minera romana puede identificarse ya a una distancia de 15 km de Tall al-Magass y, por lo tanto, sería posible incluso una distancia más corta entre la fuente de materia prima y el asentamiento si se asumiera que la minería romana había tenido lugar allí mismo, destruyendo todos los vestigios prehistóricos. Las minas de Wadi Feinan requerirían un viaje similar, pero están a más de 150 km de la región de Áqaba. El transporte de minerales podría haberse organizado en pequeñas caravanas utilizando burros domésticos, cuyos huesos se han encontrado en Hujayrat al-Ghuzlan (Benecke 2009).

Habiendo llegado a Tall Hujayrat al-Ghuzlan, el mineral tenía que triturarse en molinos planos o en forma de silla de montar con la ayuda de piedras de moler del tamaño de un puño (Forbes 1950, 324). En el Sinaí se conocen contextos comparables en los que se pueden conectar molinos y metalurgia del cobre (Beit-Arieh 2003, 209). Algunos de esos molinos se incorporaron a las paredes en una fase posterior de construcción y todavía tienen un color verde claramente visible en toda su superficie (ver Fig. 3.1). También se utilizaron molinos similares para moler pigmentos y cereales; por lo tanto, probablemente sólo una parte de estos molinos se usó para el procesamiento de minerales.

Luego venía la fundición de minerales triturados. Debido a que los hornos aún no se han descubierto, parece plausible suponer que la fundición se llevó a cabo sólo en crisoles. Se han encontrado crisoles, que se asemejan a cucharas muy grandes, en diferentes niveles de fragmentación. Fueron hechos de arcilla oscura y tosca templada con piedras pequeñas (ver Fig. 3.2). Los crisoles tenían receptáculos en los que se podía insertar un palo. De esa manera, podrían ser arrojados al fuego donde se fundía el mineral. Este proceso "limpiaba" el mineral y generaba escoria. La mayoría de la escoria se adhería al crisol, pero una pequeña parte también se encuentra generalmente en las capas

---

7   Sobre la metalurgia, ver nota 5.

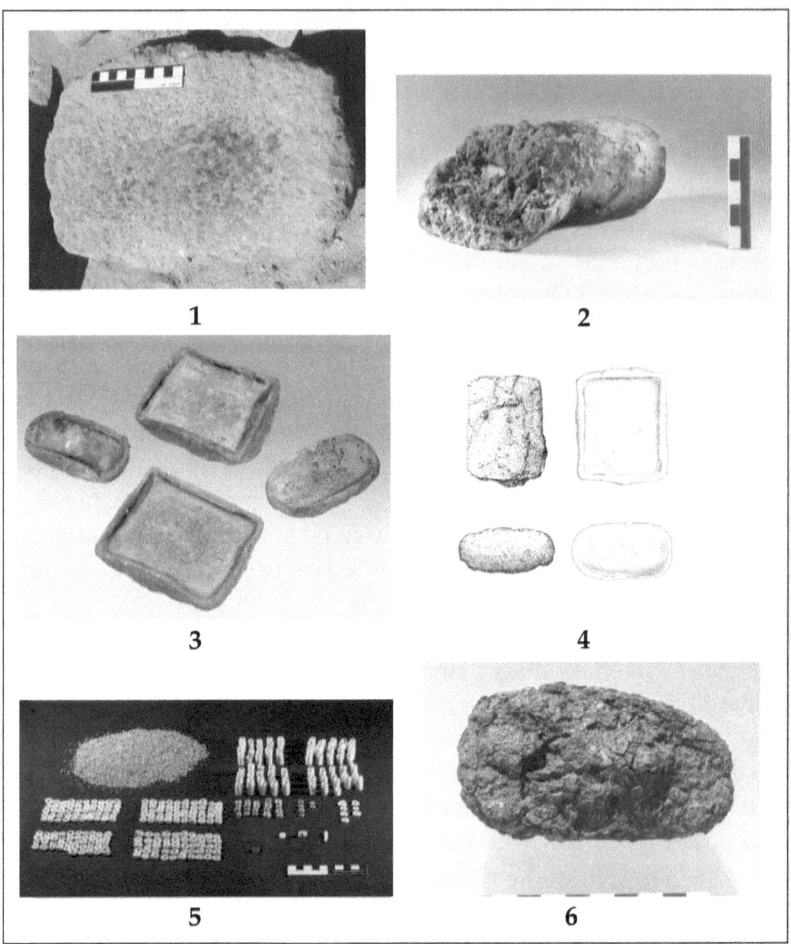

FIGURA 3. Hallazgos de Hujayrat al-Ghuzlan. 1) Muela de piedra con rastros de malaquita; 2) Crisol; 3 y 4) Moldes; 5) Cuentas de madreperla; 6) Lingote de cobre (cortesía del Instituto Alemán de Arqueología [DAI] / Sección de Oriente).

del asentamiento donde tuvo lugar la fundición. De las excavaciones en Tall Hujayrat al-Ghuzlan hasta ahora, se han descubierto más de 26 kg de escoria que ya no se ajustaba a un crisol. A veces se recogía en vasijas de cerámica. Se conoce escoria de todas las trincheras de Tall Hujayrat al-Ghuzlan.

Por el momento, parece que el proceso de fundición se llevaba a cabo en diferentes partes del sitio del tel, es decir, dentro de las casas, así como a lo largo del muro sur. Sin embargo, una frecuencia muy alta de hallazgos de escoria en la parte sur sugiere una eliminación dirigida de los desechos. Los estudios en el interior del sitio podrían,

   Marcelo Campagno / Bernardo Gandulla / Ianir Milevski (eds.)

por el contrario, documentar más concentraciones de escoria y más actividad de fundición, así como fundición fuera del asentamiento, una posibilidad que debe tenerse en cuenta. La dispersión de moldes muestra diferencias significativas con la de los crisoles y aparentemente tuvo su epicentro en las partes norte y oeste del tel, aunque se han encontrado rastros menores en casi todas las trincheras abiertas. Hasta ahora, solo se han encontrado moldes (ver Fig. 3.3-4) para lingotes (ver Fig. 3.6), pero esto no prueba necesariamente que los otros objetos no hayan sido fundidos en el propio tel y hayan sido importados. Es probable que aún no se haya excavado la zona donde se produjeron las hachas, agujas y cinceles, o que estos artefactos hayan sido confeccionados en moldes que tuvieron que romperse para quitar los objetos y, por lo tanto, no pueden identificarse en los restos del asentamiento.

La *chaîne opératoire* descrita exige conocimientos avanzados en materia de fundición, derretimiento y colada de cobre. Las hachas con brida solo son imaginables si el artesano ya está acostumbrado a trabajar con cobre y conoce las posibilidades y límites de la deformación plástica de formas básicas. También debe tener la experiencia suficiente para experimentar con los resultados. La fabricación de lingotes sólo tiene sentido si existe una demanda (¿tal vez incluso un "mercado"?) de cobre fundido, así como la posibilidad de transportar estos lingotes a donde pudieran intercambiarse. Eso significa que tuvo que existir una red distinta para distribución de los artefactos, así como un conocimiento de las necesidades locales, antes de que se elaboraran los lingotes de cobre, ya que no tendría sentido "intercambiar" lingotes dentro de un solo asentamiento. El almacenamiento podría explicar la producción de lingotes, pero sólo tiene sentido como explicación si existiera la oportunidad de abastecer áreas más grandes con estas reservas.

Estos contactos implícitos también se reflejan en el material encontrado en el sitio y presentaré un breve resumen de las importaciones y los artefactos "influenciados" de los tels en la región de Áqaba.

Importaciones y contactos de larga distancia en Tall Hujayrat al-Ghuzlan

En la parte occidental del sitio, varias decoraciones fueron impresas en el enlucido aún húmedo que cubría las paredes. La mayoría de los animales son probablemente íbices, pero debido al estilo, no se puede excluir que en casos individuales también se representaran

FIGURA 4. 1) Decoraciones de una pared; 2) Cuerno de arcilla; 3) Piedra con marcas incisas; 4) Fragmento de vaso de piedra con decoración en zig-zag. Hujayrat al-Ghuzlan (cortesía del Instituto Alemán de Arqueología [DAI] / Sección de Oriente).

cabras y gacelas[8]. También se presentan huellas de humanos, manos y pies. Estilísticamente, estas impresiones pueden compararse muy bien con los estilos II y III definidos por E. Anati (1981, 22; cf. Schmidt 2009, 107). Las representaciones de estos estilos se encuentran en el desierto del Néguev y el Sinaí. Las decoraciones de las paredes en Tall Hujayrat al-Ghuzlan ahora pueden usarse para fechar estos estilos con mucha más precisión y también resaltan los contactos con nómadas que rodeaban el área de Áqaba.

Aparte de varias docenas de cuernos de gacelas, íbices (ver Fig. 4.1) y cabras, los animales representados con mayor frecuencia, en 2006 se descubrió un cuerno de cerámica que pertenecía a una escultura de tamaño natural en las cercanías de estas imágenes (ver Fig. 4.2).

Merecen una mención especial un recipiente sellado que contenía miles de perlas de tamaños entre cerca de 1 mm y más de 3 cm (ver Fig. 3.5) y un percutor de piedra con al menos ocho "marcas" rectangulares y hexagonales (ver Fig. 4.3). Ambos se encontraron en el borde exterior de las paredes; la vasija sellada se colocó debajo de

---

8   Debo esta información al Prof. Norbert Benecke.

    Marcelo Campagno / Bernardo Gandulla / Ianir Milevski (eds.)

las paredes de la primera fase de asentamiento y probablemente fue una ofrenda relacionada con la fundación del sitio.

Algunas cuentas del tesoro se parecen mucho a las encontradas en las cuevas mortuorias de Peqi'in, donde se encontró un conjunto de más de 500, aunque no como un tesoro (Bar-Yosef Mayer y Porat 2010). La mayoría de las cuentas estaban hechas de conchas y minerales o rocas, pero en total 190 cuentas estaban confeccionadas en una pasta de esteatita vidriada blanca. Se conocen cuentas similares de Shiqmim, Neve Noy, la Cueva del Tesoro en Nahal Mishmar y los llamados *nawamis* en el sur del Sinaí (Bar-Yosef Mayer y Porat 2010, 112). Cuentas similares hechas de frita y esteatita se conocen de tumbas de la cultura egipcia de Badari (Brunton y Caton-Thompson 1928, 82; Tite y Bimson 1989) y Nagada (Bar-Yosef Mayer y Porat 2010, 116).

Aunque todavía faltan los análisis científicos de la mayoría de los hallazgos, incluidos los de Tall Hujayrat al-Ghuzlan, estos testimonios parecen ser prometedores para futuras investigaciones. Bar-Yosef Mayer y Porat (2010, 118) demuestran que se necesitaba una *châine opératoire* relativamente compleja para la producción de tales perlas, incorporando la inclusión de polvo de cobre. Aparte del cobre dentro de las perlas, el proceso de producción necesitaba crear temperaturas comparables a las de la fusión. Por lo tanto, la producción local de tales cuentas debe haber ido de la mano con una transferencia previa del conocimiento y la tecnología necesarios que estaba estrechamente relacionada con la metalurgia.

Teóricamente, el tesoro podría interpretarse como un depósito de posesiones de varios individuos, pero la gran similitud de las cuentas implica que fueron fabricadas por un solo artesano y que se produjeron simultáneamente, por lo que debieron ser la posesión de un individuo o de un pequeño grupo. Si se acepta esta conclusión, hay que explicar por qué alguien "enterraría" una olla llena de objetos preciosos debajo de una pared. Colocar un tesoro debajo del borde inferior de una pared implicaba eliminarlo de todos los ciclos económicos. Las cuentas perderían su utilidad para las actividades de intercambio después de que se construyó un muro sobre el tesoro. El tiempo de trabajo requerido para producir estos objetos, los esfuerzos necesarios para obtenerlos, eran removidos de la esfera de los vivos, lo que constituye una característica común de muchas ofrendas religiosas. La denotación cultural de tal sacrificio podría entenderse como un acto de santificación de un determinado espacio, como se conoce en los templos egipcios del Dinástico Temprano. Llama la atención que los objetos no fueran depositados en la periferia exterior del asentamiento, sino en un espacio central que también se encuentra en la única zona con paredes decoradas. Esto es importante porque sugiere que el depósito debe haber tenido lugar en una fecha muy temprana, tal vez incluso durante la fundación del sitio.

Aparte de estas cuentas, se utilizaron conchas para producir colgantes de diversas formas, anillos y brazaletes (*e.g.* ver Fig. 5.1). Se mencionan colgantes comparables en varios sitios contemporáneos, pero hasta ahora ha faltado un análisis exhaustivo basado en una au-

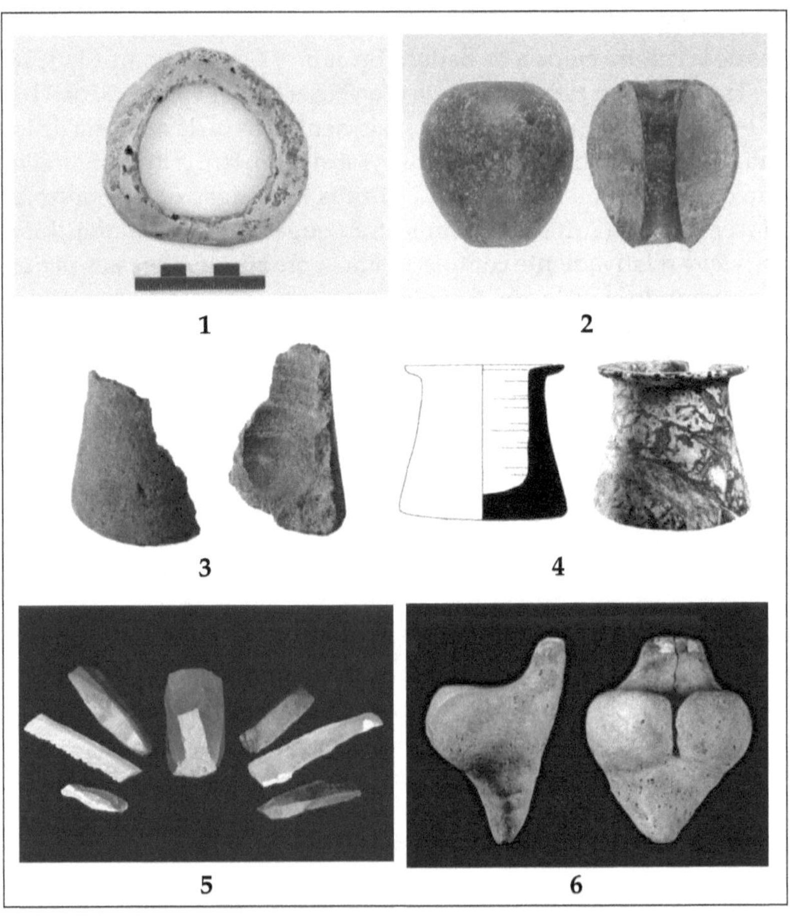

FIGURA 5. 1) Brazalete de conchilla de Hujayrat al-Ghuzlan; 2) Cabeza de maza piriforme de Hujayrat al-Ghuzlan; 3-4) "Jarrones libios" de Maadi, Egipto, y de Hujayrat al-Ghuzlan; 5) Utensilios de pedernal con corteza de Hujayrat al-Ghuzlan; 6) Figurina femenina esteatopígica de arcilla de Hujayrat al-Ghuzlan (cortesía del Instituto Alemán de Arqueología [DAI] / Sección de Oriente).

 Marcelo Campagno / Bernardo Gandulla / Ianir Milevski (eds.)

topsia de todos los hallazgos conocidos. Lee, por ejemplo, menciona conchas encontradas en Bir es-Safadi que se derivan tanto del mar Rojo como del valle del Nilo (Lee 1973, 377). Se encontraron colgantes trapezoidales hechos de concha en los círculos 6 y 11 en Mezad Aluf (Levy y Alon 1982, 47, fig. 10.1-5), así como en Abu Matar (Perrot 1955, 172, fig. 20.1-5) y el desierto de Judea (Bar-Adon 1980, 152). La materia prima se recogió principalmente en el mar Rojo, pero algunas conchas ciertamente se importaron del Nilo, ya que ese es su único hábitat conocido: se pudieron identificar tres conchas de la especie *Chambardia sp.* (mejillón del río Nilo) (Benecke 2009, 354).

Los hallazgos de artefactos perforados hechos de huevos de avestruz también indican importaciones en Tall Hujayrat al-Ghuzlan, no habiendo huesos de avestruz en el registro arqueológico (cf. Benecke 2009). Sin embargo, no es posible precisar su origen con mayor exactitud. Egipto sería una posibilidad (p.ej. en Maadi: Hartung *et al.* 2003, 190-195; Rizkana y Seeher 1989, lám. 5.1-9), pero la península Arábiga tampoco debe descuidarse, porque la investigación sobre el Calcolítico sigue siendo escasa en esa región. Sin embargo, también se conocen grabados rupestres de avestruz del Desierto Negro de Jordania. Otro hallazgo, que podría ser de Egipto, es una paleta larga y delgada que fue descubierta en Tall al-Magass, un asentamiento contemporáneo de Hujayrat al-Ghuzlan y ubicado a una distancia de *ca.* 1,5 km (Brückner *et al.* 2002, 323, fig.70).

Aparte de una serie de vasijas de piedra cuya forma es comparable con la de los incensarios de Maadi, es de interés especialmente un fragmento de una vasija "libia" (ver Fig. 5.3, 5.4); en Maadi, el tipo se clasifica como "tinaja de ala ancha", es decir, Tipo 4 según Rizkana y Seeher (1987, 62). Petrie comparó estos recipientes con imitaciones de cerámica negra de Nagada y los fechó en la S.D. 34 (cf. Petrie 1920, 36, lám. 42). La mayoría de los hallazgos de tinajas de ala ancha no tienen contexto, los pocos ejemplos con una procedencia conocida se resumen rápidamente. Existe una pieza de Gebel Tarif (Quibell 1904-1905, lám. 45.14390); otra se conoce de Adaima (Needler 1984, 116, fig. 3.33, lám. 28), mientras que al menos 48 utensilios de ala ancha han sido desenterrados en Maadi (Rizkana y Seeher 1988, 62-64). También hay que mencionar un ejemplar de Luxor (Scharff 1926, 29, lám. 2f) y otro de Marsa Matruh en la costa mediterránea (Rizkana y Seeher 1988, 63). En Buto, se encontraron varios fragmentos de bordes de ala ancha (llamados *kegelstumpfförmige Gefäße*) en el estrato I, con dos excepciones del estrato II (von der Way 1997, 108).

Del Area 5400 de Badari se deriva un fragmento del fondo de una tinaja de ala ancha (Brunton y Caton-Thompson 1928, 28, pl. 23.11); un hallazgo de la tumba 2004 de Mostagedda también pertenece a un contexto badariense (Brunton 1937, 52, láms. 24, 15, 59.3a). Rizkana y Seeher (1988, 63) han señalado que existe una afinidad tipológica entre las tinajas de ala ancha y los cuencos de marfil de Badari, que apoyarían esta asignación cultural. También hay formas comparables en Merimda (Junker 1932, 72, lám. 7.4). Estos hallazgos abogan fuertemente por una fecha en torno de Nagada I, aunque la posición cronológica de la cultura de Badari no está definitivamente determinada. Un nuevo análisis de vasijas de piedra en tumbas del Alto Egipto también ha indicado que las formas cilíndricas se limitan a Nagada I y IIA y señala el comienzo del uso de tinajas de ala ancha a partir de Nagada I (Kopp 2007, 200f). Rizkana y Seeher (1988, 63) sostienen una datación más tardía, a principios de Nagada II, y von der Way (1997, 108) aboga por "Nagada IIA". El hallazgo de Hujayrat al-Ghuzlan se deriva de un relleno de escombros de color marrón grisáceo de la capa superior del asentamiento (locus B6 43) que se puede fechar antes de 3600/3550 a.C. (Klimscha 2009, 362). Los hallazgos de Buto corresponden, a excepción de dos piezas, al estrato I que actualmente se equipara con Nagada IA/B-IC; Hendrickx lo remonta a antes de 3700 a.C., destacando la aparición de cerámica de la cultura de Ghassul-Beersheva (Hendrickx 2006, 93). La distribución de tinajas de ala ancha muestra que existían lazos no solo entre el Alto y el Bajo Egipto antes de mediados del IV milenio a.C., sino también que, en función de los hallazgos de Marsa Matruh y Hujayrat al-Ghuzlan, había conexiones con el Mediterráneo y el mar Rojo.

En Hujayrat al-Ghuzlan se encontró un fragmento de un recipiente de piedra con una decoración plástica en zig-zag, que es bastante singular (ver Fig. 4.4)[9]. Este tipo de decoración sólo se encuentra en el "santuario" de Khirbet Rizqeh, situado en Wadi Rum, al este de Áqaba (Kirkbride 1960; 1969, 192).

Una cabeza de maza en forma de pera (ver Fig. 5.2) también es de interés porque su forma se puede conectar con las cabezas de maza de cobre y piedra del famoso tesoro de la Cueva del Tesoro en Nahal Mishmar (Bar-Adon 1980). Las cabezas de maza en forma de pera también se conocen de Jawa, en el Desierto Negro, Jordania. Aparte de los hallazgos aislados, por ejemplo en la cueva de Nahal

---

9   El único lugar donde se ha encontrado algo similar es en Wadi Yutum, donde han sido documentadas unas estructuras del Bronce Antiguo (Eichmann *et al.* 2009, 26).

Qanah (Gopher y Tzuk 1996), las cabezas de maza en forma de pera no son típicas de la región levantina (Moorey 1988, 174) pero parecen apuntar nuevamente hacia Egipto, donde se conocen desde la época predinástica en adelante, al menos hasta finales del IV milenio a.C., por ejemplo en la famosa paleta de Narmer.

La industria del pedernal, tanto de Tall al-Magass como de Tall Hujayrat al-Ghuzlan, incluye algunos tipos que en el pasado se atribuían únicamente a Egipto. Rizkana y Seeher (1988, 23) pensaban, por ejemplo, que las láminas retorcidas eran originarias del Alto Egipto, pero ahora es posible demostrar que, como los micro-raspadores, también existían en Hujayrat al-Ghuzlan. Además, una serie de pequeñas hojas de pedernal parecen originarse en el Egipto predinástico (Hikade 2009, 237, fig. 18). Raspadores de abanico y herramientas de corteza se encuentran en grandes cantidades en Hujayrat al-Ghuzlan (ídem, fig. 19), y se conocen de sitios del Néguev (Rosen 1982, 1997) o del desierto del nordeste de Jordania (Müller Neuhoff 2013) y también conectan el delta del Nilo con la periferia mesopotámica como Habuba Kabira.

En el límite norte del tel (cuadrícula C8), se encontró una pequeña figurina femenina de arcilla fragmentada (ver Fig. 5.6). Su estilo no se conoce en el Calcolítico levantino y tampoco puede relacionarse con Mesopotamia o Anatolia. Actualmente, las mejores analogías que se conocen son del período Badariense en Egipto, donde también se conocen figurinas esteatopígicas altamente esquemáticas sin la indicación de piernas (por ejemplo, Brunton y Caton-Thompson 1928, lám. 24.3).

El papel de la metalurgia del cobre

Como ya se ha indicado, el uso de cobre no es una característica nueva a principios del IV milenio a.C. sino que se remonta a tradiciones más antiguas del Neolítico (Mohen 1990). Además, la técnica de producción de artefactos no parece muy innovadora o "progresiva" a primera vista. Tanto las cabezas de hacha fundidas como las agujas se conocen de los contextos de Ghassul-Beersheva y, por lo tanto, no son nuevas en absoluto (Miron 1992). La cultura de Ghassul-Beersheva también fue pionera en el uso de metales preciosos para artefactos (Gopher 1996). En contraste con lo que sucede en asentamientos calcolíticos anteriores, como Teleilat Ghassul, el papel del cobre en Tall Hujayrat al-Ghuzlan es completamente diferente. No se han descubierto hachas de pedernal en el material del hallazgo, sino sólo hachas y cinceles hechos de cobre, y parece que muchas herramientas más grandes ya se producían exclusivamente en cobre.

Las cabezas de hacha y los cinceles de Hujayrat al-Ghuzlan muestran bridas para un mejor manejo. Las hachas con pestaña de cobre son poco comunes en el Cercano Oriente, pero se conocen por hallazgos contemporáneos tan al oeste como la región alpina (Klimscha 2010).

Al comparar Tall Hujayrat-al Ghuzlan con otros sitios calcolíticos, es la cantidad de hallazgos lo que resulta especialmente extraordinario. Sin embargo, la comparación con Teleilat Ghassul es sorprendente: Ghassul ha sido excavado desde principios del siglo XX hasta la actualidad y es uno de los sitios mejor investigados y excavados en el Levante meridional. Aun así, no se conocen moldes de Ghassul y el sitio ha producido significativamente menos artefactos de metal que Tall Hujayrat al-Ghuzlan. En este último, una multitud de datos de artefactos insinúan la inmensa importancia de la producción de cobre para los ciclos económicos del sitio. Más de 630 crisoles y fragmentos de crisol con un peso total de más de 30 kg, así como casi 300 fragmentos de moldes que pesan aproximadamente 8,5 kg, demuestran que el cobre se derritió y fundió en una escala significativamente mayor que en los sitios de finales del V milenio a.C. La producción de cobre puede fijarse actualmente entre 3700/3650 y 3550 a.C. Por lo tanto, hay que destacar que el cobre no sólo se producía a nivel doméstico, sino que también se convertía en objetos destinados a la exportación (Klimscha 2013). Varias etapas de la *chaîne opératoire* se pueden captar en el sitio mismo. Sólo no se han descubierto todavía los hornos de fundición.

Además de los moldes, también se han encontrado lingotes terminados en las capas de asentamiento (ver Fig. 3.6). Fundir cobre en lingotes sólo tiene sentido si existen estructuras que permitan la transferencia de grandes cantidades de cobre fundido para la producción de herramientas. Estos lingotes regulares, por esa razón, sugieren la existencia de una red de distribución en la que Tall Hujayrat al-Ghuzlan era un actor importante. Desde la región de Áqaba, teóricamente hablando, sería posible tanto el comercio de caravanas a lo largo de los wadis que conducen al norte o por el Sinaí como el transporte por barco.

Los únicos otros lugares en los que se han encontrado talleres que incluyen estructuras de escoria y hornos se conocen de Nahal Beersheva, Tell Abu Matar y Shiqmim. Dado que están a más de 150 km de la fuente de materia prima más cercana, se podría suponer que el cobre se trajo allí en forma de lingotes, que podrían haber sido producidos en el mismo Tall Hujayrat al-Ghuzlan (Levy 1986, 90), aunque existen problemas cronológicos al poner esos sitios en paralelo. Un sitio que perteneció a este círculo económico fue Maadi en el Bajo Egipto, en el que se han encontrado lingotes ovalados y rectangulares comparables (Rizkana y Seeher 1989, pl. 4). El cobre de Maadi se derivaba de Feinan, según análisis arqueometalúrgicos, mientras que el cobre de Hujayrat al-Ghuzlan puede ser de Timna o de Feinan (Hauptmann *et al.* 2009). Lamentablemente, el contexto de los lingotes de Maadi no fue documentado y no está claro si procedían del estrato anterior o posterior. Los lingotes no sólo se parecen a los de Hujayrat al-Ghuzlan, sino que también encajarían en los moldes que se encuentran allí (ver Figs. 3.3 y 3.4). Los productos terminados no se comerciaban con las regiones mencionadas anteriormente; el análisis tipológico de hachas y puñales de tales sitios sugiere que el fundido y el vaciado se realizaron según las "modas" locales.

Tanto el contexto ambiental hostil en el que se construyó Tall Hujayrat al-Ghuzlan como la demanda de cobre pueden constituir una explicación de por qué se puede encontrar casi toda la *chaîne opératoire* dentro del asentamiento. Las demandas más pequeñas pueden haber sido satisfechas por grupos de nómadas que fundían cobre y producían objetos que intercambiaban en asentamientos permanentes más grandes durante sus viajes. Sin embargo, este tipo de producción es a pequeña escala en comparación con la de Tall Hujayrat al-Ghuzlan. Es cierto que nos queda la pregunta de por qué el sitio no se construyó más cerca de las áreas mineras de cobre. Si lo hubiera sido, el transporte de minerales al asentamiento no habría sido necesario y se habría garantizado a la población un mejor control sobre la fuente de la materia prima. La posición de Tall Hujayrat al-Ghuzlan (y posiblemente también Tall al-Magass) es, por lo tanto, sólo comprensible si se entiende que la proximidad de los asentamientos al mar Rojo refleja su importancia en el intercambio de larga distancia, y se les trata como si participaran en una red que transportaba grandes cantidades de diversos bienes, especialmente cobre, pero también pedernal, conchas, etc. El pedernal era escaso, ya que los habitantes de Hujayrat al-Ghuzlan solían utilizar cuarzo y cristal de roca para la producción de herramientas líticas, materiales mucho más difíciles de tallar que el pedernal. Tal contexto ambiental está lejos de ser ideal para la ocupación humana y permite concluir que o bien el "comercio" a lo largo de la costa del mar Rojo fue tan rentable que se podían ignorar las desventajas ambientales del sitio de asentamiento, o bien que poderes externos iniciaron y controlaron las actividades en Tall Hujayrat al-Ghuzlan. La última opción significaría que Hujayrat al-Ghuzlan habría tenido la función de mantener el suministro de cobre para un lugar central más grande. Sin embargo, el número de importaciones no indica que el sitio dependiera de Egipto. Más bien, parece que hubo un sistema de intercambio mutuo en el que participaron varios sitios. También es posible que el asentamiento tuviera una función central para las comunidades relativamente móviles que vivían en las áreas circundantes. Estos grupos habrían suministrado madera, pedernal, etc. a Tall Hujayrat al-Ghuzlan, y este tipo de sistema también explicaría los contactos de largo alcance, visibles en el material hallado, que podrían entenderse como contactos indirectos mediados por nómadas o comerciantes que se desplazaban libremente. Debe haber habido beneficios y servicios disponibles en Hujayrat al-Ghuzlan que hicieran que los grupos móviles se detuvieran allí, de modo que un intercambio recíproco pudiera tener lugar en el sitio.

Conclusión

Desde el punto de vista del comercio, la primera mitad del IV milenio a.C. en el Levante meridional se puede caracterizar como una época crucial en la que se produjeron cambios importantes que influyeron en la vida de las sociedades humanas. Al mirar hacia atrás, estos desarrollos son fáciles de identificar y pueden verse como predecesores de la "Revolución Urbana" en la sociedad de la Edad del Bronce. Debe tenerse en cuenta, en todo caso, que no hubo una línea directa de evolución en la que las sociedades humanas se vieran obligadas a evolucionar hacia sistemas más complejos, y el final de un proceso no tiene por qué ser idéntico a la etapa inicial. Sin embargo, durante el desarrollo del Calcolítico se introdujeron nuevos objetos que no derivan de arquetipos en piedra, hueso o asta. Tanto las técnicas de reducción como de adición de material se utilizaron para decoraciones, por ejemplo, aplicaciones a figuras de animales, humanos y hojas de hachas. Además, la cantidad de objetos de cobre aumenta significativamente. Se puede detectar el comercio de lingotes y las herramientas de piedra que son reemplazadas por otras de cobre. Esos procesos están conectados con una reestructuración de las sociedades: por ejemplo, la producción de cobre en Tall Hujayrat al-Ghuzlan no podría haber comenzado sin la construcción de varias estructuras que fueron útiles y necesarias para todos los habitantes,

 Marcelo Campagno / Bernardo Gandulla / Ianir Milevski (eds.)

como los canales y piletas para el riego y el muro de cerramiento. Además, se tenía que garantizar un suministro regular de madera, pedernal y mineral de cobre.

Creo que la mejor explicación para el éxito de tal forma de vida debe verse en el surgimiento o extensión de sistemas de intercambio llevados a cabo con regularidad, que hicieron uso de las innovaciones que permitían un mejor transporte de mercancías. El transporte de caravanas con burros domésticos podía recorrer distancias más cortas por tierra, por ejemplo, en el Sinaí, mientras que el transporte por barco a través del mar Rojo podía alcanzar fácilmente lugares tan lejanos como Egipto. Estos sistemas de comunicación (*sensu* Luhmann 1987) también podrían explicar la difusión relativamente rápida de formas como las hachas de cobre con pequeñas bridas que aparecen casi simultáneamente desde el mar Rojo hasta los Alpes. Todo esto definitivamente abogaría por una implementación "de arriba hacia abajo" de las innovaciones. Sin actividades conjuntas, como el sistema de riego o la organización del trabajo, hubiera sido imposible mantener un asentamiento en el desierto como Hujayrat al-Ghuzlan, que se dedica a la fundición de cobre a gran escala. Por lo tanto, tendría sentido discutir la importancia de la demanda de otros sitios, como Maadi en Egipto, para la construcción del tel.

Agradecimientos

Agradezco al Fritz Thyssen Stiftung por financiar mis estudios sobre "Innovaciones en la metalurgia temprana en el Levante meridional" con una beca de investigación y al difunto Klaus Schmidt, director de las excavaciones en Áqaba.

Bibliografía

ALBRIGHT, W.F. (1931). "Recent Progress in the late prehistory of Palestine", *Bulletin of the American Schools of Oriental Research* 42, 13-15.

ANATI, E. (1981). *Felskunst im Negev und auf Sinai*. Lübbe.

BAILLY, M. (2009). "Stone Tools and Copper Tools in Late Neolithic Western Europe: what Relationships, what Substitution? From Common Sense to Research Agenda", en P. Jockey (ed.), *Marbres et autres roches de la Méditerranée antique: études interdisciplinaires / Interdisciplinary Studies on Mediterranean Ancient Marble and Stones. Actes du VIIIe Colloque international de l'Association for the Study of Marble and Other Stones used in Antiquity*. Paris, 865-877.

BAR-ADON, P. (1980). *The Cave of the Treasure: The Finds from the Caves of Nahal Mishmar*. Jerusalem.

Bar-Yosef Mayer, D. y Porat, N. (2010). "Glazed Steatite Paste Beads in the Chalcolithic of the Levant: Long Distance Trade and Manufacturing Processes", en S.A. Rosen, S. y V. Roux (eds.), *Techniques and People: Anthropological Perspectives on Technology in the Archaeology of the Proto-historic and Early Historic Periods in the Southern Levant*. Paris, 111-123.

Beit-Arieh, I. (2003). *Archaeology of Sinai. The Ophir Expedition*, The Emery and Claire Yass Publications in Archaeology 21. Tel Aviv.

Benecke, N. (2009). "Faunal Remains of Tall Hujayrat al-Ghuzlan (Excavations 2000-2004)", en L. Khalil y K. Schmidt (eds.), *Prehistoric Aqaba I*. Rahden, 339-354.

Brückner, H., Eichmann, R., Herling, L., Kallweit, H., Kerner, S. y Miqdadi, R. (2002). "Chalcolithic and Early Bronze Age Sites near 'Aqaba, Jordan. Archaeological Survey and Excavation in the Wadi al-Yutum and Tall al-Magass Area (ASEYM). A Preliminary Report on the First Season 1998", en R. Eichmann (ed.), *Ausgrabungen und Surveys im Vorderen Orient I*. Rahden, 215-332.

Brunton, G. (1937). *Mostagedda and the Tasian Culture*, British Museum Expedition to Middle Egypt. First and Second Year 1928, 1929. London.

Brunton, G. y Caton-Thompson, G. (1928). *The Badarian Civilisation and Predynastic Remains near Badari*. London.

Eichmann, R. (2002). *Ausgrabungen und Surveys im Vorderen Orient I*. Rahden.

Eichmann, R., Khalil, L. y Schmidt, K. (2003). "Archaeological Survey and Excavations at the Wadi al-Yutum and al-Magass Area, al-'Aqaba (ASEYM). A Preliminary Report on the Third and Fourth Seasons. Excavations at Tall Hu-jayrat al-Ghuzlan in 2002 and 2003 in Wadi al-Yutum", *Annual of the Department of Antiquities of Jordan* 47, 159-183.

Eichmann, R., Khalil, L. y Schmidt, K. (2009). "Excavations at Tall Hujayrat al-Ghuzlan (Aqaba/Jordan). Excavations 1998–2005 and Stratigraphy", en L. Khalil y K. Schmidt (eds.), *Prehistoric Aqaba I*. Rahden, 17-78.

Epstein, C. (1978). "A New Aspect of Chalcolithic Culture", *Bulletin of the American Schools of Oriental Research* 229, 27-45.

Firth, C.M. (1927). *The Archaeological Survey of Nubia. Report for 1910–1911*. Cairo.

Forbes, R.J. (1950). *Metallurgy in Antiquity. A Notebook for Archaeologists and Technologists*. Leiden.

Gilead, I. (1988). "The Chalcolithic Period in the Levant", *Journal of World Prehistory* 2.4, 297-443.

Golden, J., Levy, Th. y Hauptmann, A. (2001). "Recent Discoveries Concerning Chalcolithic Metallurgy at Shiqmim, Israel", *Journal of Archaeological Science* 28, 951-963.

Gopher, A. y Tsuk, T. (1996). *The Nahal Qanah Cave. Earliest Gold in the Southern Levant*, Monograph Series of the Institute of Archaeology Tel Aviv University 12. Tel Aviv.

Hartung, U., El-Gelil, M., von den Driesch, A., Fares, G., Hartmann, R., Hikade, Th. e Ihde, Ch. (2003). "Vorbericht über die Untersuchungen in der prädynastischen Siedlung von Maadi", *Mitteilungen des Deutschen Archäologischen Instituts Abteilung Kairo* 59, 149-198.

Hauptmann, A., Khalil, L. y Schmitt-Strecker, S. (2009). "Evidence of Late Chalcolithic/Early Bronze Age I Copper Production from Timna Ores at Tall al Magass, 'Aqaba", en L. Khalil y

K. Schmidt (eds.), *Prehistoric Aqaba I*. Rahden, 295-304.

HEEMEIER, B., RAUEN, A., WALDHÖR, M. y GROTTKER, M. (2009). "Water Management at Tall Hujayrat al-Ghuzlan", en L. Khalil y K. Schmidt (eds.), *Prehistoric Aqaba I*. Rahden, 247-272.

HENDRICKX, S. (2006). "Predynastic – Early Dynastic Chronology", en E. Hornung, R. Krauss y D.A. Warburton (eds.), *Ancient Egyptian Chronology*, Handbook of Oriental Studies. Section One. The Near and Middle East 83. Leiden / Boston / Köln, 55-93, 487-488.

HIKADE, T. (2009). "The Lithic Industry at Tall Hujayrat al-Ghuzlan 2000–2004", en L. Khalil y K. Schmidt (eds.), *Prehistoric Aqaba I*. Rahden, 233-246.

JOFFE, A. y DESSEL, J.P. (1995). "Redefining Chronology and Terminology for the Chalcolithic of the Southern Levant", *Current Anthropology* 36, 507-518.

JUNKER, H. (1932). "Vorbericht über die dritte, von der Akademie der Wissenschaften in Wien in Verbindung mit dem Egyptiska Museet in Stockholm unternommene Grabung auf der neolithischen Siedlung von Merimde-Benisalâme vom 6. November 1931 bis 20. Jänner 1932", *Anzeiger der Akademie der Wissenschafte in Wien* I-IV, 36-97.

KHALIL, L. y SCHMIDT, K. (eds.) (2009). *Prehistoric Aqaba I*. Rahden.

KIRKBRIDE, D. (1960). "Khirbet Rizqeh", *Revue Biblique* 67, 232-35.

KIRKBRIDE, D. (1969). "Ancient Arabian Ancestor Idols", *Archaeology* 22(2), 116-121; 22(3), 188-195.

KLIMSCHA, F. (2009). "Radiocarbon Dates from Prehistoric Aqaba and other Chalcolithic Sites", en L. Khalil y K. Schmidt (eds.), *Prehistoric Aqaba I*. Rahden, 363-401.

KLIMSCHA, F. (2010). "Beile und Meißel mit angedeuteten Randleisten aus Aqaba „Tall Hujayrat al-Ghuzlan" und ihre Bedeutung für die Nord-Süd-Beziehungen im 4. Jahrtausend v. Chr.", *Germania* 88, 101-144.

KLIMSCHA, F. (2011). "Long-range Contacts in the Late Chalcolithic of the Southern Levant. Excavations at Tall Hujayrat al-Ghuzlan and Tall al-Magass near Aqaba, Jordan", en J. Mynářová (ed.), *Egypt and the Near East – the Crossroads*. Prague, 177-209.

KLIMSCHA, F. (2013). "Another Great Transformation", *Zeitschrift für Orient Archäologie* 6, 82-112.

KLIMSCHA, F. (2021). "The Thing that Should Not Be. Reflections on the Emergence and Diffusion of Metallurgical Innovation in Southwestern Asia", en A. Hausleiter, M. van Ess, C. Bührig, I. Gerlach y B. Müller-Neuhof (eds.), *Klänge der Archäologie. Festschrift für Ricardo Eichmann*. Wiesbaden, 239-246.

KOEPPEL, R. (1934). "Das Grabungsgelände und seine Umgebung", en A. Mallon, R. Kœppel y R. Neuville (eds.), *Teleilāt Ghassūl 1. Compte rendu des fouilles de l'Institut Biblique Pontifical 1929-1932*. Roma, 3-26.

KOEPPEL, R., SENÈS, H., MURPHY, J. y MAHAN, G. (1940). *Teleilāt Ghassūl 2. Compte rendu des fouilles de l'Institut Biblique Pontifical 1932-36*. Roma.

KOPP, P. (2007). "Prä- und frühdynastische Steingefässe. Chronologie und soziale Divergenz", *Mitteilungen des Deutschen Archäologischen Instituts abteilung Kairo* 63, 193-210.

KORJENKOV, A. y SCHMIDT, K. (2009). "An Archaeoseismological Study at Tall Hujayrat al-Ghuzlan: Seismic Destruction of Chalcolithic and Early Bronze Age

Structures", en L. Khalil y K. Schmidt (eds.), *Prehistoric Aqaba I*. Rahden, 79-98.

Lee, J. (1973). *Chalcolithic Ghassul. New Aspects and Master Typology*. Disertación de doctorado, The Hebrew University of Jerusalem.

Levy, T.E. (1986). "Social Archaeology and the Chalcolithic Period. Explaining Social Organizational Change during the 4th Millennium in Israel", *Michmanim* 3, 5-20.

Levy, T.E. (1987). *Shiqmim I. Studies Concerning Chalcolithic Societies in the Northern Negev Desert, Israel (1982-1984)*. Oxford.

Levy, T.E. (1995). "Cult, Metallurgy and Rank Societies. Chalcolithic Period (*ca.* 4500-3500 BCE)", en T.E. Levy (ed.), *The Archaeology of Society in the Holy Land*. London, 226-244.

Levy, T.E. (2007). *Journey to the Copper Age. Archaeology in the Holy Land*. San Diego CA.

Levy, T.E. y Alon, D. (1982). "The Chalcolithic Mortuary Site near Mezad Aluf, Northern Negev Desert. A Preliminary Study", *Bulletin of the American Schools of Oriental Research* 248, 37-59.

Lovell, J. (2001). *The Late Neolithic and Chalcolithic Periods in the Southern Levant. New Data from the Site of Teleilat Ghassul, Jordan*, British Archaeological Reports, International Series 974. Oxford.

Luhmann, N. (1987). *Soziale Systeme. Grundriß einer allgemeinen Theorie*, Suhrkamp Taschenbuch Wissenschaft. Frankfurt am Main.

Mallon, A., Kœppel, R. y Neuville, R. (1934). *Teleilāt Ghassūl 1. Compte rendu des fouilles de l'Institut Biblique Pontifical 1929-1932*. Roma.

Miron, E. (1992). *Axes and Adzes from Canaan*. Wiesbaden.

Mohen, J.-P. (1990). *Métallurgie préhistorique. Introduction à la paléométallurgie*. Paris / Milan / Barcelona.

Moorey, P.R.S. (1988). "The Chalcolithic Hoard from Nahal Mishmar, Israel, in Context", *World Archaeology* 20(2), 171-189.

Needler, W. (1984). *Predynastic and Archaic Egypt in the Brooklyn Museum*, Wilbour Monographs 9. New York.

Neef, R. (2009). "Living in the Desert: Plant Remains from Tall al-Magass", en L. Khalil y K. Schmidt (eds.), *Prehistoric Aqaba I*. Rahden, 355-362.

Neuville, R. (1931). "L'Industrie Lithique de Teleilat Ghassul (Transjordanie)", *Bulletins et Mémoirs de la Societé Anthroplogique de Paris Serie* VIII (2), 55-66.

Neuville, R. (1934). "L'outillage en Silex", en A. Mallon *et al.* (eds.), *Teleilāt Ghassūl 1*. Roma, 55-65.

Neuville, R. y Mallon, A. (1931). "Les débuts de l'age des métaux dans les grottes du desert de Judée", *Syria* 12, 24-47.

Niemi, T.M. y Smith, A.M. (1999). "Initial Results of the Southeastern Wadi Araba, Jordan Geoarchaeological Study: Implications for Shifts in Late Quaternary Aridity", *Geoarchaeology* 14(8), 791-820.

Perrot, J. (1955). "The Excavations at Tell Abu Matar, near Beersheba", *Israel Exploration Journal* 5, 17-40, 73-84, 167-189.

Petrie, W.M.F. (1920). *Prehistoric Egypt as Illustrated by Over 1,000 Objects in University College*. London.

Pfeiffer, K. (2009). "The Technical Ceramic for Metallurgical Activities in Tall Hujayrat al-Ghuzlan and Comparable Sites in the Southern Levant", en L.

Khalil y K. Schmidt (eds.), *Prehistoric Aqaba I*. Rahden, 305-338.

QUIBELL, J.E. (1889). *El Kab*, Egyptian Research Account 3. London.

QUIBELL, J.E. (1904-1905). *Archaic Objects. Catalogue général des antiquités égyptiennes du Musée du Caire Nos. 11001–12000 et 14001–14754*. Cairo.

RHODIUS, C., KADEREIT, A., SIEGEL, U., SCHMIDT, K., EICHMANN R. y KHALIL, L. (2015). "Constraining The Time of Construction of the Irrigation System of Tell Hujayrat Al-Ghuzlan Near Aqaba, Jordan, Using High-Resolution Optically Stimulated Luminescence (HR-OSL) Dating", *Archaeological and Anthropological Sciences* 9, 345-370. http://dx.doi.org/10.1007/s12520-015-0284-x

RIZKANA, I. y SEEHER, J. (1987). *Maadi. I. The Pottery of the Predynastic Settlement*, Archäologische Veröffentlichungen 64. Mainz am Rhein.

RIZKANA, I. y SEEHER, J. (1989). *Maadi III. The Non-Lithic Small Finds and the Structural Remains of the Predynastic Settlement*, Archäologische Veröffentlichungen 80. Mainz am Rhein.

ROSENBERG, D. y SHIMELMITZ, R. (2017). "Perforated Stars: Networks of Prestige Item Exchange and the Role of Perforated Flint Objects in the Late Chalcolithic of the Southern Levant", *Current Anthropology* 58, 295-306.

ROTHENBERG, B. y MERKEL, J. (1995). "Late Neolithic Copper Smelting in the Arabah", *IAMS Newsletter* 19, 1-7.

ROWAN, Y. y GOLDEN, J. (2009). "The Chalcolithic of the Southern Levant. A Synthetic Review", *Journal of World Prehistory* 22, 1-92.

SCHARFF, A. (1926). *Die archaeologischen Ergebnisse des vorgeschichtlichen Gräberfeldes von Abusir El-Meleq nach den Aufzeichnungen Georg Mollers*. Leipzig.

SCHMIDT, K. (2009). "Tall Hujayrat al-Ghuzlan. The Wall Decorations", en L. Khalil y K. Schmidt (eds.), *Prehistoric Aqaba I*. Rahden, 99-112.

SIEGEL, U. (2009). "Hydrological Structures in the Wadi al-Yutum Fan in the Vicinity of Tall Hujayrat al-Ghuzlan", en L. Khalil y K. Schmidt (eds.), *Prehistoric Aqaba I*. Rahden, 273-294.

SIEGEL, U. (2014). "Die Baugeschichte der prähistorischen Siedlung Tall Hujayrāt al-Ghuzlān/Jordanien", *Zeitschrift für Orient Archäologie* 7, 138-156.

TITE, M.S. y BIMSON, M. (1989). "Glazed Steatite: an Investigation of the Methods of Glazing Used in Ancient Egypt", *World Archaeology* 21, 87-100.

VON DER WAY, T. (1997). *Tell el-Fara'in. Buto I*. Mainz am Rhein.

EL ORIGEN DE LAS PRIMERAS CIUDADES EN EL LEVANTE MERIDIONAL

UNA VISIÓN DESDE TEL ERANI

Ianir Milevski
Autoridad de Antigüedades, Israel - Programa "Raíces"
Ministerio de Ciencia, Tecnología e Innovación Productiva

Dmitry Yegorov
Autoridad de Antigüedades, Israel

Introducción

Cuando Gordon Childe (1950) escribió sus trabajos sobre la llamada revolución urbana tuvo en cuenta que, más allá de una serie de lineamientos generales (en total diez), no se podía hablar de procesos homogéneos o iguales no sólo para zonas distantes del mundo como Asia y América, sino también para regiones vecinas entre sí. Smith (2016) ha seguido una línea similar, pero profundizando los caracteres para definir ciudades antiguas, proponiendo veintiún características que van de lo económico a lo político. Por ejemplo, entre el Levante y la Mesopotamia muchas diferencias han existido en este punto no sólo en lo que respecta a la urbanización sino en un sinnúmero de cuestiones relacionadas con la evolución social y todo tipo de hallazgos arqueológicos (Greenberg 2019). Estas diferencias existentes desde épocas prehistóricas se han hecho más evidentes durante la Edad del Bronce (Andreou 2016, con bibliografía). Dentro del mismo Levante, también llamado Siria-Palestina, la gran diferencia se ha planteado entre el llamado Levante septentrional que ocupa el sur de Anatolia (Cilicia), Chipre, Siria (la zona costera sobre todo) y el Líbano (Steiner y Killebrew 2014, 1-23) y el Levante meridional, que ocupa los territorios de los modernos estados de Israel, la Autoridad Palestina y Jordania. Algunos también incluyen la península del Sinaí (*e.g.*, Bar-Yosef 1980) pero nosotros no nos referiremos a dicha región.

El origen de las primeras ciudades en el Levante meridional ha sido discutido en relación a varios fenómenos internos y externos a la zona, pero, como ya hemos destacado en un artículo precedente, los ritmos fueron diferentes a los del Levante septentrional, y más aún, entre las diferentes regiones del Levante meridional este proceso que terminó en la existencia de centros urbanos en el Bronce Antiguo II-III, fue desigual y combinado (Milevski *et al.* 2022). Uno de los primeros ejemplos es el de Tel Erani, donde las primeras fortificaciones y edificios públicos aparecen durante la primera parte del Bronce Antiguo IB, relacionado con el llamado horizonte "Erani C". En este capítulo analizaremos el lugar del sitio de Tel Erani en el desarrollo interno de los procesos que ocurrieron en el Levante meridional durante el IV milenio a.C. y lo compararemos con lo ocurrido en otras zonas de esta región así como también con Egipto, Siria y Mesopotamia. Nuestras conclusiones preliminares son que el origen de los primeros núcleos urbanos durante el Bronce Antiguo IB en Palestina tienen que ver más con el desarrollo económico-social de la zona que con la relación con las zonas limítrofes por más importantes que sean.

La cuestión de cómo podemos identificar un asentamiento como urbano es realmente compleja, sin una respuesta simple (por ejemplo, Blanton 1976, 250; Stoddart 1999, 909; Smith 2016). Algunos incluso ven el término urbanización en sí mismo como una especie de nombre inapropiado (por ejemplo, Osborn 2005, 5-8).

No se trata de tomar al pie de la letra la lista de características proporcionadas por Childe (1950), como lo han intentado discutir algunos (Faust y Golani 2008) ya que muchos centros urbanos carecían de algunas de ellas. Si bien los factores cuantitativos son importantes, lo más relevante son los factores cualitativos, dado que la urbanización debe definirse como un fenómeno social, relacionado a la división del trabajo, los cambios en las formas de producir y organizar el sistema de asentamientos de su tiempo. A nuestro entender dos de esos elementos son la aparición de murallas en derredor de los asentamientos y edificios públicos o diferenciados del resto de las casas.

Tel Erani durante el Bronce Antiguo IB1

Las excavaciones en Tel Erani (Tell esh-Sheikh el-Areyni) han arrojado nueva luz sobre los inicios de la urbanización en el Levante meridional. El sitio está ubicado en la zona fronteriza entre la costa mediterránea y las estribaciones de Judea. Las excavaciones conducidas en los años 1950-1960 (Yeivin 1977) ya habían encontrado muros de fortificación en la parte noroeste del tel, en la llamada terraza inferior (Área N) y en los últimos años se encontraron en la parte sur del tell junto con otras edificaciones en el Área P-Q (Milevski *et al.* 2016; 2018; 2021; Yegorov y Milevski 2017). Estos nuevos datos se

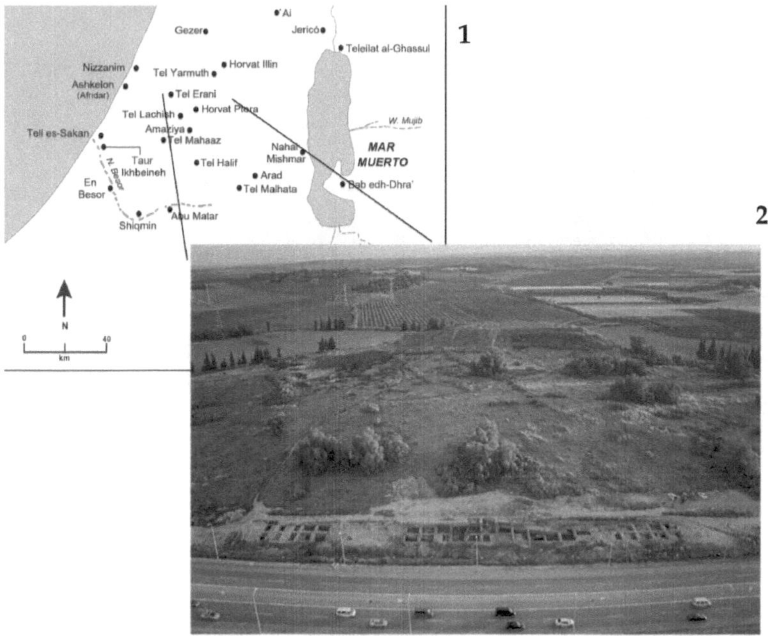

FIGURA 1. 1) Mapa de ubicación con los sitios mencionados en el texto (parte del Mapa 2 en página 11). 2) Vista general de Tel Erani, mirando hacia el norte (temporada 2015-2016; cortesía del IAA).

presentan aquí junto con los resultados previos de las excavaciones a la luz de la primera urbanización en el Levante sur durante la segunda mitad del IV milenio a.C.[1]

La mayoría de los datos sobre la urbanización temprana del Levante meridional se han centrado en la construcción de muros defensivos y edificios públicos. Las excavaciones en Tel Erani, ubicada en la frontera entre la llanura costera mediterránea y las estribaciones montañosas de Judea, actual Israel (ver Fig. 1)[2], comenzaron en la década de 1960 por el primer director del Departamento de Antigüedades (Yeivin 1977) y continuó con varios equipos a lo largo de los años. Estas expediciones incluyen arqueólogos de la Universidad de Tel Aviv, la Universidad Ben-Gurion del Negev (BGU), la Universidad

---

1   Seguimos la siguiente cronología para el Bronce Antiguo I, sobre todo para la parte centro-sur de Palestina donde está localizado Tel Erani: Bronce Antiguo IA1: 3700-3500 a.C.; Bronce Antiguo IA2: 3600-3400 a.C.; Bronce Antiguo IB1: 3500-3200 a.C.; Bronce Antiguo IB2: 3300-3100 a.C. Nuestra cronología es una combinación de Yekutieli 2000, y Regev *et al.*, 2012, con superposiciones entre cada una de las fases.

2   Para la ubicación de los sitios, ver mapas 1 y 2, pp. 10 y 11.

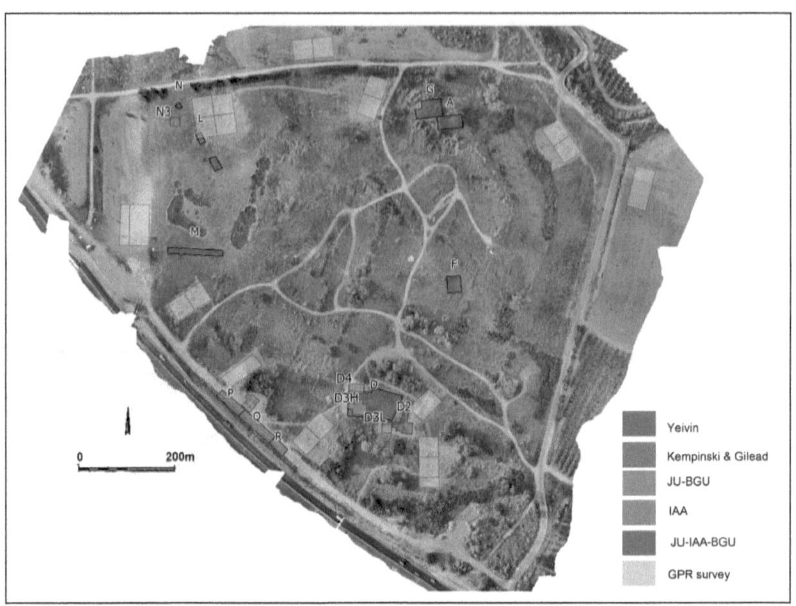

FIGURA 2. Ubicación de las áreas excavadas (fotografía aérea de Marcin Czarnowicz, JU).

Jagellónica de Cracovia (JU) y la Autoridad de Antigüedades de Israel (IAA) (Kempinski y Gilead 1991; Ciałowicz *et al.* 2016). El tell está compuesto por tres áreas principales: la acrópolis en el norte, la terraza superior y la terraza inferior (ver Fig. 2). Ocupa en total cerca de 25 hectáreas; los restos incluyen principalmente testimonios del Bronce Antiguo, el Bronce Tardío y la Edad del Hierro, aunque también se encontraron restos de los períodos bizantino y otomano.

Ya durante las excavaciones realizadas por Yeivin en el Área N, una de las varias áreas que excavó (ver Fig. 2), se encontraron restos de muros defensivos construidos con adobe en la parte noroeste de la terraza inferior, de unos 8 m de ancho. Estos restos fueron re-excavados por un equipo de BGU-JU (Cialowicz *et al.* 2015) (ver Fig. 3). Una excavación de rescate durante 2015-2016 (Milevski *et al.* 2016) reveló una nueva porción de los muros de fortificación del sitio. Ambos complejos en las Áreas N y P-Q están fechados actualmente en el Bronce Antiguo IB1, etiquetado en la literatura del período como el horizonte "Erani C" (Yekutieli 2006), siguiendo la nomenclatura de la excavación dirigida por Kempinski y Gilead.

Además, la presencia de uno o dos complejos de edificios encontrados en el Área D excavados por Yeivin y Kempinski y Gilead (ver Fig. 4) proporcionan algunas pistas sobre la existencia de edificios

Marcelo Campagno / Bernardo Gandulla / Ianir Milevski (eds.)

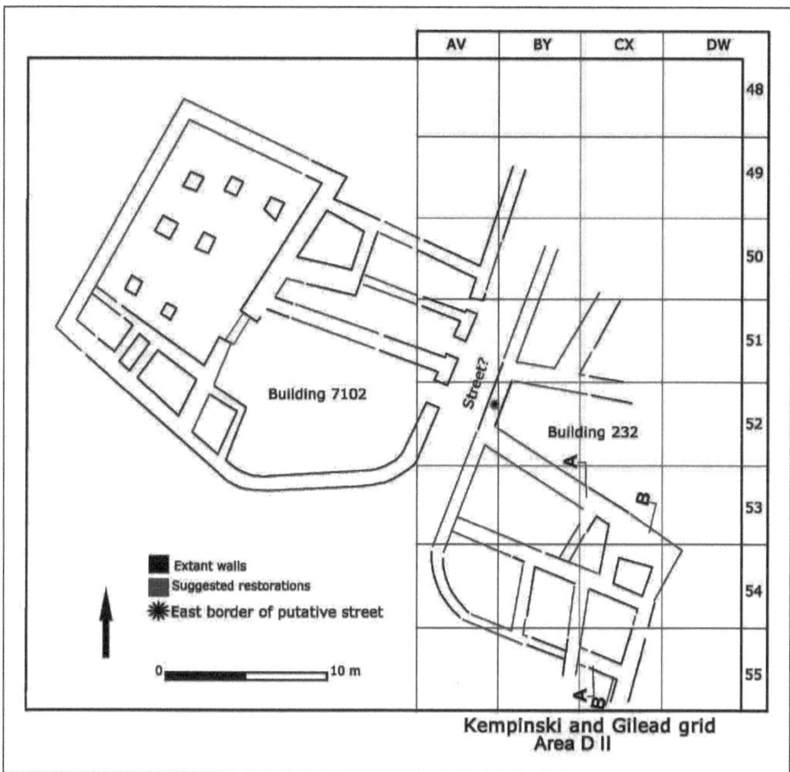

Figura 3. Edificio(s) público(s) en el Área D (adaptado de Kempinski y Gilead 1991; Czarnowicz y Braun 2019).

públicos o proto-palacios. Estos complejos también fueron fechados en el Bronce Antiguo IB1 sobre la base de la cerámica que se encuentra en su interior[3].

Los muros defensivos y los edificios en el Área P-Q

Las excavaciones de 2015-2016 revelaron un sistema de dos muros defensivos construidos uno encima del otro, numerados W200 y W204 (ver Figs. 4-5). Las excavaciones bajo la capa de los muros defensivos encontraron que el sitio tenía varias fases antes de que se

---

3   En la temporada de excavaciones realizada en 2019 en el Área D2, bajo la dirección de Yuval Yekutieli y Eli Cohen-Sasson, y la supervisión de área de Martín D. Pasternak, se descubrió un nuevo nivel por debajo de los edificios públicos. Al parecer esta es una fase de construcción que sigue la misma línea de los edificios más tardíos, y su cerámica está también relacionada con el horizonte "Erani C", es decir, el Bronce Antiguo IB1.

FigurA 4. Muros de fortificación en el Área P-Q, temporada 2015-2016 (cortesía de la IAA) y el área excavada en 2018-2019 (cortesía de Marcin Czarnowicz, JU).

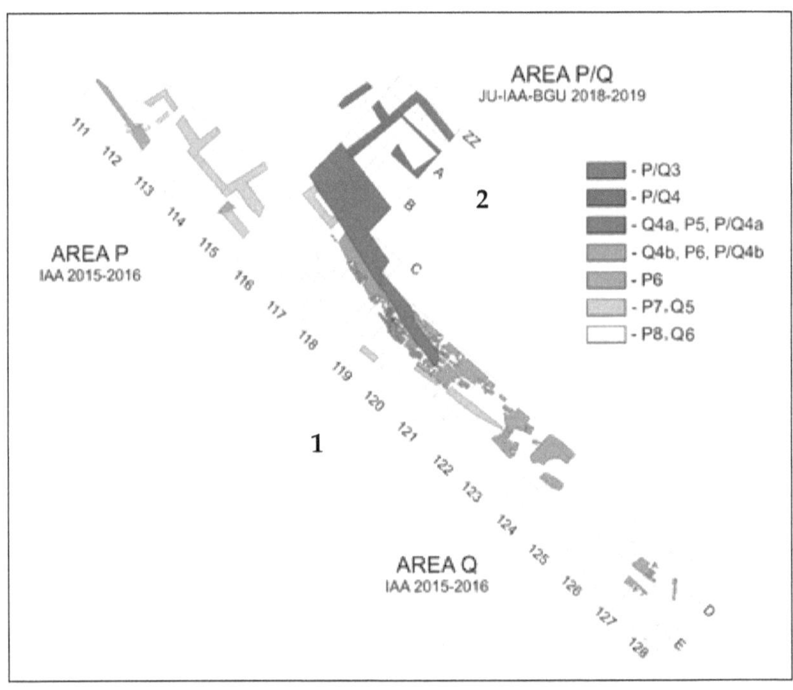

FigurA 5. Plano del Área P-Q, fortificaciones (2015-2016) y edificios interiores adosados a los muros (2018-2019) (plano dibujado por Emil Aladjem y Marcin Czarnowicz).

          Marcelo Campagno / Bernardo Gandulla / Ianir Milevski (eds.)

construyeran las fortificaciones, todas ellas pertenecían al horizonte "Erani C" (ver Milevski *et al.* 2016, tabla 1).

En 2018-2019 (ver Figs. 4-5), investigamos la parte interior de la ciudad en el Área P-Q, adjunta a las murallas defensivas; este fue un trabajo colaborativo de la BGU, JU y la IAA, con la ayuda de un equipo de la Universidad de Buenos Aires (Milevski *et al.* 2019). Se encontraron varios edificios cerca o unidos a los muros defensivos desde el interior. Se hallaron dos estratos principales: uno temprano con varias superficies o pisos probablemente adheridos desde el interior a los muros defensivos, y uno tardío que aparentemente se construyó después del colapso de los muros. El estrato temprano se identifica con el horizonte "Erani C", probablemente su fase tardía, según la alfarería y una fecha C^{14} en uno de los pisos.

Los restos inmediatamente debajo de W200 se encontraron dentro de un estrato de destrucción que contenía algunos pisos con vasijas de cerámica *in situ*, pertenecientes al horizonte "Erani C". El mismo tipo de cerámica se encontró dentro de la ciudad en pisos de estructuras adosadas a los muros de fortificación en el Área P-Q (Milevski *et al.* 2019, fig. 22; 2021, fig. 8). Es interesante que entre la cerámica figuran varias lámparas de aceite, elemento distintivo del proceso de urbanización, como se ha sugerido en un reciente artículo (Getzov y Milevski 2021).

Un relevamiento de magnetometría realizado en 2019 en el borde de la terraza inferior, cerca de las Áreas N y P-Q, sugiere que en los límites noroeste y sur de esa terraza existía un bloque de construcciones alrededor del sitio, principalmente, en el sur-este donde el muro gira hacia el norte siguiendo la topografía de la terraza inferior.

La datación de las murallas de otros sitios y su comparación con Tel Erani

La datación de las fortificaciones y los edificios considerados proto-palacios en Tel Erani, según la terminología propuesta por Miros-chedji (2012-13), y la fase "Erani C" en particular, es de importancia para ubicar cronológicamente la aparición de los primeros núcleos urbanos en el Levante meridional.

En el sitio de En Zippori, localizado en la baja Galilea, con un tamaño de entre 25 y 30 ha incluyendo la colina adjunta, Giv'at Rabi, el asentamiento Bronce Antiguo IB podría haber ocupado casi 50 ha (Milevski *et al.* 2014). Se encontró una muralla defensiva, de 2 m de ancho, expuesta a lo largo de más de 70 m. El muro, que fue construido con ladrillos de adobe y una base de piedras de campo, tiene un pasaje estrecho, un postigo y una torre, un rectángulo con esquinas redondeadas, adosada a él. En aras de la claridad, la fecha Bronce Antiguo IB del muro fue confirmada tanto por la cerámica que estaba asociada con el muro defensivo como por las semillas de olivo encontrados en el piso de una casa adosada al muro desde el interior. Las dataciones por radiocarbono indican una fecha de 3300-3100 cal. a.C. (Milevski *et al.* 2014).

En la zona del mar de Galilea se halla el ejemplo de Bet Yerah. En las excavaciones de 1995 se reveló un sistema de muros defensivos, que comienza en el Bronce Antiguo IB (Getzov 2006). Se trata de un enorme muro de ladrillos de 8 m de ancho, conservado a una altura de 4,5 m. La fecha del estrato asociado a los muros, Estrato V, se sitúa también entre el 3300 y el 3100 a.C.

Últimamente, se ha encontrado en En Esur, un muro de fortificación de piedra (2 m de ancho) que se extiende de norte a sur en el Área N15 (Paz y Elad 2022). Una torre en forma de herradura está unida a la pared desde el oeste, muy similar a la de En Zippori. Otras características arquitectónicas importantes en En Esur son varias estructuras monumentales; lo más impresionante es un complejo, de al menos 22 m de largo y 14 m de ancho, que se puede identificar plausiblemente como un templo (Área N5) (ver informe preliminar en Paz y Elad 2022).

A estos hallazgos podría agregarse una lista cada vez mayor de asentamientos con muros defensivos que datan de la última parte del BA I: Tel Shalem, Tel Abu al Kharaz, Tel Es-Saidiyeh, Pella, Tel Aphek, Jericó y 'Ai (ver Paz 2002; Milevski *et al.* 2022, ambos con bibliografía). Junto con las murallas defensivas o de fortificación, el Bronce Antiguo IB en el norte también ve la aparición de enormes edificios públicos ceremoniales como el templo de Meguido (Adams *et al.* 2014).

Las excavaciones de salvataje realizadas en Tel Erani en 2015-2016 produjeron varios fechados de C^{14}. Los sedimentos que se aproximan por fuera de la muralla y que corresponderían al estrato P5 (= Q4b), son de aproximadamente 3210-3120 a.C. (RTD 8711 en Tabla 1) (Regev, n/d). En las excavaciones de 2018-2019 se produjo una sola fecha de C^{14}. Los estratos que unen las paredes desde el exterior, que también contienen cerámica "Erani C", fueron fechados cerca de 3330-3100 a.C., por sedimentos carbonizados del piso L2219 (estrato

P-Q3) adyacente a la muralla desde dentro (GrM 22786 en Tabla 1)[4]. Por tanto, podemos decir que las murallas de Tel Erani deben ser datadas entre el 3300 y el 3100 a.C. en un sentido amplio.

Número de muestra/Año de excavación	Descripción de la muestra	Locus	Cuadrícula	Estrato	Datación (años cal a.C.) 1 sigma
RTD 8714/ 2016	Semillas en sedimento carbonizado	1132	D112	P7 (=Q5)	3320-3220
RTD 8712/ 2016	Semillas en sedimento gris	1121	D112	P6 (=Q4b?)	3250-3150
RTD 8711/ 2016	Material carbonizado en sedimento gris	1120	D112	P5 (=Q4b)	3210-3120
GrM 22786/ 2018	Semillas en el sedimento cubriendo el piso superior del locus	2219	A117	P-Q3 (=Q4?)	3332-3103
RTD 8714/ 2016	Semillas en sedimento carbonizado	1132	D112	P7 (=Q5)	3320-3220
RTD 8712/ 2016	Semillas en sedimento gris	1121	D112	P6 (=Q4b?)	3250-3150
RTD 8711/ 2016	Material carbonizado en sedimento gris	1120	D112	P5 (=Q4b)	3210-3120
GrM 22786/ 2018	Semillas en el sedimento cubriendo el piso superior del locus	2219	A117	P-Q3 (=Q4?)	3332-3103

Tabla 1. Mediciones de radiocarbono en las excavaciones del Area P-Q de Tel Erani. RTD: Laboratorio del Instituto Weizmann, Rehovot, Israel. GrM: Laboratorio del Centro de Investigaciones Isotópicas de la Universidad de Groningen, Países Bajos.

Discusión

Las excavaciones en Tel Erani han revelado una ciudad amurallada de la primera fase del Bronce Antiguo IB en la llanura costera mediterránea. La ciudad probablemente estaba conectada a través de un intercambio interregional entre la costa y las tierras altas del Levante meridional (Yekutieli 2006; Milevski 2016). La densidad de ocupación gradualmente creciente y la presencia de edificios públicos y murallas defensivas sugieren un período temprano de urbanización

---

4   Estos fechados fueron realizados gracias a la generosa colaboración de Felix Höflmayer, y su proyecto de datación conducido por la Academia de Ciencias de Austria (ver Milevski *et al.* 2021).

y fortificación en la parte centro-sur del Levante meridional. Esto seguramente refleja un tipo de organización social liderada por clases dominantes o grupos de elite (ver Shalev 2018).

Tel Erani claramente tiene algunas características asociadas con el urbanismo: arquitectura pública, evidencia de especialización económica y comercio, y ocupación densa. Sin embargo, la presencia de otros criterios, como la densidad de población, no puede ser afirmada. Los primeros sitios en el Levante meridional tienen algunos, pero no todos, los atributos asociados con el urbanismo (Childe 1950; Gaydarska 2016; Smith 2016; Woolf 2020). Tel Erani parece haberse encontrado en una etapa relativamente temprana del proceso de urbanización en el Levante meridional. Este proceso, como dijimos, también puede observarse en otros sitios más al norte. Lamentablemente, nos faltan muchos datos no sólo para completar los veintiún atributos de Smith (2016) para definir una ciudad antigua, sino incluso los diez que dio Gordon Childe (1950) en su momento. En un sentido, podría utilizarse el término "incompletamente urbanizado" como sugirieron Brun y Chaume (2013) para un caso de Francia, aun cuando aquel caso es muy lejano al nuestro.

La cultura material, principalmente la llamada cerámica del horizonte "Erani C", demuestra cómo Tel Erani estaba ampliamente conectado a través de enlaces con otros sitios en la llanura costera (*e.g.*, Azor, Tel Lod, Afridar, Barnea), las estribaciones del piedemonte (*e.g.*, Gezer, Hartuv, Eshtaol, Ramat Bet Shemesh, Horvat Ptora, Tel Lachish, Amaziya), la región montañosa central (*e.g.*, Tel en-Nasbeh, Jerusalén), el Valle del Jordán (*e.g.*, Jericó), el desierto de Judea (*e.g.*, la cueva de Nahal Mishmar) y el norte del Neguev (*e.g.*, Lahav) (Yekutieli 2006; Milevski 2016; ambos con bibliografía). Esta cerámica también se ha documentado en el Bajo Egipto (Czarnowicz 2014) y representa una de las primeras fases de interacción levantina con el Nilo a mediados del IV milenio a.C.

La siguiente fase de Tel Erani, el llamado Bronce Antiguo IB2 (a fines del IV milenio a.C.), probablemente refleja la presencia de egipcios en el sitio, como lo demuestra la existencia ubicua de hallazgos de ese origen o de técnica egipcia y material local (Czarnowicz *et al.* 2014).

La conexión entre la fase del Bronce Antiguo IB2 y el horizonte anterior de Erani C sigue sin estar clara, al igual que la relación entre la influencia egipcia y los muros de fortificación anteriores; se trata de temas que deberán seguir siendo investigados en futuros trabajos en el sitio.

   Marcelo Campagno / Bernardo Gandulla / Ianir Milevski (eds.)

Conclusiones

El sitio de Tel Erani representa uno de los pocos casos de urbanización temprana en la zona sur de la región mediterránea del Levante meridional. Desde el punto de vista de la cronología, si bien representa tipológicamente una fase temprana en el llamado Bronce Antiguo IB, es muy posible que esté en consonancia con el mismo proceso de construcción de murallas y edificios públicos que aparece más al norte en sitios como Meguido, En Esur, En Zippori, Bet Yerah y Tel Shalem.

De todos modos, Tel Erani y los otros sitios de Palestina deben ser considerados como núcleos urbanos poco desarrollados, parte de la periferia de otras regiones como Siria (Levante septentrional) y la misma Mesopotamia (*e.g.* Liverani 2006). Este proceso comienza alrededor del 3300 a.C., antes de la presencia egipcia en el centro-sur del Levante meridional, y todavía no está claro cómo podría haber influido dicha presencia, cualquiera sea la interpretación que hagamos de la misma (ver Braun, Czarnowicz, Pasternak, Yekutieli, en este volumen).

Lo que está claro del resultado de las excavaciones de los últimos años en Tel Erani, es que las fortificaciones y los edificios públicos, llamados proto-palacios por Miroschedji, existieron antes de la llegada masiva de mercancías egipcias, símbolos del poder faraónico y probablemente de población procedente del valle del Nilo al sitio en particular y al Levante meridional en general.

Agradecimientos

Los autores quieren agradecer a todos los arqueólogos, estudiantes y obreros que participaron en las diferentes temporadas de excavación como así también a nuestros colegas Marcin Czarnowicz, Agnieszka Ochal-Czarnowicz, Eli Cohen-Sasson, Jacek Karmowski, y Yuval Yekutieli, codirectores de las diferentes temporadas, Elisabetta Boaretto, Johanna Regev y Felix Höflmayer, por los fechados de radiocarbono, Atalya Fadida por los mapas y los planos presentados aquí. Gracias también al Departamento de Publicaciones del IAA, por permitir reproducir material gráfico. La responsabilidad por este trabajo es totalmente nuestra.

Bibliografía

ADAMS, M.J., FINKELSTEIN, I. y USSISHKIN, D. (2014). "The Great Temple of Megiddo", *American Journal of Archaeology* 118 (2), 285-305.

ANDREOU, P. (2016). "Acting Funerary Ritual in Variables. Preliminary Thoughts on Data Structure and Equivalence for Comparative Studies of Funerary Ritual in the Levant during the Middle Bronze Age", *Paléorient* 42(2), 191-208.

BAR-YOSEF, O. (1980). "Prehistory of the Levant", *Annual Review of Anthropology* 9, 101-133.

BLANTON, R.E. (1976). "Anthropological Studies of Cities", *Annual Review of Anthropology* 5, 249-264.

BRUN, P. y CHAUME, B. (2013). "Une éphémère tentative d'urbanisation en Europe centre-occidentale durant les vi^e et ve siècles av. J.C.?", *Bulletin de la Société Préhistorique Française* 110, 319-349.

CALLAWAY, J.A. (1980). *The Early Bronze Age Citadel and Lower City at Ai (et-Tell)*. Cambridge MA.

CHILDE, V.G. (1950). "The Urban Revolution", *The Town Planning Review* 21 (1), 3-17.

CIAŁOWICZ, K., YEKUTIELI, Y., DEBOWSKA-LUDWIN, J., ROSINSKA-BALIK, K., SHALEV, O. y WASILEWSKI, M. (2015). "Egyptian-Levantine Connections: New Evidence for Early Bronze Age Fortifications and Some Preliminary Results of an Initial Season of Investigation at Tel Erani, Israel", *Current Research in Egyptology* 15, 13-28.

CZARNOWICZ, M. (2014). "Erani C pottery in Egypt", en A. Mączyńska (ed.), *The Nile Delta as a Centre of Cultural Interactions between Upper Egypt and the Southern Levant in the 4th Millennium BC*, Studies in African Archaeology 13. Poznan, 95-104.

CZARNOWICZ, M. y BRAUN, E. (2019). "Observations on the Stratigraphic Attribution of the Early Bronze Age Pillared Building in Area D at Tel 'Erani, Israel", *Bulletin of the American Schools of Oriental Research* 382, 17-32.

CZARNOWICZ, M., PASTERNAK, M., OCHAŁ-CZARNOWICZ, A. y SŁUCKI, J. (2014). The Egyptian presence at Tel Erani, en M. Jucha, J. Dębowska-Ludwin y P. Kołodziejcyk (eds.), *Aegyptus Est Imago Caeli. Studies presented to K.M. Cialowicz in his 60th birthday*. Krakow, 235-244.

EISENBERG, E. (1996). "Tel Shalem—Soundings in a Fortified Site of the Early Bronze Age IB", *'Atiqot* 30, 1-24.

FAUST, A. y GOLANI, A. (2008). "A Community in Transition: The Early Bronze Age Site at Qiryat Ata as a Test Case", *Tel Aviv* 35, 215-224.

GAYDARSKA, B. (2016). "The City is Dead! Long Live the City!", *Norwegian Archaeological Review* 49 (1), 40-57

GETZOV, N. (2006). *The Tel Beth Yerah Excavations 1994–1995*, IAA Reports 28. Jerusalem.

GETZOV, N. y MILEVSKI, I. (2021). "Ciudades y luces a principios de la Edad del Bronce Antiguo. Sobre las primeras lámparas de aceite en el Levante meridional", *Revista del Instituto de Historia Antigua Oriental* 22, 53-75.

KEMPINSKI, A. y GILEAD, I. (1991). "New Excavations at Tel Erani: A Preliminary Report of the 1985-1988 Seasons", *Tel Aviv* 18, 164-191.

KOCHAVI, M., BECK, P. y YADIN, E. (2000). *Aphek–Antipatris I. Excavations*

Marcelo Campagno / Bernardo Gandulla / Ianir Milevski (eds.)

of Areas A and B: The 1972–1976 Seasons. Tel Aviv.

LIVERANI, M. (2006). *Uruk. The First City*. Sheffield.

MILEVSKI, I. (2016). *Intercambio de Productos en el Levante Meridional durante el Bronce Antiguo. Una Perspectiva Marxista*, Cuadernos de Arqueología Mediterránea 24. Barcelona.

MILEVSKI, I., GETZOV, N. y PAZ, Y. (2022). "Uneven and Combined: The Synchronisation of the Early Bronze Age I and the First Urbanisation of the Southern Levant", en M.J. Adams y V. Roux (eds.), *Transitions during the Early Bronze Age in the Levant*, Ägypten und Altes Testament 109. Münster, 127-142.

MILEVSKI, I., LIRAN, R. y GETZOV, N. (2014). "The Early Bronze Age Town of Ein Zippori in the Galilee (Israel)", *Antiquity* 88 (339), http://www.antiquity.ac.uk/projgall/milevski339/

MILEVSKI, I., YEGOROV, D., PASTERNAK, M.D. y ALADJEM, E. (2016). "Salvage excavation at Tel Erani, areas P to U", en K. Cialowicz, Y. Yekutieli, y M. Czarnowicz (eds.), *Tel Erani I: Preliminary Report of the 2013–2015 Excavations*. Krakow, 45-58.

MILEVSKI, I., CAMPAGNO, M., GANDULLA, B., JARUF, P., DAIZO, M.B., CZARNOWICZ, M., OCHAL-CZARNOWICZ, A., KARMOWSKI, J., YEGOROV, D., COHEN-SASSON, E. y YEKUTIELI, Y. (2019). "Tel Erani, Israel: Reporte de la campaña arqueológica de 2018 y sus antecedentes", *Revista del Instituto de Historia Antigua Oriental* 20, 5-22.

MILEVSKI, I., CZARNOWICZ, M., YEGOROV, M., KARMOWSKI, J., GAMRAT, M., COHEN-SASSON, E. y YEKUTIELI, Y. (2021). "New Excavations at Tel Erani: the Early Bronze Age I Fortification Walls and Early Urbanisation in the Southern Levant", *Antiquity* 384, 1-7. https://doi.org/10.15184/aqy.2021.171

MIROSCHEDJI, P. de (2012-13). "L'apparition des palais au Levant méridional au Bronze ancien et sa signication", en C. Michel (ed.), *De la maison à la ville dans l'Orient Âncient: bâtiments publics et lieux de pouvoir*. Nanterre, 95-101.

OSBORN, R. (2005). "Urban Sprawl: What is Urbanization and Why Does it Matter?", en R. Osborn y B. Cunliffe (eds.), *Mediterranean Urbanization 800–600 BC*. Oxford, 1-16.

PAZ, Y. (2002). "Fortified Settlements of the EB IB and the Emergence of the First Urban System", *Tel Aviv* 29, 238-261.

PAZ, Y. y ELAD, I. (2022). "New Vistas on the EB IB–EB II Transition in the Coastal Plain: A View from 'En Esur, an EB IB Proto-urban Settlement", en M.J. Adams y V. Roux (eds.), *Transitions during the Early Bronze Age in the Levant*, Ägypten und Altes Testament 109. Münster, 162-172.

REGEV, J. (n/d). *Preliminary ^{14}C results of Tel Erani* (sin publicar), Weitzmann Institute of Siences, Rehovot.

REGEV, J., MIROSCHEDJI, P. de, GREENBERG, R., BRAUN, E., GREENHUT, Z. y BOARETTO, E. (2012). "Chronology of the Early Bronze Age in the Southern Levant: New Analysis for a High Chronology", *Radiocarbon* 54 (3-4), 525-566.

SHALEV, O. (2018). "The Fortification Wall of Tel Erani: A Labour Perspective", *Tel Aviv* 45 (2), 193-215.

SMITH, M.E. (2016). "How Can Archaeologists Identify Early Cities? Definitions, Types, and Attributes", en M. Fernández-Götz y D. Krausse (eds.), *Eurasia at the Dawn of History: Urbanization and Social Change*. Cambridge, 153-168.

STEINER, M. y KILLEBREW, A.E. (2014). *The Oxford Handbook of the Archaeology of the Levant: C. 8000-332 BCE*. Oxford.

STODDART, S. (1999). "Urbanization and State Formation", en G. Barker (ed.), *Companion Encyclopedia of Archaeology*. London, 908–949.

WOOLF, G. (2020). *The Life and Death of Ancient Cities: A Natural History*. New York.

YEGOROV, D. y MILEVSKI, I. (2017). "Tel 'Erani", *Hadashot Arkheologyiot- Excavations and Surveys in Israel* 129. http://www.hadashot-esi.org.il/report_detail_eng.aspx?id=25179&mag_id=125

YEIVIN, S. (1977). El-'Areini, Tell esh-Sheikh Ahmed (Tel 'Erani), en M. Avi-Yonah y E. Stern (eds.), *Encyclopedia of Archaeological Excavations in the Holy Land III*. Jerusalem, 89-97.

YEKUTIELI, Y. (2000). "Early Bronze Age I pottery in Southwestern Canaan", en G. Philip y D. Baird (eds.), *Ceramics and Change in the Early Bronze Age of the Southern Levant*. Sheffield, 129-152.

YEKUTIELI, Y. (2006). "The Ceramics of Tel 'Erani, Layer C", *Journal of the Serbian Archaeological Society* 22, 225-242.

TEL ERANI Y EGIPTO EN LA EDAD DEL BRONCE ANTIGUO IB2:
¿SISTEMA DE COLONIALISMO O INTENTO DE INVASIÓN?

Martín David Pasternak
Autoridad de Antigüedades, Israel – Universidad Ben-Gurion del Neguev, Beersheva, Israel

A menudo, los modelos y teorías que buscan dilucidar el tema del colonialismo antiguo sirven como plataformas desde las que se pueden formular nuevas preguntas y se pueden generar nuevos conocimientos con respecto a las relaciones cananeo-egipcias del suroeste de Canaán durante el Bronce Antiguo I. Dos principales escuelas buscan explicar la presencia egipcia en el suroeste cananeo: una apoyando la noción de interacción pacífica, la otra defendiendo una conquista casi imperial. Los objetivos de este artículo son combinar las diferentes teorías y modelos, y complementarlos con nuevos datos de las excavaciones recientes en Tel Erani y así presentar una reconstrucción de la presencia egipcia hacia finales del IV milenio a.C. Entre las teorías y modelos, que pueden agruparse en esas dos grandes escuelas, sobresalen las del "sistema mundo", la "expansión Uruk", y el modelo de "paridad de distancia" (*distance-parity model*, que critica al de la "expansión Uruk"). Este trabajo concluye que efectivamente es posible vincular estos modelos en una relación de causa-efecto, sistema que explicaría por qué los egipcios habrían abandonado el suroeste de Canaán. Sucintamente, se propone que el resultado de una conquista fallida de la región condujo a una presencia egipcia pero sin dominio en el suroeste de Canaán, que se caracterizó por relaciones recíprocas hasta la retirada egipcia, con la ruptura casi total de las relaciones entre ambas regiones.

Introducción

Mucho se ha dicho sobre las relaciones entre el Egipto Predinástico y el Suroeste de Canaán. Se han propuesto preguntas simples con respuestas de la misma talla; preguntas más desarrolladas con respuestas más complejas. Desde la simple (y al mismo tiempo intrigante) teoría acerca de los objetivos de conquista egipcios en Canaán hasta la opción de relaciones comerciales que pudieron haber generado la adopción de características pre-urbanas hasta urbanas en la zona.

Yadin (1955), allá por los años 50 del siglo XX, propuso una explicación básica y casi empírica: los egipcios, ya casi organizados como una sola y unida dinastía habían llegado a Canaán con el único propósito de conquistar. A él se unieron otros, que afirmaban y afirman aquel intento de conquista, como Yeivin (1960), al encontrar en Tel Erani un *serekh* de Narmer y restos de una muralla de ladrillos. Schulman, que clasificó un sello egipcio encontrado en las excavaciones de Ram Gophna en En Besor (Schulman 1980), propuso una fuerza política y militar por parte de Egipto en la zona; otros académicos han planteado propuestas similares, por ejemplo Anđelkovic (2002) y Yekutieli (2004). Éste último se une a dicha escuela de conquista, considerando, entre otros ejemplos, la extensión egipcia en todo el territorio, a lo que denominó la "zona de contacto" (Yekutieli 2004, 164), y el método de protesta local en contra de dicha conquista en Meguido (Yekutieli, en este volumen).

Otros investigadores han propuesto otros métodos de explicación, dejando a un lado las ideas de guerra y conquista para tomar un camino más pacífico, relacionado plenamente con el comercio y el intercambio de culturas: los egipcios obtenían el vino, la miel y el aceite por parte de los cananeos, y estos obtenían nuevas ideas de desarrollo social, llevando así a crear los primeros asentamientos con características casi urbanas. Es importante aclarar que estas relaciones comerciales no habrían sido desarrolladas en forma simétrica, sino que Egipto sería el principal beneficiario de dichas conexiones (Braun 2004). De acuerdo a dichos investigadores, los egipcios convivirían en Canaán en cierto entendimiento con los lugareños y la única intención egipcia sería económica (Ben-Tor 1991, 8; Ward 1963; Czarnowicz, este volumen), de modo que harían acto de presencia en colonias como En Besor (donde se encontró una bula egipcia) (Schulman 1992; Gophna 1995) y Tell es-Sakan (Miroschedji y Sadek 2000) y Tel Erani, yacimiento clave para el presente artículo. Según dicha escuela, estos yacimientos formaban parte de un sistema administrativo que controlaba el comercio entre las dos regiones.

Sin adentrarnos en dichas discusiones, tanto una escuela como la otra han utilizado y justificado sus explicaciones con métodos teoréticos que conforman disciplinas económicas, sociales y políticas. Dichas escuelas se contraponen y proponen una explicación negra o blanca, es decir, interés económico de Egipto en adentrarse en el suroeste de Canaán o interés militar. En el presente artículo se presentará una explicación de color gris, utilizando también teorías antropológicas y creando una "genealogía de teorías" que conllevarán una propuesta que discute las relaciones entre el suroeste de Canaán y el naciente Egipto unificado.

Tel Erani

Mucho se ha dicho de este yacimiento, ubicado en un punto geográfico estratégico, entre el sur de la Shefelá y la costa sureña de Israel. En resumidas palabras, se puede recordar que fue visitado a mediados del siglo XIX por el viajero Victor Guérin y registrado como Tel 'Iraq el-Manshiyyeh, para más adelante ser registrado e identificado por Conder y Kitchener como el poblado bíblico de Libnah (Conder y Kitchener 1883, 259). Albright (1921/1922, 11) a principios del siglo XX refuta dicha identificación y pasa a llamar dicho tell (que ya era conocido como Tell Sheykh Ahmed el-Areyny) como el Tel Gat bíblico. Shmuel Yeivin, a mediados de los años 50 del siglo XX, es el primer arqueólogo que realiza una excavación en dicho yacimiento. Para su sorpresa, llega a una clara conclusión: Tel Gat no era Tel Gat. Yeivin encuentra restos de una masiva muralla de ladrillos de barro y de edificios de gran envergadura, pero de acuerdo a la cerámica (que incluía un *serekh* del rey Narmer), dichos descubrimientos debían pertenecer a una época mucho más antigua, la Época del Bronce Antiguo (Yeivin 1960). Tel Gat pasa a ser llamado Tel Erani y se convierte en uno de los yacimientos claves que conducen a una nueva línea de investigación: las relaciones entre el suroeste de Canaán y el Egipto Predinástico (para la ubicación de los sitios, ver mapas 1 y 2, pp. 10 y 11).

Luego de Yeivin acontecen las excavaciones de Kempinski y Gilead desde mediados hasta fines de los años 80 del siglo anterior. Allí se descubre una edificación masiva (cercana a las identificaciones de Yeivin en el área D) con restos de pilares (Kempinski y Gilead 1991). Dicha edificación (conocida como el edificio 232) es definida como parte integral del poblado-ciudad perteneciente a la época del Bronce Antiguo IB. Kempinski y Gilead definen, estratigráficamente hablando, cinco estratos (A-E), de los cuales los C y D son los más notables; en ellos se definen dos tipos de cerámica: local y egipcia (o de tradición egipcia), dando a resaltar la presencia de ésta última en forma cultural y económica (Kempinski y Gilead 1991, 171). Dicha conclusión sería redefinida por Yekutieli, estableciendo que la cerámica egipcia encontrada en dicho estrato era puramente local. Dicha clase de cerámica es definida por Yekutieli como Erani C, y supone un símbolo cultural, social, económico y político en la época del Bronce Antiguo IB1 (Yekutieli 2006). A partir de entonces, tuvieron lugar nuevas excavaciones conducidas por la Universidad Ben Gurion, la Universidad Jaguelónica (Czarnowicz *et al.* 2014; Czarnowicz *et al.* 2016) y con la participación de la Universidad de Buenos Aires. Dichas excavaciones fueron realizadas con el propósito de esclarecer más la presencia local en Tel Erani (el Bronce Antiguo IB1) y la presencia egipcia (la época del Bronce Antiguo IB2). Casi en forma paralela, la Autoridad de Antigüedades de Israel condujo una excavación de salvataje en los límites sur y sur-occidental del tell, encontrando restos de edificaciones pertenecientes a la época de Bronce Antiguo IB1 y sobre ellas una masiva muralla, perteneciente a la misma época, pero en un nivel más tardío (Milevski *et al.* 2016). Recientemente, se realizó una nueva excavación con el propósito de definir los lados internos de la muralla y los restos de edificación (Milevski *et al.* 2019; Milevski *et al.* 2022). Todas estas excavaciones han provisto un corpus extenso que ayuda a reconstruir y definir las diferentes etapas de la Época de Bronce Antiguo IB en el suroeste de Canaán.

Genealogía de teorías

Los resultados arqueológicos en el campo son la prueba física de la actividad humana antigua: nos dicen qué tipo de estructuras se construyeron, con qué métodos y qué contenían. Dichos resultados pueden establecer, casi sin dudar, si dichas estructuras representan poblaciones nómadas o sedentarias, de qué se ocupaban, dónde cocinaban y hasta qué. Pero hay preguntas más profundas, relacionadas con la intención cultural, social y política de aquellas antiguas sociedades, es decir una mezcla de puntos de vista post-procesualistas que hay que analizar. A continuación, se presentará una serie de sistemas, teorías y modelos que integran una genealogía que ayudaría en cierto modo a explicar las relaciones egipcio-cananeas en el Bronce Antiguo IB2. Dicha genealogía está compuesta por una *teoría madre*, la teoría del "sistema mundo", que daría pie a múltiples modelos, como la expansión Uruk, que se transformaría en una rama de la que saldrían otras, tal como se considerará aquí (ver Fig. 1).

  Marcelo Campagno / Bernardo Gandulla / Ianir Milevski (eds.)

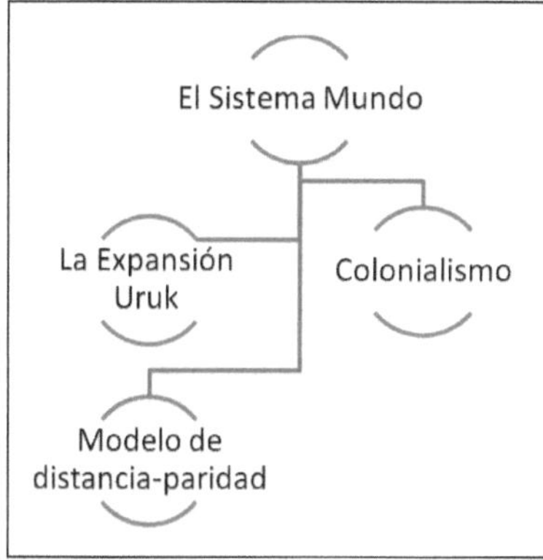

FIGURA 1. Genealogía de teorías. Diseño del autor.

El sistema mundo

La teoría del "sistema mundo" ha sido utilizada una y otra vez en el ámbito arqueológico para analizar múltiples épocas en diversas civilizaciones antiguas. Wallerstein (1974), por los años 70 del siglo XX, explicó el comienzo del capitalismo moderno con esta teoría, económica en sus raíces, pero con toques sociales. Dividía el mundo moderno en dos principales grupos, el centro y la periferia, resaltando el hecho de que las interacciones entre ambos grupos operaban en beneficio del primero. También definía una especie de semi-periferia (Wallerstein 1976), en la cual no nos adentraremos. Un ejemplo relevante para resaltar en el presente artículo sobre dichas interacciones son las relaciones entre Argentina y el Reino Unido a principios del siglo XIX. Argentina vendía cuero a Inglaterra a un bajo precio, e Inglaterra fabricaba (entre otras cosas) maletas de cuero que vendía a Argentina a un precio elevado. Este ejemplo, como otros, pertenecientes a una época moderna, pueden ser utilizados para explicar interacciones antiguas.

La expansión Uruk

De una forma discreta, nos concentraremos por un momento en la Mesopotamia del IV milenio a.C. donde Uruk se instalaba como un centro de autoridad. Es importante decir que Uruk, en esa época, decidió expandir su presencia, tanto al este como al oeste del mapa. Muchos investigadores han intentado entender dicha presencia (Algaze 1993; Stein 1998; Rothman 2001). Uno de los pioneros es Algaze, quien toma el sistema mundo de Wallerstein para entender la presencia y expansión de Uruk. Así es como nace (bajo la influencia del sistema mundo) un nuevo integrante en dicho "árbol genealógico": la denominada "expansión Uruk".

Algaze definió un modelo para la expansión de Uruk donde explicaba la finalidad de las colonias mesopotámicas en Anatolia e Irán (Algaze 1993). Algaze define la Mesopotamia (Uruk) como el centro y la zona de Anatolia e Irán como periferias, observando una intercomunicación asimétrica entre Uruk y sus colonias. El centro, como fue definido anteriormente, es política y económicamente poderoso; la periferia, es rica en recursos naturales, pero débil en su poderío. Según Algaze y otros (Adams 1996; Rothman y Peasnall 1999), existieron otros ejemplos de civilizaciones antiguas similares a Uruk que es posible relacionar con el "sistema mundo", como la Mesoamérica clásica, la cultura Harappa en Pakistán y el Egipto Predinástico. Todos estos ejemplos de civilización, de acuerdo a Algaze, formarían un tipo de *imperios informales* (Algaze 1993, 305). En el caso de Mesopotamia y Anatolia, Algaze certifica dichas teorías basándose en elementos cerámicos típicos de la cultura Uruk encontrados en la periferia, así como restos de edificaciones construidas bajo los métodos arquitectónicos de Uruk (Algaze 1993, 40).

Algaze explica que la civilización Uruk se extiende hacia las zonas periféricas en una forma muy escalonada. Aquí no hay restos de una conquista violenta y repentina, sino de un proceso elaborado y lento. Como primer paso, la colonización de Uruk en zonas como Susiana (sureste del actual Irán) fue crítica para afianzar dicha presencia; luego fueron fundando otras colonias en lugares estratégicos, cercanos a ríos principales y caminos comerciales para, finalmente, interconectar dichas colonias en una inmensa red, no solamente geográfica, sino política, social y económica (Algaze 1993, 110-111). Dicha influencia política, social y económica por parte de Uruk podría haber alentado un desarrollo de las zonas periféricas, pero los resultados serían otros: tal desarrollo periférico sería muy escaso y el único que resultaría beneficiado sería el centro, es decir, Uruk, que recibiría las materias primas que necesitaba para continuar con su desarrollo (Algaze 1993, 104-105). En otras palabras, la periferia quedaría apartada luego de ser cuidadosamente explotada por un ingenioso centro.

Modelo de paridad de distancia

Stein, como otros, no vieron con buenos ojos la teoría de Algaze. El "sistema mundo" de Wallerstein es, en ciertos casos, acertado para explicar la economía de civilizaciones antiguas, pero, es nece-

     Marcelo Campagno / Bernardo Gandulla / Ianir Milevski (eds.)

sario darle ciertos límites y no sobreutilizarlo para dar explicaciones absolutas (Stein 1998; 1999). Para que el "sistema mundo" fuera apropiado, en el caso de Uruk, serían necesarios tres puntos claves: 1) poder asimétrico entre el centro y la periferia; 2) poderío del sistema comercial por parte del centro y 3) pese a la distancia, el centro debía ser capaz de dominar la vida política, social y económica de la periferia (Stein 1998, 226).

Stein excavó en Hacinebe Tepe (en la zona de Anatolia), uno de los yacimientos que, de acuerdo al modelo de la "expansión Uruk" de Algaze, tendría que presentar todos o al menos uno de los tres criterios presentados arriba. Por el contrario, los resultados de la excavación fueron un tanto diferentes a los esperables de acuerdo a la propuesta de Algaze. Es cierto que se encontró, de una forma notoria, presencia de Uruk en el yacimiento, como también se encontró presencia local (Stein 1998, 233-234). La "expansión Uruk" aconteció, pero no se identifica asimetría entre las partes; por el contrario, el desarrollo tecnológico ocurrió de una forma simétrica. Es más, dicho desarrollo ocurre antes de la presencia Uruk en la zona (Stein 1998, 237). La presencia de Uruk, aparentemente, se circunscribía al establecimiento de colonias cercanas a los poblados de los lugareños. Cercanas, pero separadas. Desde este punto, Stein crea un nuevo modelo, que explica este tipo de relaciones y lo llama "modelo de paridad de distancia" (*distance-parity model*). Dicho modelo se basa en la distancia como principal causa de las relaciones simétricas. El supuesto centro (supongamos, Uruk) llega a la supuesta periferia (supongamos, Anatolia), lejana del hogar y del poder. La distancia es la clave para dominar el sistema político, económico y social del pueblo al que se subordina: cuanto mayor la distancia, menor el dominio y las supuestas relaciones asimétricas que el centro desea crear se transforman, gradualmente, en relaciones simétricas (Stein 1998, 229). Es así como el supuesto sistema mundo únicamente se debilitaría al tener que enfrentarse con la gran logística que implica el dominio bajo grandes distancias (Stein 1999, 4).

Smith (2001) utilizó el modelo del "sistema mundo" en lo relacionado con el Imperio Azteca (o la Triple Alianza) y los pueblos periféricos. Smith llega a la conclusión de que los aztecas no consiguieron dominar tanto militar como comercialmente a la periferia fuera del valle de México debido a los inconvenientes de transporte relacionados con las largas distancias (Stein 1998, 229; Smith 2001, 134). En resumen, la distancia, según Stein, conduce a los siguientes resultados: disminución del dominio comercial del centro sobre la periferia pasando a convertirse en una relación simétrica; disminución gradual del comercio de intercambio; disminución del dominio del centro sobre la elite de la periferia y disminución de la fuerza militar, política y económica del centro sobre la periferia.

Si hacemos un breve repaso de nuestro "árbol genealógico", comenzamos con un modelo de globalización, con un imperio dominante (la "expansión Uruk" de Algaze) para luego disminuirlo a un intento de dominación casi fracasado, producto de la larga distancia. Y es así como pasamos a otra fase de este "árbol genealógico": el colonialismo. Dicho fenómeno resulta de difícil definición. No todo sistema colonial actúa de la misma forma sino que existe una gran heterogeneidad. Llegar a la conclusión de que el colonialismo europeo desde el siglo XVI d.C. en las Américas es parecido a las colonias griegas del siglo VII a.C. sería un error grave. Y aquí es necesario enfatizar que *colonialismo* y *colonia* son en muchos casos conceptos diferentes (Gosden 2004, 3).

Colonialismo

El colonialismo es de difícil definición, ya que en cada caso comienza, se desarrolla y finaliza de una forma diferente. Hay sistemas coloniales que se producen por medio de una conquista violenta, o debido a un interés compartido (tanto comercial, religioso y social) que conllevaría desde un sincretismo simétrico hasta uno asimétrico. En definitiva: el colonialismo es la interacción entre dos o más culturas cuyo encuentro (violento o pacífico) desemboca en resultados tanto voluntarios como involuntarios: conquista, dominación cultural, aislamiento y hasta eliminación cultural. Hay conquistas que pueden favorecer a la población local, así como hay conquistas que únicamente implicarían explotación humana y muerte.

Una colonia, por otra parte, no necesariamente ha de estar siempre conectada con el sistema colonial. Se puede denominar colonia a una simple estación comercial, con un número pequeño a mediano de casas con una cultura propia, casi ajena a la de la cultura local. Una colonia podría interactuar de forma pacífica con la sociedad local, intercambiar productos para luego enviarlos a la tierra de origen, sin ninguna intención de conquista, sino únicamente comercial.

En el presente trabajo se considera que el modelo de colonialismo de Gosden (2004) es el más acertado para llegar a una explicación sobre las relaciones egipcio-cananeas pero, antes de analizar esas relaciones, se presentarán los ejemplos de colonialismo que Gosden propone. El primer ejemplo es denominado por Gosden como *"terra nullius"*, tierra de nadie. A primera vista, se podría decir que tal título representa, precisamente, una tierra de nadie, inhabitada. La verdad es otra: *terra nullius* corresponde a una tierra habitada y reconocida por sus habitantes pero (y aquí es importante enfatizar el *pero*) no reconocida por los colonialistas. Hay población local, pero no recibe ningún respeto de soberanía por parte de los extranjeros. Es así como *terra nullius* es un modelo de colonialismo violento, con el propósito del exterminio casi absoluto de los locales y de la explotación de los recursos naturales y humanos, formando la base de una doctrina racista (Gosden 2004, 26-27).

Terra nullius es una clase de colonialismo que desprecia toda cultura perteneciente al lugar colonizado. La finalidad del conquistador es convertir al conquistado en un objeto débil, dependiente, sin ningún atributo relacionado con sus tradiciones, su idioma, sus ideales; el conquistador debe asegurarse de que el conquistado quede siempre en desventaja, sin ninguna posibilidad de rebeldía, luego de ser despojado de sus tierras (Gosden 2004, 28). Como ejemplos de este modelo colonialista es inevitable mencionar las conquistas europeas en las Américas a partir del siglo XVI d.C. o las conquistas inglesas en Australia en el siglo XVIII d.C.

Gosden definió otro modelo de colonialismo, denominado "terreno neutral" en el que, contrariamente al de *terra nullius*, la violencia no forma la base del sistema colonialista sino la colaboración entre las partes (Gosden 2004, 31). Es importante resaltar que el que llega a las nuevas tierras para colonizar es casi siempre el poderoso frente al colonizado, pero no tiene como propuesta conquistar, arrebatar y humillar, sino crear una interacción en el marco de la cual hay casi un mutuo respeto entre las partes (Gosden 2004, 26). Un ejemplo clave que Gosden cita es el de los romanos con los británicos del sur (150 a.C. - 43 d.C.), donde hubo relaciones comerciales a través del Canal de la Mancha; las relaciones fueron tan exitosas, que parte de aquellos sureños británicos asimilaron las costumbres romanas de tal forma que en el período en que Roma se convertiría en un vasto imperio con sed de conquista en Britania, no hubo necesidad de emplear la fuerza (al contrario de la Britania occidental; Gosden 2004, 31). Es importante decir, que dicho "terreno neutral" no es exactamente el Jardín del Edén: aunque la asimilación y la cooperación es beneficiosa para ambos bandos, casi siempre la clase alta es la que se beneficia (Gosden 2004, 104).

El último estilo de colonialismo que Gosden nos propone es el denominado "colonialismo en un medio cultural compartido". Hablamos de colonias pertenecientes a un imperio que se instalan en zonas relativamente alejadas. Estas colonias, pese a la distancia, conservan sus tradiciones, idioma, arquitectura, cultura material, de modo que la conquista de las tierras colonizadas adquiere una forma más simbólica. Los aztecas, por ejemplo, tomaron el control en diferentes poblados pertenecientes al Valle de México, pero dicho control permitía a los lugareños ejercer sus quehaceres casi con completa libertad, incluso los líderes locales continuaban siendo líderes (Gosden 2004, 72). En otras palabras, la fuerza conquistadora reconoce a la fuerza conquistada, incluso le ofrece mantener cierta soberanía sobre sus tierras. Se habla en estos casos de un control "indirecto".

Diáspora comercial

El último modelo presentado (en pocas palabras) es independiente, no posee rasgos de imperialismo ni de colonialismo. Se centra en la presencia de un grupo de personas, que se podría denominar como comerciantes, que deciden dejar su tierra natal para establecerse en una nación, poblado o ciudad con rasgos estratégicos políticos y económicos que los beneficiarían. Dicho modelo es conocido como el de "diáspora comercial" (Curtin 1984). Dichos comerciantes tienen la misión de aprender el idioma local del lugar donde se han establecido, sus costumbres, sus hábitos culturales, etc. Podrían vivir en los poblados locales pero también podrían vivir en sus propias colonias o estaciones comerciales y así formar una red de comercio, sin depender de casi nadie (Curtin 1984, 2). Aunque, en ciertos casos, los locales dominan el sistema comercial, no hay ninguna dominación bajo un sistema económico central (Curtin 1984, 9).

La genealogía de teorías que aquí se propone comienza desde un proceso de dominación mundial o regional (el "sistema mundo" y sus ejemplos, como la "expansión Uruk" y el modelo de "paridad de distancia") hasta ejemplos de colonialismo una vez realizada la conquista o el encuentro entre civilizaciones (los ejemplos de colonialismo de Gosden) hasta cierta independencia de grupos específicos en tierras extranjeras (el modelo de "diáspora comercial"). Dicha genealogía nos será de ayuda imprescindible para explicar las relaciones egipcio-cananeas en el suroeste de Canaán en la Época del Bronce Antiguo IB2.

     Marcelo Campagno / Bernardo Gandulla / Ianir Milevski (eds.)

Secuencia de eventos: la llegada de los egipcios

Se ha detectado que ya desde la época calcolítica existían ciertas interacciones, esporádicas más bien, entre egipcios y cananeos; durante la época del Bronce Antiguo I esas relaciones se afianzarían, perfeccionándose en la sub-época del Bronce Antiguo IB2. Los egipcios llegaron a la región, fundaron estaciones de comercio o colonias, entre ellas En Besor (Gophna 1995) y Tell es-Sakan (como principal centro egipcio, Miroschedji y Sadek 2000) y comenzaron a actuar. Aquí es donde ingresan las diferentes interpretaciones relatadas en la primera parte del presente artículo.

Intento de expansión egipcia: el sistema mundo

Es necesario volver a enfatizar que en la Época del Bronce Antiguo IB1 los egipcios comprendieron el potencial del suroeste de Canaán en lo relacionado con la materia prima y el comercio de la vid (Joffe 1998, 301; Levy y van den Brink 2002, 20). Egipto todavía no se hallaba políticamente unificado; mientras tanto, en el suroeste de Canaán tendrían lugar los primeros poblados con ciertas características de urbanismo, tal como ocurriría en Anatolia en relación con Uruk (Stein 1998, 238). Ciertos contactos comenzaban a definirse: es posible ver la presencia de cerámica egipcia en poblados cananeos, e incluso cerámica cananea en poblados egipcios.

Ya llegando a la Época del Bronce Antiguo IB2 los egipcios alcanzan la unificación territorial del Alto y el Bajo Egipto, fundando así un estado fuerte, representado por un faraón que sería visto como una representación divina (Emery 1967, 108). Comienza así lo que más tarde sería el imperio egipcio. Es posible que Narmer, quien sería el primer faraón del Egipto unificado, haya convertido a Egipto en una fuerza política, económica y social (Raffaele 2003, 106-107), lo que conllevaría a una expansión, o intento de expansión hacía otras tierras, *e.g.* Canaán. Aquí podríamos ingresar el modelo de "sistema mundo" de Wallerstein bajo el ejemplo de la "expansión Uruk" de Algaze, aplicándolo a las relaciones entre Egipto y el suroeste de Canaán. Este sistema mundo se presenta de dos formas: a través de la fundación de colonias cercanas a los poblados locales y a través de la presencia egipcia dentro de esos poblados. Ejemplos de estas representaciones son encontrados en numerosas excavaciones arqueológicas: la ya nombrada Tell es-Sakan como colonia principal del territorio, En Besor como estación de comercio egipcia, Halif

Terrace y otros; así como ejemplos de yacimientos híbridos tales como Tel Erani, Amaziya, Tel Malhata, Arad, Horvat Illin, Tel Lod y Azor.

Los resultados de las últimas excavaciones en Tel Erani (Czarnowicz *et al.* 2014; Yekutieli 2016; Milevski *et al.* 2016) refuerzan la idea de una presencia egipcia dentro de los límites del tell tanto como afuera del mismo (Pasternak 2016; Pasternak *et al.* 2016). Los resultados preliminares de dichas excavaciones ofrecen un complejo plan estratigráfico que describe un gran poblado, rodeado por una considerable muralla de ladrillos de barro, con edificaciones públicas y viviendas domésticas, todo perteneciente a la época del Bronce Antiguo IB1 para luego dar lugar a la aparición de complejos de otras edificaciones pertenecientes a la época del Bronce Antiguo IB2, con elementos tanto locales como egipcios.

En definitiva y de acuerdo a los resultados arqueológicos, se podría declarar que hubo un intento, por parte de Egipto, de dominación en el suroeste de Canaán. La sed de poder del reciente estado lo tentó a explorar nuevos horizontes y expandir sus territorios fundando sus propios asentamientos e incluso, aparentemente, dominando los poblados locales, como puede ser visualizado en Tel Erani. Egipto domina (o intenta dominar) mediante Tell es-Sakan como principal satélite e influye en poblados como Tel Erani. Estos asentamientos son parte de un sistema colonialista, clave para que el sistema mundo entre en escena (Gosden 2004, 7). En las colonias donde únicamente hay presencia egipcia se pueden encontrar elementos puramente egipcios o de tradición egipcia; en los poblados locales donde hay presencia egipcia se observan tres tipos de elementos (tanto de cerámica como de sílice): locales, egipcios y de tradición egipcia. Aparentemente, el sistema mundo entra en escena. Egipto es el centro y el suroeste de Canaán la periferia. Se crea, quizás, un sistema colonialista bajo características muy relacionables con el modelo que Gosden define como "colonialismo en un medio cultural compartido", basado en una conquista casi pacífica, pero conquista al fin.

Hundimiento del sistema mundo: Modelo de paridad de distancia

Los egipcios no pudieron ser el centro del sistema mundo definido por Wallerstein por mucho tiempo. Las causas del decaimiento de la presencia egipcia en Canaán son un tanto controversiales: rebeldía por parte de la población local (Yekutieli 2007, 74), interés egipcio de contactar con el norte del Levante a través de rutas marítimas

(Greenberg 2014, 271), posibles problemas internos en Egipto o una reorganización política en el suroeste de Canaán (Marfoe 1987, 26).

La distancia es la clave, más aún si hablamos de épocas antiguas con medios de transporte limitados, logística y tecnológicamente hablando. La distancia del delta del Nilo, cruzando el norte de Sinaí hasta llegar, suponiendo, a Tel Erani es, *grosso modo*, 350 km. Para nuestros días es un viaje en auto de tres o cuatro horas; para el IV milenio a.C. es un viaje de un considerable número de semanas, seguramente con asnos como principal medio de transporte (Milevski 2016, 197). En dicho arduo viaje, los egipcios deberían transportar a sus colonias individuos (entre ellos, posiblemente, soldados, nobles, funcionarios) y mercancías (cerámicas, utensilios de pedernal, minerales). Si, por ejemplo, los egipcios hubieran necesitado refuerzos militares para proteger a sus colonias y controlar a los pueblos locales, el tiempo y la distancia entre el delta del Nilo hasta la Shefelá sólo podían debilitar el poderío egipcio en la zona.

Los resultados de las excavaciones en Tel Erani, especialmente de la temporada 2013, nos ofrecen una fotografía estratigráfica clave: en el estrato V con sus niveles 8, 7 y 6 del área D3H se puede observar un alto nivel de cerámica egipcia (mayoritariamente producida en Egipto) cercana a hornos de barro y material de pedernal producido también en Egipto (Czarnowicz *et al.* 2016, 30). Por el contrario, en el estrato IV de la misma área se puede apreciar un bajo nivel de cerámica egipcia y una masiva destrucción producida aparentemente por un incendio (Czarnowicz *et al.* 2016, 36). En este estrato IV, los egipcios están presentes, pero ya de otra manera: el efecto "distancia" deja sus secuelas.

Se nos presentan dos opciones: o bien, 1) los egipcios llegaron al suroeste de Canaán con afanes de conquista y de crear una clara relación asimétrica, pero la distancia quebró dichos propósitos concluyendo en un abandono de la idea; o bien, 2) los egipcios llegaron al suroeste de Canaán con el propósito de establecer un comercio asimétrico mediante colonias y estaciones comerciales: la distancia aquí también debió influenciar, transformando el comercio asimétrico en simétrico. En todo caso, los egipcios se quedaron, no hay pruebas que pudieran establecer que se escaparon de una forma poco elegante de Canaán. Aparentemente continuaron con el funcionamiento de sus colonias, pero con una finalidad muy distinta a la establecida en el comienzo de la empresa. Dicha presencia egipcia se puede encontrar en los estratos V, IV y III de las excavaciones en Tel Erani. Luego, desaparece completamente en los estratos II y I, pertenecientes ya a la Época del Bronce Antiguo II y III.

Causa y consecuencia

Mucho se ha dicho sobre las relaciones egipcio-cananeas en el IV milenio a.C. Algunos arqueólogos han propuesto una intención claramente militar y de conquista por parte de Egipto; otros han optado por sostener una relación claramente comercial, pero también hay otras escuelas que han optado por explicar que los egipcios hicieron un simple acto de presencia en Canaán por el grandioso hecho de haber fundado un imperio a lo largo del Nilo, como un hecho simbólico que establece la fuerza egipcia en todo el territorio (Dessel 2009, 142).

Como en todo hecho histórico, siempre hay una causa y una consecuencia. El presente trabajo propone dos modelos principales que pueden definir la presencia egipcia en el suroeste de Canaán. En principio, un modelo se opone al otro. En estas páginas, la finalidad no ha sido la de afianzar o rechazar dicha crítica, mucho menos eliminar uno de dichos modelos: la finalidad ha sido la de unirlos.

Luego de presentar los dos modelos, el "sistema mundo" fue elegido por su importancia para describir el intento egipcio por conquistar el suroeste de Canaán y crear un comercio asimétrico. Por otro lado, fue presentado el modelo de "paridad de distancia", que es la antítesis del "sistema mundo", para entrelazarlos y convertirlos en la *causa* de la pérdida de control egipcio en la zona. Es probable que las aspiraciones de conquista egipcia hayan funcionado al principio (a través de un "colonialismo en un medio cultural compartido", según los ejemplos de Gosden), lo que se observa claramente en colonias tales como Tell es-Sakan, En Besor y probablemente yacimientos como Tel Erani y Halif Terrace, entre otros. En un momento determinado, los problemas relacionados con la logística y la distancia produjeron el deterioro del poder egipcio. A partir de ese momento, los egipcios tuvieron que dar un brusco giro en sus relaciones con Canaán y pasaron a actuar como señala el modelo de "diáspora comercial", tal como es definido por Curtin (1984, 11). Dicho modelo correspondería con la actitud egipcia luego del quiebre ocasionado por la distancia: parte de la población egipcia decidiría quedarse en tierras cananeas, pero aparentemente desconectada del reciente imperio egipcio y sus intereses. Como desenlace final, el suroeste de Canaán y Egipto cortan relaciones, acontecimiento que conduce a la Época del Bronce Antiguo II y que es la *consecuencia* de dichas relaciones (ver Fig. 2).

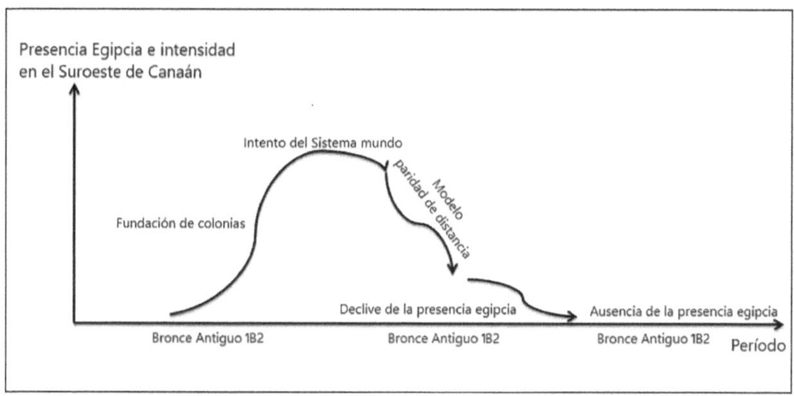

FIGURA 2. Presencia egipcia en el suroeste de Canaán. Diseño del autor.

En resumen, Tel Erani mantendría su reputación desde la época del Bronce Antiguo IB1, cuando era el centro de un grupo de sitios cercanos, como por ejemplo Horvat Ptora. En la Época del Bronce Antiguo IB2, Egipto entra en escena, domina en cierta forma a Tel Erani y éste pasa a segundo plano, pero manteniendo todavía cierta fuerza en la zona. En dicha época Egipto reconocía a poblados como Tel Erani como *centros periféricos* con cierta fuerza política, económica y cultural, que dominaban poblados menores, como quizás Amaziya (Milevski *et al.* 2012, 715). Con el tiempo los egipcios abandonan todo interés de conquista, tarea ardua a causa de la distancia, y retornan a Egipto, aunque aparentemente algunos insisten en quedarse, como podría verse, por ejemplo, en Tel Erani. Como desenlace, los egipcios abandonan por completo el suroeste de Canaán y muestran interés en el norte del Levante para luego retornar cientos de años después, en la Época del Bronce Reciente. La finalidad de este artículo ha sido la de organizar un conjunto de teorías basadas en una genealogía que las conecta entre sí. Mucho se ha dicho sobre las relaciones entre Egipto y el suroeste de Canaán y mucho se dirá. Por un lado, la supuesta entrada violenta y colonizadora de Egipto; por el otro, la atractiva idea de una relación meramente pacífica y comercial. En otras palabras: negro y blanco. Aquí se ha propuesto el gris. Un gris que contiene en el principio un intento egipcio de gobernar para luego transformarse en un colonialismo pacífico basado en los resultados de una conquista planeada y organizada por un reciente imperio, en pleno desarrollo.

Agradecimientos

El estudio presentado en este capítulo forma parte de mi M.A. presentado y publicado en la Universidad Ben Gurion del Negev. Mis sinceros agradecimientos al Dr. Yuval Yekutieli, asesor de dicha tesis. Mis sinceros agradecimientos también al Dr. Marcelo Campagno y al Dr. Ianir Milevski por sus importantes comentarios.

Bibliografía

ADAMS, R. (1966). *The Evolution of Urban Society*. Chicago.

ALBRIGHT, W.F. (1921/1922). Contributions to the Historical Geography of Palestine, *The Annual of the American School of Oriental Research in Jerusalem* 2/3, 1-46.

ALGAZE, G. (1993). *The Uruk World System: The Dynamics of Early Mesopotamian Civilization*. Chicago.

ANĐELKOVIĆ, B. (2002). "Southern Canaan as an Egyptian Protodynastic Colony", *Cahiers Caribéens d`Egyptologie* 3/4, 75-92.

BEN-TOR, A. (1981). "The Relations between Egypt and the Land of Canaan during the Third Millennium B.C.", *American Journal of Archaeology* 85, 449-452.

BRAUN, E. (2004). "Egypt and the Southern Levant: Shifting Patterns of Relationships during Dynasty 0", en S. Hendrickx, R.F. Friedman, K.M. Ciałowicz y M. Chłodnicki (eds), *Egypt at its Origins. Studies in Memory of Barbara Adams. Proceedings of the International Conference "Origin of the state. Predynastic and Early Dynastic Egypt", Kraków, 28th August – 1st September 2002*. Leuven, 507-517.

CONDER, C.R. y KITCHENER, H.H. (1883). *The Survey of Western Palestine: Memoirs of the Topography, Orography, Hydrography, and Archaeology-Volume III, Sheets XVII-XXVI, Judaea*. London.

CURTIN, P. D. (1984). *Cross-Cultural Trade in World History*. Cambridge.

CZARNOWICZ, M., PASTERNAK, M., OCHAL-CZARNOWICZ, A. y SLUCKI, J. (2014). "The Egyptian Presence at Tel Erani", en M.A. Jucha, J. Debowska-Ludwin y P. Kolodziejczyk (eds.), *Aegyptus Est Imago Caeli. Studies Presented to Krzysztof M. Cialowicz on His 60th Birthday*. Krakov, 235-243.

CZARNOWICZ, M., YEKUTIELI, Y., OCHAL-CZARNOWICZ, A. y PASTERNAK, M.D. (2016). "The Excavation of Area D-3", en K.M. Ciałowicz, Y. Yekutieli y M. Czarnowicz (eds.), *Tel Erani I – Preliminary Report of the 2013-2015 Excavations*. Krakow, 27-43.

DESSEL, J.P. (2009). *Lahav I, Pottery and Politics: The Halif Terrace Site 101 and Egypt in the Fourth Millennium B.C.E.* Winona Lake.

EMERY, W. (1967). *Archaic Egypt*. Harmondsworth.

GOPHNA, R. (1995). *Excavations at 'En Besor*. Tel Aviv.

GOSDEN, C. (2004). *Archaeology and Colonialism: Cultural Contact from 5000 BC to the Present*. Cambridge.

GREENBERG, R. (2014). "Introduction to the Levant during the Early Bronze

 Marcelo Campagno / Bernardo Gandulla / Ianir Milevski (eds.)

Age", en M.L. Steiner y A.E. Killebrew (eds.), *The Archaeology of the Levant*. Oxford, 269-277.

JOFFE, A.H. (1998). "Alcohol and Social Complexity in Ancient Western Asia", *Current Anthropology* 39, 297-322.

KEMPINSKI, A. y GILEAD, I. (1991). "New excavations at Tel Erani: A preliminary report of the 1985-1988 seasons", *Tel Aviv* 18, 164-191.

LEVY, T.E. y VAN DEN BRINK, E.C.M. (2002). "Interaction Models, Egypt and the Levantine Periphery", en E.C.M. van den Brink y T.E. Levy (eds.), *Egypt and the Levant: Interrelations from the 4th through the Early 3rd Millennium B.C.E.* London, 3-38.

MARFOE, L. (1987). "Cedar Forest to Silver Mountain: Social change and the Development of Long-distance Trade in Early Near Eastern Societies", en M. Rowlands, M. Larsen y K. Kristiansen (eds.), *Centre and Periphery in the Ancient World*. Cambridge, 25-35.

MILEVSKI, I. (2016). *Intercambio de Productos en el Levante Meridional durante el Bronce Antiguo – Una perspectiva Marxista*. Barcelona.

MILEVSKI, I. y BAUMGARTEN, I. (2008). "Between Lachish and Tel Erani: Horvat Ptora, a New Late Prehistoric site in the Southern Levant", en J.M. Cordoba, M. Molist, M.C. Perez, I. Rubio y S. Martinez (eds.), *Proceeding of the 5th International Congress on the Archaeology of the Ancient Near East*. Madrid, 608-626.

MILEVSKI, I., BRAUN, E., VARGA, D. e ISRAEL, Y. (2012). "The Early Bronze Age Settlement and Large-Scale Silo Complex of Amaziya, Israel", en P. Bielinski, M. Gawlikowski, R. Kolinski, D. Lawecka, A. Soltysiak y Z. Wygnanska (eds.), *Proceedings of the 8th International Congress on the Archaeology of the Ancient Near East, Volume 2*. Wiesbaden, 713-721.

MILEVSKI, I., YEGOROV, D., ALADJEM, E. y PASTERNAK, M.D. (2016). "Salvage Excavation at Tel Erani, Areas P to U. Preliminary Report", en K.M. Ciałowicz, Y. Yekutieli y M. Czarnowicz (eds.), *Tel Erani I – Preliminary Report of the 2013-2015 Excavations*. Krakow, 45-57.

MILEVSKI, I., BRAUN, E., VARGA, D. e ISRAEL, Y. (2016). "On Some Possible Implications of a Newly Discovered Early Bronze Age, Large-Scale Silo Complex at Amaziya, Nahal Lachish (Israel)", en L.R. Manzanilla y M. Rothman (eds.), *Storage in Ancient Complex Societies – Administration, Organization, and Control*. New York, 61-84.

MILEVSKI, I., CAMPAGNO M., GANDULLA, B., JARUF, P., DAIZO, M.B., CZARNOWICZ, M., OCHAL-CZARNOWICZ, A., KARMOWSKI, J., YEGOROV, D., COHEN-SASSON, E. y YEKUTIELI, Y. (2019). "Tel Erani, Israel: Reporte de la campaña arqueológica de 2018 y sus antecedentes", *Revista del Instituto de Historia Antigua Oriental* 20, 5-22.

MILEVSKI, I., CZARNOWICZ, M., YEGOROV, D., KARMOWSKI, J., GAMRAT, M., COHEN-SASSON, E. y YEKUTIELI, Y. (2022). "New excavations at Tel Erani: the Early Bronze Age I fortification walls and early urbanization in the Southern Levant", *Antiquity* 96, 194-200.

MIROSCHEDJI, P.de y SADEK, M. (2000). "Tell es-Sakan, un Site due Bronze Ancien découvert dans la région de Gaza", *Comptes rendus des séances de l'Académie des Inscriptions et Belles-Lettres* 144, 123-144.

PASTERNAK, M. D. (2016). *Tel Erani and Egypt in the Early Bronze Age I: Trade Colonialism or Egyptian Expansion?* Unpublished MA thesis, Beersheva.

Pasternak, M.D., Shalev, O., Yekutieli, Y., Cohen-Sasson, E. y Atkins, S. (2016). "Beyond the Wall of Tel Erani", en K.M. Ciałowicz, Y. Yekutieli y M. Czarnowicz (eds.), *Tel Erani I – Preliminary Report of the 2013-2015 Excavations*. Krakow, 59-63.

Raffaele, F. (2003). "Dynasty 0", en S. Bickel y A. Loprieno (eds.), *Basel Egyptology Prize 1. Junior Research in Egyptian History, Archaeology and Philology,* Aegyptiaca Helvetica 17. Basel, 99-141.

Rothman, M.S. y Peasnall, B. (1999). "Societal Evolution of Small, Pre-state Centers and Polities: the example of Tepe Gawra in Northern Mesopotamia", *Paléorient* 25, 101-114.

Schulman, A.R. (1992). "Still More Egyptian Seal Impressions from 'En Besor", en E.C.M van den Brink (ed.), *The Nile Delta in Transition: 4th–3rd Millennium B.C.* Tel Aviv, 395-418.

Schulman, A.R. (1995 [1980]). More Egyptian Seal Impressions from 'En Besor, en R. Gophna (ed.), *Excavations at 'En Besor*. Tel Aviv, 147-170.

Smith, M.E. (2001). "The Aztec Empire and the Mesoamerican World System", en S.E. Alcock, T.N. D'Altroy, K.D. Morrison y C.M. Sinopoli (eds.), *Empires*. Cambridge, 128-154.

Stein, G.J. (1998). "World System Theory and Alternative Modes of Interaction in the Archaeology of Culture Contact", en J.G. Cusick (ed.), *Studies in Culture Contact: Interaction, Culture Change, and Archaeology*. Carbondale, 220-254.

Stein, G.J. (1999). *Rethinking World-Systems: Diasporas, Colonies, and Interaction in Uruk Mesopotamia*. Tucson.

Wallerstein, E.M. (1974). *The Modern World-System*. New York.

Wallerstein, E.M. (1976). "Semi-Peripheral Countries and the Contemporary World Crisis", *Theory and Society* 3, 461-483.

Ward, W. (1963). "Egypt and the East Mediterranean from Predynastic Times to the End of the Old Kingdom", *Journal of the Economic and Social History of the Orient* 6, 1-57.

Yadin, Y. (1955). "The Earliest Record of Egypt's Military Penetration into Asia? Some Aspects of the Narmer Palette, the 'Desert Kites' and Mesopotamian Seal Cylinders", *Israel Exploration Journal* 5(1), 1-16.

Yeivin, S. (1960). "Early Contacts between Canaan and Egypt", *Israel Exploration Journal* 10, 193-203.

Yekutieli, Y. (2004). "The Desert, the Sown and the Egyptian Colony", *Agypten und Levante* 14, 163-171.

Yekutieli, Y. (2006). "The Ceramics of Tel 'Erani, Layer C", *Journal of the Serbian Archaeological Society* 22, 225-242.

Yekutieli, Y. (2008). "Symbols in Action – The Megiddo Graffiti Reassessed", en B. Midant-Reynes, Y. Tristant, J. Rowlands y S. Hendrickx (eds.), *Egypt at its Origins 2. Proceedings of the International Conference "Origin of the State. Predynastic and Early Dynastic Egypt", Toulouse (France) 5th-8th September 2005,* Orientalia Lovaniensia Analecta 172. Leuven / Paris / Dudley MA, 807-837.

Yekutieli, Y. (2016). "Analysis of Previous Excavations at Area D", en K.M. Ciałowicz, Y. Yekutieli y M. Czarnowicz (eds.), *Tel Erani I – Preliminary Report of the 2013-2015 Excavations*. Krakow, 15-25.

RELACIONES ENTRE EGIPTO Y EL LEVANTE MERIDIONAL:

¿QUÉ PODEMOS APRENDER DE DOS SITIOS DEL BRONCE ANTIGUO 1 TARDÍO?

Eliot Braun
Instituto de Investigaciones Arqueológicas W.F. Albright, Jerusalén

---

GLOSARIO

Axioma: Los artefactos del Bronce Antiguo 1 tardío del Levante meridional son visual y técnicamente diferentes de los artefactos asociados a Egipto (es decir, egipcios y egipcianizados) y, por lo tanto, se distinguen fácilmente como grupos mutuamente excluyentes.

Egipcios: Este término se refiere exclusivamente a las importaciones procedentes del valle del Nilo en Egipto.

Egipcianizados: Este término indica los objetos fabricados localmente en el Levante meridional pero con características no locales y que imitan a los artefactos fabricados en Egipto. Se incluye principalmente la cerámica de morfología y aspectos técnicos típicamente egipcios, incluyendo el tipo de pastas cerámicas y los modos de producción (Porat 1987; 1989; Braun 2005; 2016).

Híbridos: Este término se aplica a los objetos que combinan características típicamente egipcias con otras típicamente sudlevantinas. Nota: Este término es muy subjetivo.

Introducción[1]

Las excavaciones realizadas en dos sitios de finales de Bronce Antiguo 1 (finales del IV y posiblemente principios del III milenio a.C.; Regev *et al.* 2012) en Israel, Halif Terrace (Seger *et al.* 1990; Alon y Yekutieli 1995; Levy *et al.* 1997) y Amaziya (Milev-

---

1   Traducción de Marcelo Campagno; revisión de Ianir Milevski. El autor prefiere utilizar para la nomenclatura del Bronce Antiguo los números arábigos a los romanos.

ski *et al.* 2012; 2016), han aportado pruebas significativas, aunque limitadas, de importaciones egipcias y artefactos egipcianizados. Son dos de un gran número de sitios que han aportado evidencia de esta cultura material exótica, principalmente a partir de las excavaciones[2]. Ofrecen diferentes puntos de vista sobre la índole de la actividad egipcia en el Levante meridional en este período temprano (Braun y van den Brink 1998).

Nota sobre la producción cerámica en el Bronce Antiguo 1 tardío

En su magistral estudio sobre la cerámica del Bronce Antiguo del sur del Levante, Naomi Porat (1989) afirmaba: "La cerámica durante el Bronce Antiguo se fabricaba normalmente en talleres por alfareros especializados, y no en las residencias" (Porat 1989, 48; Braun 2009). Esta observación queda especialmente clara en su trabajo (Porat 1989, 49-52), contra las observaciones de J.P. Dessel (1991; 2009) respecto de la cerámica de finales del Bronce Antiguo 1 de Halif Terrace, quien consideraba toda la cerámica local como evidencia de producción doméstica. El paradigma de Porat es claramente válido para la cerámica egipcia de Halif Terrace y de otros sitios (por ejemplo, Tel Erani y Tel Maahaz), especialmente porque está basado en una amplia investigación y en un examen detallado.

Nota sobre la cerámica egipcia del Bronce Antiguo 1 tardío

La tipología morfológica de este grupo, bastante bien definida, así como sus pastas asociadas, indican que son obra de alfareros especializados. Está suficientemente claro que debió haber uno o varios talleres que producían cantidades significativas de recipientes egipcianizados que se distribuían en diferentes sitios de la región. Si esos alfareros eran egipcios o locales del sur de Levante que trabajaban bajo la égida de los egipcios es una cuestión discutible, que permanece oscura (Braun 2016). Basta con señalar que su producción tenía una inspiración claramente egipcia y era muy diferente de la cerámica local.

Los sitios que han producido cantidades significativas de cerámica egipcia son Tell es-Sakan, Tel Erani, Tel Maahaz (Amiran y van den Brink 2001), En Besor, Halif Terrace, Tel Lod (van den Brink 2002)

---

2   Para la ubicación de los sitios, ver mapas 1 y 2, pp. 10 y 11.

y las tumbas de Azor (Druks 1970; Ben-Tor 1975; Amiran 1985). De todas ellas, sólo Tel Erani y Tel Maahaz parecen candidatas probables a ser asociadas con producción de esa cerámica típicamente elaborada con arcillas que contienen loess. En Besor, excavado en su totalidad, no aportó ninguna prueba de ello, mientras que Tell es-Sakan (Miroschedji *et al.* 2001), Tel Lod (Paz *et al.* 2005) y Azor están lo suficientemente alejados de las fuentes de loess, lo que las torna improbables hogares de tales talleres (Crouvi *et al.* 2015).

El trabajo de Porat indica la probabilidad de un centro de producción en las cercanías de Tel Erani, donde efectivamente se encuentran tipos de arcillas de loess. Un taller en Tel Erani o cerca de allí parece probable, ya que hay pruebas de que los egipcios residían allí (Ciałowicz 2016, 147; Czarnowicz *et al.* 2016, 33). Sin embargo, arcillas similares se encuentran en una zona amplia y podría haber habido uno o varios talleres que las produjeran en una región mucho más extensa. Tel Maahaz podría ser otro posible candidato, pero sigue siendo prácticamente desconocido, salvo por los artefactos saqueados de allí (Beit-Arieh y Gophna 1999) y un pequeño sondeo que fue brevemente reportado (Amiran 1977; Amiran y van den Brink 2002).

La cerámica egipcia era, en general, tosca y requería relativamente de poca destreza para la elaboración de los tipos sencillos, como cuencos, bateas y tinajas. Como ya se ha dicho, las pastas cerámicas de estos tipos suelen ser de arcillas poco densas, a menudo con desengrasante vegetal, una característica de las pastas toscas egipcias. Los cuencos para cocción (también conocidos como "moldes de pan") son de pastas extremadamente toscas y a menudo también incluyen guijarros en sus paredes extraordinariamente gruesas. Las pastas de las botellas pequeñas y algunos cuencos semipulidos de cerámica egipcia son excepciones. Suelen estar más finamente depuradas, con sus superficies bien acabadas y, en algunos casos, cubiertas con una fina capa de color, pulidas o bruñidas. Lo que parece probable es que la producción de cerámica egipcianizada haya tenido lugar durante un período de tiempo limitado a finales del Bronce Antiguo 1, lo que explicaría la escasez de lo que parecen ser tipos híbridos de doble inspiración sudlevantina-egipcia. Es claro que esta producción especializada está directamente relacionada con la actividad egipcia en una región específica, principalmente en el extremo sudoeste de la llanura costera levantina y el adyacente piedemonte de Judea, con algún "desbordamiento" hacia sitios más al norte y al sur en el norte del Néguev. Basta con señalar que esta producción se dirigía principalmente a un número relativamente reducido de sitios, lo que sugiere una interacción limitada pero importante entre la población extranjera y la local.

La Shefelá de Judea

Esta amplia franja adyacente a las montañas de Judea se compone de numerosas colinas de piedra caliza con afloramientos rocosos entrelazados con valles, algunos cursos de agua estacionales que drenan desde el macizo de Judea hacia el este, que se dirigen hacia la llanura costera y finalmente al mar (por ejemplo, Nahal[3] Ayalon, Nahal Soreq, Nahal Elah, Nahal Lachish y Nahal Adorayim). La región se encuentra entre unos 600 y unos 200 msnm, y las zonas más septentrionales reciben mayores precipitaciones (Ziv *et al.* 2013). En la temporada de lluvias, la mayor parte de la región recibía por lo general suficientes precipitaciones para permitir una agricultura de otoño seco, aunque en años de sequía extrema los cultivos podían fracasar. Mientras que las colinas rocosas de piedra caliza requerían la construcción de terrazas para la agricultura, los valles adyacentes, con sus suelos fértiles, constituían recursos importantes para muchas comunidades de Bronce Antiguo 1 situadas en la región, especialmente en las áreas más septentrionales.

Halif Terrace

Este sitio, nombrado por primera vez por R. Gophna (1972), ocupa una colina de suave pendiente en el extremo oriental de Tel Halif, un montículo en la cima de una alta colina adyacente al moderno asentamiento del kibbutz Lahav. El sitio también se identifica con los nombres de Lahav y Nahal Tillah (Levy *et al.* 1997). La ubicación, bastante cercana al sur del Macizo de Judea, donde comienza a perder altura hacia el norte del Néguev, se encuentra en el límite de una zona semiárida, como indican las mediciones modernas de precipitaciones del Servicio Meteorológico de Israel. Entre 1981 y 2010, el lugar recibió entre 255 y 300 mm de precipitación media anual (Golodets *et al.* 2013, fig. 4), cantidades que a menudo apenas alcanzan para una agricultura de otoño seco en la mayoría de los años. Sin embargo, el drenaje del agua de lluvia procedente de la inclinación de la ad-

---

3   *Nahal* es el término hebreo que designa un curso de agua que puede ser perenne o estacional y equivale al árabe *wadi*.

        Marcelo Campagno / Bernardo Gandulla / Ianir Milevski (eds.)

yacente Judea probablemente garantizaría una humedad suficiente para regar cultivos como los cereales y las legumbres en los valles fértiles adyacentes al sitio.

Los primeros indicios de importaciones egipcias en este yacimiento del Bronce Antiguo 1 proceden de un estudio realizado por R. Gophna (1972), que reportó una serie de hallazgos egipcios importados. Más tarde, D. Alon condujo una excavación de rescate cerca del fondo del valle, en la ubicación de los pozos de ensilaje del kibbutz (Alon y Yekutieli 1995). Posteriormente, dos expediciones estadounidenses llevaron a cabo otras excavaciones en distintos recintos situados más arriba en la ladera este, por debajo de Tel Halif. Aunque en diferentes publicaciones se han denominado Halif Terrace, Lahav y Nahal Tillah, todos ellos son el mismo sitio.

"Sitio del Silo"[4]: La excavación de D. Alon fue en el extremo oriental de la ladera adyacente al valle de Yaval tras el vaciado de dos pozos de ensilaje que revelaron considerables depósitos de ceniza y cerámica. La excavación arqueológica desenterró allí evidencias de cuatro estratos, tres de ellos fechados en diferentes fases del Bronce Antiguo 1, por encima de uno anterior del período Calcolítico (Tabla 1). Los principales restos incluían un edificio rectilíneo de varias habitaciones denominado "villa del Bronce Antiguo" en el estrato I (Alon y Yekutieli 1995). Cabe destacar en esa excavación una pequeña cantidad de cerámica egipcia importada encontrada en un pozo y en el estrato II.

Estrato	Adscripción crono-cultural	Comentarios
I	BA 1 (¿BA 1 final?)	¿Asociación post-egipcia?
II	BA 1 (BA 1 tardío)	Cerámica egipcianizada e importaciones egipcias
III	BA 1 (BA 1 temprano)	Anterior al BA 1 tardío
IV	BA 1	Calcolítico tardío

TABLA 1: Estratigrafía del "Sitio del Silo".

"Sitio 101": Una carretera que conduce al kibbutz atraviesa la terraza superior de Halif de norte a sur y ha aportado pruebas adicio-

---

4   La palabra hebrea בור תחמיץ significa pozo de ensilaje que, lamentablemente, se tradujo erróneamente por "silo", lo que creó cierta confusión debido a que se encontró un suelo de piedra circular identificado como silo (Alon y Yekutieli 1995, 149).

nales de depósitos antiguos, lo que ha dado lugar a varios sondeos a ambos lados de la carretera (Dessel 2009, 115-117). La excavación en la zona al oeste de la carretera, designada Sitio 101, aportó pruebas de una cueva kárstica colapsada sobre la que se habían construido varias estructuras pequeñas (Tabla 2). A la fase 10, atribuida al Calcolítico, le siguió, después de un hiato, la fase 9, fechada a principios de BA 1 (BA 1A). Tras otro hiato, el sitio fue ocupado por una serie de estructuras de finales de BA 1 (fases 8-6) (Seger *et al.* 1990; Seger 1996; Dessel 2009).

Fase	Adscripción crono-cultural	Comentarios
1-5	Post BA 1[5]	
6	BA final	¿Post-egipcio?
7	BA 1 tardío	¿Post-egipcio?
8	BA 1 temprano avanzado	Cerámica egipcianizada e importaciones egipcias
9	BA 1 muy temprano	Anterior al BA 1 tardío
10	Calcolítico tardío (¿terminal?)[6]	Calcolítico tardío

TABLA 2: Estratigrafía del Sitio 101

"*Sitio 301*": Las cuadrículas excavadas ladera abajo desde el sitio 101 y al este de la carretera fueron designadas como sitio 301. El relleno superior de esta zona, que cubre un área de unos 150 m², ofreció evidencias de depósitos mixtos debido al arado profundo y la forestación (Dessel 2009, 35-37). Sin embargo, por debajo, una compleja estructura excavada en la arcilla "estéril" se ha interpretado como un gran silo con múltiples unidades. Como mínimo, incluía cinco cimientos circulares de piedra y superestructuras de ladrillos de barro que oscilaban entre unos 3,5 m de longitud (dos aparecen en los planos incompletos como ovalados) y unos 2,2 m de diámetro. Uno de sus muros se conservó con una altura de aproximadamente 1,5 m. Junto a éste había un gran compartimento revestido de piedra. Estos elementos, como señaló Dessel, habrían sido excelentes para el almacenamiento de grano y son análogos a antiguas estructuras en

---

5   Estas fases no se analizan aquí, ya que no son pertinentes para la presente discusión.

6   Sugerido por Kansa (2001) en una tesis de doctorado inédita (Universidad de Harvard) y destacado en Dessel (2009, 18, fig. 4).

Egipto. El dispositivo de almacenamiento parece haber tenido una capacidad muy superior a las necesidades de la comunidad residente y se supone que estaría asociado a una población de consumidores más grande y fuera del lugar (Milevski *et al.* 2012; 2016). Adyacente a este elemento se hallaba un gran segmento de un muro construido en piedra. En su momento se desconocía su función, pero en una excavación posterior se lo desenterró parcialmente (Levy *et al.* 1997, 10) y se lo identificó como un muro de terraza.

"Nahal Tillah": Este proyecto incluyó la continuación de la excavación del "Sitio del Silo" (Levy *et al.* 1995; Levy *et al.* 1997), parte del cual era adyacente al Sitio 301, pero más abajo en la pendiente. En un lugar, estos dos recintos de excavación estaban separados sólo por una banqueta (observación personal). En esta excavación se recuperaron evidencias de siete estratos (Tabla 3).

Estrato	Adscripción crono-cultural	Comentarios
I	Bronce Medio 2 y posterior	Material mixto; Área C: tumbas del Bronce Medio 2
IIa	BA 1B tardío (BA 1 tardío)	Cerámica egipcianizada e importaciones egipcias
IIb	BA 1B (BA 1 tardío)	Cerámica egipcianizada e importaciones egipcias
IIc	BA 1B (BA 1 avanzado)	Cerámica egipcianizada e importaciones egipcias
IIIa	BA 1B temprano (BA 1 temprano)	Cerámica egipcianizada intrusiva (?) o escasa
IIIb	Post-Calcolítico / BA 1A (BA 1 muy temprano)	
IV	Calcolítico	

Tabla 3: Estratigrafía de Nahal Tillah

1. *Área A:* En el área A (estrato IIIa) se desenterraron restos de una gran estructura cuadrada, que probablemente no estaba asociada con mucha cerámica egipcia. Un pequeño fragmento de una tinaja cilíndrica egipcia con pintura de red, recuperado por Gophna en su prospección de superficie, uno de los dos únicos encontrados hasta la fecha en el sur de Levante, puede atribuirse posiblemente a este estrato. Encima de esta estructura había una pequeña sala rectangular (exteriormente de 4 m x 3 m) con esquinas redon-

deadas en la que se encontraron varias botellas "egipcias" y una pequeña tinaja de fayenza (Levy *et al.* 1995, 29). Cerca se encontraba una plataforma circular de piedra, calificada como "posible silo público". En su piso se encontró lo que se describe como un cuenco egipcio en forma de bolsa. Sobre ella, en el relleno justo por debajo de la superficie moderna, se encontró un pequeño tiesto de un cuenco egipcio, inciso antes de la cocción con un *serekh*[7] de Narmer[8].

2. *Área B:* La excavación de esta área ha dado lugar a varias estructuras de piedra mal preservadas, incluyendo lo que parecen ser dos muros rectilíneos no relacionados entre sí y una pequeña instalación circular (Levy *et al.* 1995, 28, mapa esquemático).

3. *Área C:* La excavación en esta área produjo tres estratos tardíos del Bronce Antiguo 1 (IIA-IIC), todos con cerámica asociada a Egipto (principalmente egipcia). Los edificios poseían cimientos de piedra e incluyen el muro de la terraza parcialmente excavado en el área 301 y segmentos de una estructura rectilínea, posiblemente asociada a elementos circulares, uno de los cuales tenía un piso de piedra (Levy *et al.* 1997, fig. 9[9]). Además, se encontraron allí varias tumbas de cista intrusivas del Bronce Medio 2. También se descubrió en esta área una cueva cortada en la ladera con una larga entrada revestida de piedra. Utilizada por primera vez en el período Calcolítico, al parecer fue modificada con una pared trasera construida tras el derrumbe de parte de su techo. Se utilizó por segunda vez a finales del Bronce Antiguo 1, después de lo cual se colmató en gran medida. En el relleno, a unos 50 cm por encima del suelo de la cueva y de los cimientos de la pared, se halló un enterramiento de una mujer flexionada de unos 25 años de edad (Smith 2002).

4. Área *D:* Los restos de construcción de esta área incluyen partes preservadas de muros rectilíneos que forman una esquina externamente redondeada, un gran muro rectilíneo cercano al que se adosó una pequeña habitación rectangular y una pequeña cámara de planta aproximadamente oval a la que se adosó un estrecho muro rectilíneo. La excavación de esta área produjo un gran nú-

---

7　Esta es la palabra egipcia que designa un símbolo que se cree que representa la fachada de una tumba, un templo o un palacio. Estaba reservada a los personajes reales y en este período solía llevar el nombre de un gobernante en el compartimiento superior.

8　Narmer se describe alternativamente como el último gobernante de la Dinastía 0 (antes de la unión del Alto y el Bajo Egipto) o el primero de la Dinastía I.

9　El plano publicado no indica las elevaciones relativas ni las asociaciones estratigráficas.

　　Marcelo Campagno / Bernardo Gandulla / Ianir Milevski (eds.)

mero de cuencos para cocción de estilo egipcio (también conocidos como "moldes de pan") con un peso de unos 500 kg, encontrados principalmente en la pequeña cámara ovalada, identificada erróneamente (véase la discusión más adelante) como un *"tabun"* u horno (Levy *et al.* 1997, 9, 10, figs. 7, 8).

Interpretación - El elemento egipcio en la cultura material del sitio de Halif Terrace en el Bronce Antiguo 1

1. Evidencia de importaciones egipcias

Las verdaderas importaciones egipcias de Halif Terrace son muy escasas. El ejemplo más antiguo que se puede datar es el minúsculo fragmento de un cuenco cilíndrico con decoración pintada en forma de red, citado anteriormente, que es de un tipo anterior al período de Narmer. Notablemente, es uno de los dos únicos cuencos de este tipo que se conocen actualmente en el sur del Levante; el otro es de Arad (Braun 2014a, 226, fig. 2: 6, 7[10]). Todos los cuencos cilíndricos encontrados hasta la fecha en el Levante meridional parecen ser verdaderas importaciones[11]. En las excavaciones de Nahal Tillah sólo se encontró un puñado de otras importaciones (Kansa y Levy 2002). Entre ellas se encuentran el *serekh* de Narmer, un pequeño tiesto con marca de ceramista y decoración incisa, un amuleto egipcio (Levy *et al.* 1997, 21-22), la tinaja de fayenza y un pequeño grupo de tiestos de cerámica "decorados con juncos" (Kansa *et al.* 2002). El informe de Dessel sobre importaciones egipcias (2009, 116-119) señala dos tiestos incisos y unos 23[12] bordes de tinajas importadas, así como 10 bases de tinajas que podrían ser de la misma o de otras vasijas. No hay estadísticas claras sobre las importaciones del "Sitio del Silo", pero la mayoría parece proceder del estrato II y de un pozo. Incluyen al menos dos fragmentos de cuencos cilíndricos y varios fragmentos de tinajas, que casi con toda seguridad son de origen egipcio (Alon y Yekutieli 1995, fig. 21: 6, 7, 8, 10, 12, 13 y 14[13]) y un pendiente de alabastro. Otro fragmento inédito de una tinaja egipcia con una marca

---

10   Un error lo atribuyó inadvertidamente a Taur Ikhbeineh, pero es de Halif Terrace.

11   Son el producto de ceramistas muy hábiles, que los modelaron con arcillas bien depuradas y pulieron cuidadosamente sus superficies, a menudo decorándolas con finas líneas horizontales de incisiones.

12   El número se da como 70% de 32.

13   Se trata del cuenco cilíndrico con decoración pintada en forma de red, citado anteriormente.

de ceramista incisa podría ser un *serekh*, pero es de dudosa *bona fides*. Así pues, tomadas en conjunto, las verdaderas importaciones egipcias del sitio constituyen un conjunto pequeño, aunque significativo.

2. Evidencia de artefactos egipcianizados e híbridos

Cerámica: Esta cerámica de producción local y morfología egipcia, que presenta características técnicas de tipo egipcio (tipos de arcilla y elementos decorativos) es un grupo bien definido de tipos específicos (Porat 1989, 55; Braun 2016). Generalmente son de pasta tosca, a menudo con temperante vegetal. Incluye varios tipos de cuencos, bateas con bordes engrosados o plegados, cuencos para cocción, tinajas de cerámica tosca, tinajas de almacenamiento (también conocidas como "jarras de vino") y pequeñas botellas. La mayoría son de unos pocos tipos de pastas elaborados con arcillas de loess locales que han sido identificadas mediante examen petrográfico (Porat 1989; Dessel 2009). Así pues, la cerámica egipcianizada de finales de Bronce Antiguo 1 constituye una clase de cerámica eminentemente reconocible, totalmente distinta de la local en cuanto a formas y pastas.

Al revisar los relatos publicados sobre las diversas excavaciones, se han hecho algunas afirmaciones extravagantes sobre un grado extraordinariamente alto de influencia egipcia y egipcianizada en la cultura material de las ocupaciones del Bronce Antiguo 1 en Halif Terrace (Levy *et al.* 1995; 1997; Kansa, Kansa y Levy 2002). Según un estudio (Levy *et al.* 2002, 79), entre el 30% y el 40% del conjunto cerámico de Nahal Tillah era egipcio[14]. Sin embargo, el grueso de los artefactos con asociaciones nilóticas en el conjunto de Nahal Tillah es principalmente cerámica "egipcianizada", con pocas importaciones. Cuando esta cuantificación se considera junto con los conjuntos de los sitios 101, 301 y el Sitio del Silo, todos los cuales representan el mismo yacimiento, el elemento total asociado a Egipto claramente constituye un porcentaje mucho menor de todo el conjunto de finales del Bronce Antiguo 1. La cerámica es predominantemente local (por ejemplo, Alon y Yekutieli 1995, figs. 15-20, 22, 23; Dessel 2009), aunque no se puede extrapolar un número específico a partir de los informes publicados. No obstante, el elemento asociado a Egipto era

---

14   Los excavadores afirmaron que no podían distinguir entre las arcillas nilóticas y las locales, mientras que todos los exámenes petrográficos que realizaron indicaban imitaciones locales de tipos egipcios.

    Marcelo Campagno / Bernardo Gandulla / Ianir Milevski (eds.)

claramente importante en la cultura material de la ocupación del Bronce Antiguo 1 tardío.

Cuencos para cocción: La considerable colección de estos cuencos para cocción, grandes, toscos y muy pesados, representa una proporción considerable del elemento egipcianizado del sitio y su interpretación es algo difícil. A pesar de la afirmación de que la mayoría de los fragmentos se encontraron en un *tabun*, la estructura citada no era claramente más que un pequeño espacio de almacenamiento *ad-hoc* no asociado a la cocción[15]. Los hornos de tipo egipcio, los elementos de tipo pozo asociados a los cuencos para cocción en el área D de Tel Erani no se parecen en nada a ese elemento. Por el momento, esos cuencos de cocción representan una anomalía difícil de entender. Teniendo en cuenta su contexto, sugiero que no representan necesariamente una prueba de que los egipcios residieran en el lugar, como ocurre con la cerámica de Tel Erani. Además, sugiero que es probable que estuvieran asociados a la gran instalación para almacenamiento encontrada en el sitio. Posiblemente, fueron utilizadas por los locales para proveer de pan a los egipcios visitantes, lo que podría estar asociado a un grado significativo de actividad económica relacionada con esa provisión.

3. Bullae egipcianizadas

Además de la cerámica de esta clase, existe un pequeño grupo de improntas de sellos realizadas localmente con iconografía egipcia, que constituyen evidencia adicional de las asociaciones con extranjeros. Tienen su paralelo en En Besor, considerada como una estación de paso para el comercio poblada por egipcios y que aparentemente se dedicaba a una actividad similar asociada a alimentos secos tales como el grano y/o las legumbres (Gophna 1995). Claramente, estas *bullae* son un indicio de algún tipo de trueque o comercio con participación y administración egipcia.

Actividad relacionada con Egipto en Halif Terrace

En total, las diversas expediciones al sitio han aportado evidencia significativa de actividad relacionada con Egipto a finales del

---

15 En los sitios del Bronce Antiguo 1 hay muchos elementos arquitectónicos de este tipo, pequeños y de forma irregular. Es de suponer que la mayoría de ellos se utilizaron para el almacenamiento (Braun 2021a).

Bronce Antiguo 1, representada en una o posiblemente más fases de ocupación. La naturaleza precisa de esa actividad sigue siendo incierta. La mayor parte de esa evidencia es la cerámica egipcianizada y aparentemente unos pocos tipos relacionados (esto es, híbridos). Se trata de un conjunto muy significativo, sea cual fuere el porcentaje que haya podido suponer de toda la cultura material de finales del Bronce Antiguo 1. Está claro que la mayor parte de ese material procede de los productores de esos tipos de cerámica "exótica" fabricados localmente. A cambio, estos últimos podrían haber recibido provisiones, excedentes agrícolas de instalaciones de almacenamiento capaces de contener mucho más de lo que probablemente necesitaría una comunidad de este tipo (Milevski *et al.* 2016). Este escenario, con sólo los artefactos duraderos que quedan en el registro arqueológico del sitio, sugiere comercio, aunque las numerosas *bullae* de En Besor insinúan otra parte de ese tipo de transacciones.

Según un esquema jerárquico del grado de asociaciones egipcias en los sitios de finales del Bronce Antiguo 1 en el sur del Levante, Halif Terrace se sitúa en el nivel 3, sitios que tienen evidencias significativas, aunque limitadas, de cultura material egipcia (Braun 2014b). En ese esquema, el sitio de Halif Terrace habría participado en el comercio, ya sea directamente o a través de intermediarios, con las poblaciones del valle del Nilo.

Amaziya: Una aldea del Bronce Antiguo 1 tardío

Más al norte, en una colina de piedra caliza adyacente a la orilla sur del Nahal Lachish, no muy lejos de donde se desprende del Macizo de Judea, se descubrieron restos de una ocupación del Bronce Antiguo 1 tardío. Aunque parece que el sitio fue ocupado anteriormente en el Calcolítico tardío y en fases anteriores del Bronce Antiguo 1, así como en el período del Bronce Intermedio, los únicos restos arquitectónicos significativos, localizados en la ladera de una colina, son los de una aldea del Bronce Antiguo 1 tardío mal conservada y de proporciones modestas. El conjunto relacionado con Egipto representa sólo una pequeña fracción de todo el conjunto cerámico del Bronce Antiguo 1 tardío del sitio[16]. En total, el conjunto de objetos asociados a Egipto del sitio probablemente sea inferior a 30 artefactos. Según el esquema

---

16 Quien escribe estas líneas clasificó toda la cerámica de una segunda temporada de excavaciones y observó la mayor parte de la cerámica de la primera temporada y una pequeña colección del Bronce Antiguo de una operación posterior (Tali Erickson-Gini, *com. pers.*).

     Marcelo Campagno / Bernardo Gandulla / Ianir Milevski (eds.)

jerárquico de la actividad egipcia a finales de BA 1, Amaziya es un yacimiento de nivel 4, con muy poca evidencia de cultura material relacionada con Egipto.

Cerámica egipcia: En varias excavaciones se ha encontrado un conjunto muy pequeño de lo que parece ser cerámica egipcia importada (Milevski *et al.* 2012; 2016)[17]. El recuento completo es incierto, pero mínimamente parece haber porciones de seis tinajas de vino importadas[18], cuatro tinajas de cerveza importadas, cinco cuencos cilíndricos, una pequeña botella lentoide, otra pequeña botella esférica y bases de tres botellas más grandes, un cuenco de tamaño mediano con medio pulido, la base de lo que es una tinaja mediana (¿de cerveza o vino?) de pasta verdosa con superficie "rebajada" o raspada[19] y una base cilíndrica de estructura marrón clara muy fina, que puede ser de un gran recipiente cilíndrico.

Cerámica egipcianizada: Los objetos egipcianizados del sitio son también escasos. Incluyen fragmentos de cuatro cuencos para cocción. Por lo general, tienen paredes muy gruesas y son de pastas extremadamente toscas, que incluyen guijarros y otros materiales que se incluyeron en la arcilla sin que se haya hecho ningún esfuerzo por eliminarlos. El interior de estos cuencos, todos cocidos con tonos marrón rojizo, era negro por dentro debido a una cocción incompleta. Otros cuencos, aparentemente de fabricación local, son al menos ocho bateas o cuencos grandes con bordes plegados de diferentes tamaños. Sus pastas toscas y pobremente depuradas, externamente de color gris claro a marrón anaranjado, tenían en su mayoría núcleos negros. El uso copioso del temperante vegetal dejó las superficies muy picadas después de la cocción.

Discusión

Si, como es probable, las instalaciones de almacenamiento de Halif Terrace se hubieran utilizado para obtener cantidades muy superiores

---

17   Esta observación se basa en la identificación macroscópica de este autor y no en un examen petrográfico.

18   Se encontraron tres en una excavación posterior (Tali Erickson-Gini, *com. pers.*) en un lugar más alto de la ladera.

19   Esta vasija no fue revisada petrográficamente, pero su color inusual y el tratamiento de su superficie sugieren que se trata de una verdadera importación.

a las necesidades de sus habitantes, el excedente podría haber sido exportado o, como se ha sugerido (Milevski *et al.* 2016), el sitio podría haber sido un satélite de una comunidad mayor a la que suministraba provisiones. Las *bullae* de En Besor y otros objetos relacionados con Egipto, incluidas las *bullae* de Halif Terrace, indican claramente una actividad egipcia en la región general, asociaciones que indican una actividad económica relacionada con el movimiento en sacos de algún tipo de alimentos, probablemente grano y/o legumbres. La instalación de almacenamiento en Halif Terrace y la importante cantidad de artefactos relacionados con Egipto sugieren la posibilidad de este tipo de actividad, en un grado significativo, entre los habitantes del sitio y los egipcios, probablemente a través de una asociación directa.

Varios escenarios son posibles para explicar este tipo de relaciones. En el caso de Halif Terrace, parece probable que En Besor haya sido una estación de paso, como ha sugerido Gophna, una especie de centro de intercambio de información en un conducto por el que los egipcios adquirían algún tipo de provisión con sacos sellados, presumiblemente para su identificación por el receptor final. No se sabe con certeza si eso implicaría una asociación con el gran sitio de Tell es-Sakan, cerca del extremo occidental de Nahal Besor/Wadi Ghazzeh, en cuyo curso de agua se encontraban ambos sitios, aunque parece probable. Este último sitio tenía obviamente una gran población que necesitaba alimentarse y Halif Terrace puede haber comerciado con ella, recibiendo a cambio artefactos relacionados con Egipto.

¿Cómo puede explicarse entonces la presencia de tantos cuencos para cocción de estilo egipcio en el sitio? Por el momento no parece haber pruebas de que los egipcios residieran en Halif Terrace. Las viviendas son pequeñas y modestas (contra Alon y Yekutieli 1995, 182) y no hay evidencia de restos especializados de estilo egipcio. De hecho, los escasos y pobres restos arquitectónicos del sitio no indican que se alojara allí una población muy numerosa. Las estructuras asociadas a la mayoría de los cuencos relacionados con Egipto no eran más que una pequeña habitación, más pequeña que la mayoría de las casas del Bronce Antiguo 1 (Braun 2021a). Los recipientes para cocción, muy egipcios, pueden sugerir que los extranjeros llegaron allí para comerciar y permanecieron en el lugar durante períodos limitados, durante los cuales solían conservar sus propios hábitos alimenticios. ¿Los locales proporcionaban pan a los egipcios o éstos tenían algún otro tipo de acuerdo? En particular, el contexto de los cuencos para

   Marcelo Campagno / Bernardo Gandulla / Ianir Milevski (eds.)

cocción de Halif Terrace contrasta con la evidencia del área D de Tel Erani, donde se ha encontrado cerámica egipcia y egipcianizada en cantidades significativas, en asociación directa con hornos de estilo egipcio (Czarnowicz *et al.* 2014; 2016, 33).

Una explicación alternativa para el elemento egipcio en Halif Terrace es que Tel Erani, con un elemento egipcio residente y una mayor población local, era el consumidor final de los víveres de sus estructuras de almacenamiento. Esto explicaría, por supuesto, el elemento egipcianizado en la cultura material de Halif Terrace, pero excluiría cualquier implicación con En Besor, ya que ese sitio está muy alejado del camino para tales relaciones. En este caso, las *bullae* de Halif Terrace podrían ser una prueba de ese comercio, que involucraría a los egipcios de Tel Erani. En cualquier caso, el sitio de Tel Halif podría entenderse como una especie de comunidad satélite asociada a una entidad política más central.

La evidencia de Amaziya presenta un contraste bastante marcado con la de Halif Terrace. Aunque también era una pequeña aldea que estaba asociada a una estructura de almacenamiento muy grande, la cantidad de cultura material relacionada con Egipto es muy limitada. La ubicación del sitio a orillas del Nahal Lachish, el mismo curso de agua sobre el que se asienta Tel Erani, a 9 km al oeste, sugiere que es mucho más probable que se tratara de una comunidad satélite que suministraba excedentes agrícolas al sitio más grande, con su mayor población y los extranjeros residentes. Esto explicaría la presencia de un mínimo de importaciones egipcias en Amaziya, que casi inevitablemente llegarían con comerciantes o representantes de la comunidad mayor. Las bateas y cuencos para cocción egipcianizados, tan escasos, son importaciones incidentales en el sitio, cierto "ruido de fondo" que insinúa una complicada realidad más que cualquier asociación egipcia significativa con esa aldea a finales del Bronce Antiguo 1.

Aunque estos dos sitios parecen presentar una imagen relativamente clara de la actividad relacionada con Egipto en la Shefelá de Judea, la realidad parece haber sido más complicada. Tel Maahaz, que ocupa un lugar en un segmento muy escarpado de la orilla sur del Nahal Adorayim, no muy lejos al norte de Amaziya, es la fuente de un conjunto muy significativo de cerámica egipcianizada saqueada (Beit Arieh y Gophna 1989). Desconocemos qué otra cultura material fue arrancada del sitio, pero el conjunto conocido de cerámica egipcianizada y aparentemente egipcia sugiere una importante actividad relacionada con Egipto, quizás incluso un asentamiento de egipcios en el lugar. Un pequeño fragmento de lo que parece ser un cuenco egipcio importado lleva incisa la intrigante esquina de algún tipo de símbolo, posiblemente un *serekh*. Es de esperar que futuras exploraciones arqueológicas revelen más acerca de este sitio y que nos informen de su rol en el Bronce Antiguo 1 tardío de la región.

Conclusión

La actividad egipcia a finales del Bronce Antiguo 1 en el Levante meridional parece haber estado restringida a dos o posiblemente tres sitios en los que residían. Mínimamente, sabemos que habitaban en un recinto de Tel Erani (Área D) y de algún modo en Tell es-Sakan (Braun 2016), que ha producido abundante evidencia de artefactos egipcios y egipcianizados. Posiblemente Tel Maahaz podría incluirse en esa lista, aunque por el momento, su papel en la actividad relacionada con Egipto sigue siendo intrigante pero oscuro. Halif Terrace parece ser uno de los sitios de nivel 3 que ofrece pruebas de un grado significativo de comercio entre egipcios y una población local a escala limitada. Amaziya, en cambio, parece haber tenido contactos mínimos, probablemente indirectos, con los egipcios, aunque es posible que estuviera estrechamente asociada con Tel Erani, donde residían al menos algunos egipcios. Estos sitios agregan información a la imagen de la actividad relacionada con los egipcios, que es difícil de discernir con seguridad, ya que es el producto de un registro arqueológico revelado parcialmente y por azar, que representa una complicada realidad (Braun 2021b; 2021c). La sugerencia es que los egipcios de finales del Bronce Antiguo 1 se hallaban aparentemente involucrados con el comercio (Ciałowicz 2016, 147) más que con una colonización formal a gran escala en el sentido de establecer y mantener una ocupación permanente en una región extranjera[20]. Una actividad de este tipo sería concomitante con una naciente entidad política egipcia en la antesala de la unificación, posiblemente interesada en productos exóticos no disponibles localmente.

---

20 Para una discusión de esta interpretación del sitio fortificado de Tell es-Sakan, véase Braun 2016.

   Marcelo Campagno / Bernardo Gandulla / Ianir Milevski (eds.)

Bibliografía

Alon, D. y Yekutieli, Y. (1995). "The Tel Halif Terrace 'Silo Site' and its Implications for the Early Bronze Age I", *'Atiqot* 27, 149-189.

Amiran, R. (1977). "Excavations at Tell Ma'ahaz 1976, 1978", *Israel Museum News* 12, 63-64.

Amiran, R. (1985). "Canaanite Merchants in Tombs of the Early Bronze Age I at Azor", *'Atiqot* (English Series) 17, 190-192.

Amiran, R. y van den Brink, E.C.M. (2001). "A Comparative Study of the Egyptian Pottery from Tel Ma'ahaz, Stratum I", en S.R. Wolff (ed.), *Studies in the Archaeology of Israel and Neighboring Lands in Memory of Douglas L. Esse*, Studies in Ancient Oriental Civilization 59 / ASOR Books 5. Chicago / Atlanta, 29-58.

Amiran, R. y van den Brink, E.C.M. (2002). "The Ceramic Assemblage from Tel Ma'ahaz, Stratum I (Seasons 1975-1976)", en E.C.M. van den Brink y T.E. Levy (eds.), *Egypt and the Levant: Interrelations from the 4th through the Early 3rd Millennium BCE*. London / New York, 273-279.

Beit-Arieh, I. y Gophna, R. (1999). "The Egyptian Protodynastic (Late EB I) Site at Tel Ma'ahaz: A Reassessment", *Tel Aviv* 26/2, 191-207.

Ben-Tor, A. (1975). "Two Burial Caves of the Proto-Urban Period at Azor, 1971", *Qedem* 1, 1-54.

Braun, E. (2005). "Identifying Ethnicity from Prehistoric Pottery in Ancient Egypt and the Southern Levant", en J. Clarke (ed.), *Archaeological Perspectives on the Transmission and Transformation of Culture in the Eastern Mediterranean*, Levant Supplementary Series 2. Oxford, 140-154.

Braun, E. (2009). "Social Development and Continuity in Early Bronze Age I of the Southern Levant: Reflections on Evidence for Different Modes of Ceramic Production", en S.A. Rosen y V. Roux (eds.), *Techniques and People: Anthropological Perspectives on Technology in the Archaeology of the Proto-Historic and Early Historic Periods in the Southern Levant*, Mémories et travaux du Centre de Recherche Français à Jérusalem, Archéologie et Sciences de l'Antiquité et du Moyen Âge 9. Paris, 233-252.

Braun, E. (2014a). "Observations on Contacts between the Nile Valley and the Southern Levant in Late Prehistory Prior to Dynasty 0", en M.A. Jucha, J. Debowska-Ludwin y P. Kolodziejczyk (eds.), *Aegyptus Est Imago Caeli: Studies Presented to Krzysztof M. Ciałowicz on His 60th Birthday*. Krakow, 223-234.

Braun, E. (2014b). "Reflections on the Context of a Late Dynasty 0 Egyptian Colony in the Southern Levant: Interpreting Some Evidence of Nilotic Material Culture at Select Sites in the Southern Levant (ca. 3150 BCE – ca. 2950 BCE)", en A. Mączyńska (ed.), *The Nile Delta as a Centre of Cultural Interactions between Upper Egypt and the Southern Levant in the 4th millennium BC. Proceedings of the conference held in the Poznan Archaeological Museum, Poznań, Poland, 21-22 June 2013*, Studies in African Archaeology 13. Poznań, 37-55.

Braun, E. (2016). "Little Pot Who Made Thee, Dost Thou Know Who Made Thee?", en B. Bader, C.M. Knoblauch y E.Ch. Köhler (eds.), *Vienna 2 – Ancient Egyptian Ceramics in the 21st Century: Proceedings of the International Confe-*

rence held at the University of Vienna, 14th-18th of May, 2012, Orientalia Lovaniensia Analecta 245. Leuven / Paris / Bristol CT, 69-84.

BRAUN, E. (2021a). *Reflections on South Levantine Early Bronze 1 Vernacular Architecture: Second Edition*. https://www.researchgate.net/publication/340807610_Braun-EB_1-_Vernacular_Architecture (último acceso: 15/2/2021).

BRAUN, E. (2021b). "'External Interaction' in the Fourth Millennium Ancient Near East: Comparing and Contrasting Egyptian Colonial Activity in the Southern Levant with the Uruk Expansion", en E.Ch. Köhler, N. Kuch, F. Junge y A.-K. Jeske (eds.), *Egypt at its Origins 6. Proceedings of the Sixth International Conference "Origin of the State. Predynastic and Early Dynastic Egypt", Vienna, 10th – 15th September 2017*, Orientalia Lovaniensia Analecta 303. Leuven / Paris / Bristol CT, 45-64.

BRAUN, E. (2021c). "Chronological Correlations: South Levantine EB 1 and Egypt in Light of New Radiocarbon Dates from Arad", en N. Buchez, Y. Tristant y O. Rochecouste (eds), *Égypte antérieure. Mélanges de préhistoire et d'archéologie offerts à Béatrix Midant-Reynes par ses étudiants, collègues et amis*, Orientalia Lovaniensia Analecta 304. Leuven / Paris / Bristol CT, 1 81-110.

BRAUN, E. y VAN DEN BRINK, E.C.M. (1998). "Some Comments on the Late EB I Sequence of Canaan and the Relative Dating of Tomb U-j at Umm el Ga'ab and Graves 313 and 787 from Minshat Abu Omar with Imported Ware: Views from Egypt and Canaan", *Egypt and the Levant 7*, 71-94.

CIAŁOWICZ, K.M. (2016). "Egypt and the Southern Levant in the Second Half of the 4th Millennium BC. The View from Tell el-Farkha", en K.M. Ciałowicz, Y. Yekutieli y M. Czarnowicz (eds.), *Tel Erani I: Preliminary Report of the 2013-2015 Excavations*. Krakow, 139-147.

CIAŁOWICZ, K.M., YEKUTIELI, Y. y CZARNOWICZ, M. (eds.) (2016). *Tel Erani I: Preliminary Report of the 2013-2015 Excavations*. Krakow.

CROUVI, O., ENZEL, Y., BEN-DOR, Y. y AMIR, R. (eds.) (2015). *Atmospheric Dust, Dust Deposits (Loess) and Soils in the Negev Desert: Guide Book*, Report GSI 22. Jerusalem.

CZARNOWICZ, M., PASTERNAK, M., OCHAŁ-CZARNOWICZ, A. y SKŁUCKI, J. (2014). "The Egyptian Presence at Tel Erani", en M.A. Jucha, J. Debowska-Ludwin y P. Kolodziejczyk (eds.), *Aegyptus est Imago Caeli: Studies Presented to Krzysztof M. Ciałowicz on His 60th Birthday*. Krakow, 235-244.

CZARNOWICZ, M., YEKUTIELI, Y., OCHAL-CZARNOWICZ, A. y PASTERNAK, M.D. (2016). "The Excavation of Area D-3", en K.M. Ciałowicz, Y. Yekutieli y M. Czarnowicz (eds.), *Tel Erani I: Preliminary Report of the 2013-2015 Excavations*. Krakow, 27-44.

DESSEL, J.P. (1991). *Ceramic Production and Social Complexity in fourth Millennium Canaan: A Case Study from the Halif Terrace*. Ph.D. Thesis. The University of Arizona.

DESSEL, J.P. (2009). *Lahav I. Pottery and Politics: The Halif Terrace Site 101 and Egypt in the Fourth Millennium B.C.E.*, Reports of the Lahav research Project excavations at Tel Halif, Israel 1. Winona Lake.

DRUKS, A. (1970). "Ancient Tombs at Azor", *Hadashot Arkheologiyot 33*, 21 (Hebrew).

GOLODETS, C., STERNBERG, M., KIGEL, J., BOEKEN, B., HENKEN, Z., SELIGMAN, N.G. y UNGAR, E.D. (2013). "From Desert to

Mediterranean Rangelands: Will Increasing Drought and Inter-annual Rainfall Variability Affect Herbaceous Annual Primary Productivity?", *Climatic Change* 119 (3-4), 785-798.

Gophna, R. (1972). "Egyptian First Dynasty Pottery from Tel Halif Terrace", *Museum Haaretz Bulletin* 14, 47-56.

Gophna, R. (1990). "The Egyptian Pottery of En Besor", *Tel Aviv* 17, 144-162.

Gophna, R. (ed.) (1995). *Excavations at 'En Besor*. Tel Aviv.

Kansa, E.C., Hendrickx, S., Levy, T.E. y van den Brink, E.C.M. (2002). "Nahal Tillah Reed Decorated Pottery: Aspects of Early Bronze Age IB Ceramic Production and Egyptian Counterparts", en E.C.M. van den Brink y E. Yannai (eds.), *In Quest of Ancient Settlements and Landscapes: Archaeological Studies in Honour of Ram Gophna*. Tel Aviv, 193-218.

Kansa, E.C., Kansa, S.W, y Levy, T.E. (2002). "Eat like an Egyptian? A Contextual Approach to an Early Bronze I 'Egyptian Colony' in the Southern Levant", en M. Maltby (ed.), *Integrating Zooarchaeology*. Oxford, 76-91.

Kansa, E.C. y Levy, T.E. (2002). "Ceramics, Identity, and the Role of the State: The View from Nahal Tillah", en E.C.M. van den Brink y T.E. Levy (eds.), *Egypt and the Levant: Interrelations from the 4th through the Early 3rd millennium BCE*. London, 190-212.

Levy, T.E., Alon, D., Smith, P., Yekutieli, Y., Rowan, Y., Goldberg, P., Porat, N., van den Brink, E.C.M., Witten, A.J., Golden, J., Grigson, C,. Dawson, L., Holl, A., Moreno, J. y Kersel, M. (1997). "Egyptian-Canaanite Interaction at Nahal Tillah, Israel (ca. 4500-3000 B.C.E.): An Interim Report on the 1994-1995 Excavations". *Bulletin of American Schools of Oriental Research* 307, 1-52.

Levy, T. E., van den Brink, E.C.M., Goren, Y. y Alon, D. (1995). "New Light on King Narmer and the Protodynastic Egyptian Presence in Canaan", *Biblical Archaeologist* 58, 26-35.

Milevski, I., Braun, E, Varga, D. e Yisrael, Y. (2012). "A newly-discovered Early Bronze Age settlement and silo complex at Amaziya, Israel". *Antiquity* 86/331. http://www.antiquity.ac.uk/projgall/milevski331/ (último accesso 19/4/21).

Milevski, I., Braun, E. Varga, D. e Israel, Y. (2016). "On Some Possible Implications of a Newly Discovered Early Bronze Age, Large Scale Silo Complex at Amaziya, Nahal Lachish (Israel)", en L. Manzanilla y M. Rothman (eds.), *Storage in Ancient Complex Societies: Administration Organization and Control*. New York, 61-84.

Miroschedji, P. de, Sadeq, M., Faltings, D., Boulez, V., Naggiar-Moliner, L., Sykes, N. y Tengberg, M (2001). "Les fouilles de Tell es-Sakan (Gaza): nouvelles données sur les contacts Égypto-Canaanéens aux IVe - IIIe millénaires", *Paléorient* 27(2), 75-104.

Paz, Y., Rosenberg, D. y Nativ, A. (2005). "Excavations at Lod: Neolithic and Chalcolithic Remains and an Egyptian Presence in the Early Bronze Age", *Salvage Excavation Reports* 2. Tel Aviv, 114-158.

Porat, N. (1987). "Trade of Pottery between Egypt and Cana'an in Ancient Times: Notes on Current Research", *Bulletin of the Israel Academic Center in Cairo* 8, 2-4.

Porat, N. (1989). *Composition of Pottery: Application to the Study of the Interrelations Between Canaan and Egypt during the 3rd Millennium B. C.* Ph.D. thesis, The Hebrew University of Jerusalem.

https://www.academia.edu/17022865/Composition_of_pottery_application_to_the_study_of_the_interrelations_between_Canaan_and_Egypt_during_the_3rd_millennium_BC (último acceso 3/4/2021).

REGEV, J., MIROSCHEDJI, P. de, GREENBERG, R. BRAUN, E, GREENHUT, Z. y BOARETTO, E. (2012). "Chronology of the Early Bronze Age in the Southern Levant: New Analysis for a High Chronology", *Radiocarbon* 54/3-4, 525-566.

SEGER, J.D. (1996). "The Point One Principle: A Case Study from the Halif Terrace", en J.D. Seger (ed.), *Retrieving the Past: Essays on Archaeological Research and Methodology in Honor of Gus W. van Beek*. Winona Lake, 245-268.

SEGER, J.D., BAUM, B., BOROWSKI, O., COLE, D.P., FORSHEY, H., FUTATO, E., JACOBS, P.F., LAUSTRUP, M., O'CONNOR SEGER, P. y ZEDER, M. (1990). "The Bronze Age Settlements at Tell Halif: Phase II Excavations, 1983-1987", en *Bulletin of the American Schools of Oriental Research. Supplementary Studies* No. 26, *Preliminary Reports of ASOR-Sponsored Excavations 1983-87*. Chicago, 1-32.

SMITH, P. (2002). "The Paleo-Biological Evidence for Admixture between Population in the Southern Levant and Egypt in the Fourth to Third Millennia BCE.", en E.C.M. van den Brink y T.E. Levy (eds.), *Egypt and the Levant: Interrelations from the 4th through the Early 3rd millennium BCE*. London, 118-128.

VAN DEN BRINK, E.C.M. (2002). "An Egyptian Presence at the end of the Late Early Bronze Age I at Tel Lod, Central Coastal Plain, Israel", en E.C.M. van den Brink y T.E. Levy (eds.), *Egypt and the Levant: Interrelations from the 4th through the Early 3rd Millennium BCE*. London / New York, 286-305.

ZIV, B., SAARONI, H., PARGAMENT, R., HARPAZ, TZ. y ALPERT, P. (2013). "Trends in Rainfall Regime over Israel, 1975-2010, and Their Relationship to Large-scale Variability", *Regional Environmental Change* 13/1 (published online). https://www.tau.ac.il/~pinhas/papers/2013/Ziv_et_al_RECJ_2013.pdf (último acceso 21/2/2021).

Marcelo Campagno / Bernardo Gandulla / Ianir Milevski (eds.)

SÍMBOLOS EN ACCIÓN:

UNA REEVALUACIÓN DE LOS GRAFITIS DEL "PAVIMENTO DE LAS FIGURAS" EN MEGUIDO

Yuval Yekutieli
Universidad Ben-Gurion del Negev, Beersheva, Israel

En 1925-1939, el Instituto Oriental de Chicago realizó excavaciones a gran escala en el sitio de Meguido (Fig. 1:1) en el norte de Palestina de esa época. Durante su trabajo, la expedición llegó a un templo fechado en el Bronce Antiguo IB (3350-3050 a.C.; estrato XIX). Una de las características notables de este templo fue que muchas de las losas del pavimento de su patio tenían diseños elaborados con incisiones. Después de examinar las interpretaciones actuales de estos grafitis, este trabajo[1] ofrece una nueva comprensión basada en el análisis de las fotografías de las losas publicadas en el informe de excavación.

El examen revela que la mayoría de las losas lleva una secuencia estratificada de incisiones, la primera de las cuales presenta expresiones simbólicas de poder real de estilo egipcio. Posteriormente, estas escenas egipcias fueron borradas y modificadas por grabados que las manipularon para transmitir mensajes que desafiaban a los originales. Se sugiere que esta actividad iconoclasta, en el contexto geopolítico de la época, implicaba una resistencia local a la expansión invasora egipcia inmediatamente al sur de Meguido.

El contexto geohistórico

La investigación arqueológica llevada a cabo durante las últimas cinco décadas, comenzando con las excavaciones de Yeivin (1961) en Tel Erani, ha revelado un episodio histórico, desconocido hasta

---

[1] El presente capítulo es una traducción de Yekutieli 2008, con pequeñas adaptaciones. Traducción de Ianir Milevski; revisión de Marcelo Campagno.

entonces, que había ocurrido en el sur de Levante alrededor del 3150 a.C.: el establecimiento de una colonia egipcia que había funcionado durante aproximadamente un siglo (Brandl 1992; Porat 1992; Anđelkovic 1995) (ver Fig. 1:1).

La evidencia acumulada sugiere que como continuación del largo proceso de la llamada "unificación" de Egipto (von der Way 1992, 4), el estado egipcio emergente se había expandido al suroeste de Canaán y una cierta cantidad de egipcios se había asentado en esta región junto a la población indígena. El asentamiento central dentro de esta entidad fue probablemente Tell es-Sakan, que aparentemente había sido fuertemente fortificado durante el Bronce Antiguo (en adelante BA) IB (ver Fig. 1; Tabla 1), mostrando una cultura material abrumadoramente egipcia de tiempos de Nagada III / Dinastías 0-1 (de Miroschedji *et al.* 2001).

Período		Desde	Hasta
Terminología levantina	Terminología egipcia		
Bronce Antiguo IA1	Nagada IIc	3650 cal. a.C.	3500 cal. a.C.
Bronce Antiguo IA2	Nagada IId	3500 cal. a.C.	3350 cal. a.C.
Bronce Antiguo IB1	Nagada IId – IIIa	3350 cal. a.C.	3200 cal. a.C.
Bronce Antiguo IB2	Nagada IIIb-c / Dinastías 0-1	3200 cal. a.C.	3050 cal. a.C.

TABLA 1. Terminología y cronología del Levante meridional y Egipto durante la segunda parte del IV milenio a.C. (basado en Levy y van den Brink 2002, tabla 1.1 y Yekutieli 2000, tabla 8.3).

La región en un radio de aproximadamente 40 kilómetros alrededor de Tell es-Sakan fue testigo del establecimiento de otros asentamientos, que manifestaron una amplia gama de elementos de la cultura material local y egipcia: En Besor, estrato III (Gophna 1995), la terraza de Tel Halif, estrato II (Levy *et al.* 2001), Tel Maahaz, estrato I (Beit-Arieh y Gophna 1999; Amiran y van den Brink 2001; 2002), y Tel Erani, estratos V-VI (Brandl 1989)[2].

Con base en estos datos acumulados, algunos investigadores, incluido el presente autor, han concluido que el episodio egipcio del BA IB2 (Tabla 1) debe entenderse como una forma temprana de una organización colonial, justificando el rótulo de "colonia" (*e.g.*, Brandl 1992; Porat 1992; Joffe 1993, 52; Anđelkovic 1995; Yekutieli 1998).

---

2   Para la ubicación de los sitios, ver mapa 2, p. 11.

     Marcelo Campagno / Bernardo Gandulla / Ianir Milevski (eds.)

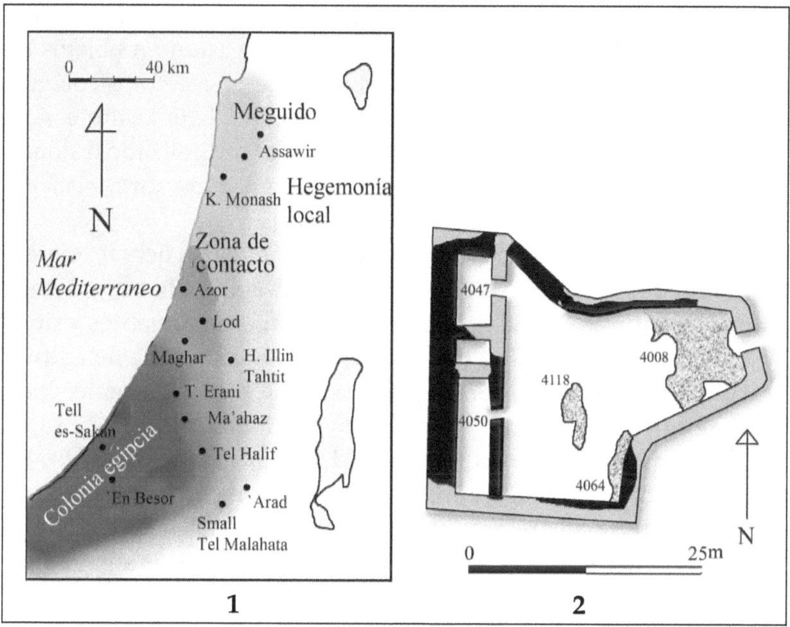

Figura 1. 1) Mapa regional con Meguido y los sitios mencionados en el texto. La colonia egipcia, la zona de contacto y el área dominada localmente. 2) Reconstrucción del templo del estrato XIX de Meguido (según Kempinski 1989, fig. 7).

Aparentemente, esta colonia, como parte del emergente estado egipcio contemporáneo, era una organización social compleja de nivel protourbano, si no completamente urbano. Tell es-Sakan, un sitio fuertemente fortificado (Miroschedji *et al.* 2001, 84, figs. 6, 8-10), ubicado en el borde del puente terrestre que conduce desde Egipto a través del norte de Sinaí (Oren 1989; Yekutieli 1998; 2002b) forma, junto con la constelación de sitios más pequeños a su alrededor, una organización jerárquica espacial clara con un asentamiento primario central. La centralización del poder se evidencia aún más a través del aparato administrativo que controlaba los movimientos de mercancías en la región (manifestado a través de las bullas impresas) y producía pan y cerveza en panaderías y cervecerías centralizadas, probablemente como raciones para los trabajadores públicos (un fenómeno conocido en el Egipto contemporáneo; Seidlmayer 1996, 121). Otro indicio de la compleja organización es la inconfundible estandarización de la producción de cerámica en todo el territorio de la colonia. Finalmente, la distribución de la iconografía real como la de los *serekhs* (Levy *et al.* 1995; van den Brink y Braun 2002) solía propagar la hegemonía real-divina del soberano egipcio incluso a las clases sociales más bajas (a través de su incisión en objetos de la vida cotidiana) y es una clara indicación de un asalto psicológico institucional sobre las mentes de las personas. Este asalto estaba destinado a legitimar la hegemonía del aparato centralizado fundado por los mismos poderes divinos que eran invocados por asociación con estos emblemas incisos (Yekutieli 2002a).

La evidencia arqueológica acumulada en el Israel actual, sugiere que alrededor del núcleo central de la colonia egipcia había una zona amplia y continua donde se pueden encontrar asentamientos y sitios de enterramientos del BA IB2, que muestran conjuntos de cultura material local con un pequeño, pero constantemente presente, componente egipcio (ver Fig. 1:1). En un artículo tiempo atrás, se ha sugerido denominar esta área como "zona de contacto" (Yekutieli 2004)[3].

Sugerimos que la hegemonía directa de la colonia egipcia se limitó a sitios cuyo registro arqueológico presenta una cultura material mayoritariamente egipcia (en la actualidad estos sitios son Tell es-Sakan, En Besor [estrato III], la terraza de Tel Halif [estrato II], Tel Maahaz I, Tel Erani [estratos V-VI]). La menor cantidad, aunque constante, de hallazgos egipcios en los sitios de la "zona de contacto" indica que esta fue la región donde se llevaron a cabo los contactos de la colonia con sus alrededores (hostiles, amistosos o fluctuantes entre las dos partes). Se supone que a medida que los egipcios se establecieron en el sur de Canaán, continuaron explorando más lejos en la "zona de contacto". Un descubrimiento como el tesoro de Kfar Monash (Tadmor 2002), un alijo de herramientas y armas de metal de estilo predominantemente egipcio, podría representar los restos de una pequeña expedición exploratoria egipcia, que podía constar de unos pocos soldados y trabajadores, enviados en misión a la "zona de contacto".

Es muy poco probable que existieran fronteras bien definidas entre la colonia egipcia, la "zona de contacto" y la región indígena; en su lugar, probablemente había un *continuum* que cubría la mayor parte del sur del Levante, donde en un extremo había una región hegemónica egipcia y en el otro un área dominada localmente. En

---

3   Miroschedji *et al.* (2001, 98-99, fig. 22) sugirieron un modelo de zonificación tripartita: la Zona 1 (que incluye Tell es-Sakan y 'En Besor) se describe como un área de asentamiento egipcio permanente; la Zona 2, más al norte, se define como un área de presencia colonial egipcia (desde Tel Halif en el sureste hasta Tel Lod en el norte); y la Zona 3 consiste en un área dominada por los cananeos.

consecuencia, la "zona de contacto", ubicada entre las dos, se caracterizó por fronteras borrosas y fluctuantes (ver Fig. 1:1).

Además de la importancia espacial, el concepto de "zona de contacto" enfatiza el hecho de que, durante el BA IB2, Canaán fue testigo de procesos dinámicos en los que personas, objetos, ideas y modos de vida estaban en constante movimiento e intercambio entre las zonas bajo hegemonías egipcia y local. Es importante señalar que el intercambio no se limitó a la "zona de contacto"; parece que la sociedad de la colonia (que evidentemente estaba formada tanto por colonizados como por colonizadores) era también un lugar principal de intercambio. Evidentemente, se había llegado a una etapa en la que había comenzado a desarrollarse una cultura híbrida. La evidencia de este fenómeno se puede encontrar en una variedad de objetos que manifiestan una combinación de rasgos locales del BA I y de rasgos egipcios, como estilos y tecnologías de alfarería híbrida (denominados en diferentes nombres, como "híbrido A, B y C", o "alfarería egipcianizante"; Brandl 1989, 372-378), y una mezcla de motivos iconográficos (Brandl 1989, 376-378; 1992, 445; van den Brink 1998, 216, 218, nota 23). Este modo de hibridación, que es típico de las situaciones coloniales (*e.g.*, Bhabha 1994, 85-92), tenía significados socioculturales indudablemente prominentes, pero este tema se ampliará en otras publicaciones.

La naturaleza de las relaciones entre los egipcios y la población indígena aún no está clara, y los investigadores del episodio egipcio del BA I en el Levante meridional han sugerido todas las formas posibles, desde la interacción comercial amistosa (Ward 1963; 1969; Amiran 1974; Ben Tor 1982; Weinstein 1984; Brandl 1989; Stager 1992; Schulman 1992) a la hostilidad consistente en una conquista militar (Yadin 1955; Yeivin 1960; 1963; 1968; Hennessy 1967; Lapp 1970; Gophna 1976a; 1976b; Oren 1973; 1989). Vale la pena mencionar que los estudiosos de las situaciones coloniales modernas (especialmente los de la escuela de la teoría poscolonial) suelen ver la hostilidad, la violencia y la resistencia como características inherentes a todo encuentro colonial (Young 2003).

El "Pavimento de las Figuras" de Meguido

Durante 1925-1939, la expedición del Instituto Oriental de Chicago había realizado excavaciones a gran escala en el antiguo sitio de Meguido, en el norte de Palestina de esa época (ver Fig. 1:1) (Lamon y Shipton 1939; Loud 1948). Al llegar a los niveles más bajos en el área BB expusieron una estructura asignada al estrato XIX, que fue interpretada como un templo y datada en el período comprendido entre el 3300 y el 3000 a.C. (ver Fig. 1:2) (Loud 1948, 5, 61-62). En ese momento se denominó a esa época como Calcolítico; sin embargo, actualmente se entiende dentro del contexto levantino meridional como BA IB (ver Tabla 1). La interpretación de esta estructura ha sido bien aceptada por otros investigadores, y las diferencias entre ellos se centran en los detalles estratigráficos y en varias reconstrucciones opcionales dentro de lo que generalmente se acepta como un contexto de culto (*e.g.*, Epstein 1973; Dunayevsky y Kempinski 1973; Kempinski 1989, 23, 170; Finkelstein y Ussishkin 2000).

La excavación norteamericana había indicado que se accedía al templo desde el este, a través de un gran patio delimitado por un muro. Este patio fue pavimentado con losas planas de piedra caliza de forma irregular conservadas en algunos grupos (Loci 4008, 4064, 4118; ver Fig. 1:2), y se describe en el informe con las siguientes palabras:

El pavimento 4008 […] tiene una pendiente muy pronunciada […]. En parte es doble […] con tierra entre las capas, la superior quizás se construyó al mismo tiempo que el altar posterior en la habitación 4050. Las capas se separan cada vez más hacia el este, como si alguna necesidad de nivelar el talud hubiera ocurrido en tiempos posteriores. Aunque las piedras de parte de la capa inferior se colocan en filas en forma de escalones, en rigor forman una rampa más que una escalera […]. En las piedras de ambas capas hay dibujos rayados e incisos de figuras humanas y animales junto con una gran cantidad de diseños que eran pura fantasía o posiblemente signos y letras ahora indescifrables […] (Loud 1948, 61).

El objetivo de este capítulo es ofrecer una nueva interpretación de estas piedras incisas –conocidas desde su publicación como el "Pavimento de las Figuras"– basada en un análisis sistemático de sus fotografías, publicadas en el informe de Meguido (Loud 1948, láminas 271-282). Sin embargo, antes de sugerir la nueva comprensión, se deben presentar interpretaciones previas de los grafitis.

Interpretaciones previas del "Pavimento de las Figuras"

Aunque las losas del pavimento ya se publicaron en 1948, pasaron más de 40 años hasta que comenzaron a aparecer discusiones detalladas y evaluaciones de sus significados. Kempinski (1989, 170-174)

     Marcelo Campagno / Bernardo Gandulla / Ianir Milevski (eds.)

revisó las losas incisas y realizó algunas propuestas sobre sus significados, las principales de las cuales eran:

1. Las losas probablemente fueron grabadas con un propósito mágico y, mientras se depositaban en el contexto del culto, estaban destinadas a invocar a las deidades para ayudar en la caza, para evitar que los animales salvajes devoraran el ganado o para usarse como magia negra contra enemigos humanos.
2. Parece que dos divinidades están representadas en las losas:

   A. Una deidad femenina con una túnica larga y un sombrero cónico de pie frente a una planta y sosteniendo una lanza (Loud 1948, lámina 273: 7). Kempinski propuso con cautela que se trataba de una representación temprana de la diosa de la guerra Ishtar.
   B. Una deidad masculina representada por el toro, que está representada en muchas losas. Según Kempinski, esto podría haber sido una representación temprana del dios El o del posterior Hadad-Ba'al.
3. Otros personajes humanos en las losas son sacerdotes, sirvientes del templo, cazadores y otras figuras no identificadas.
4. La losa que representa cuatro cuerpos decapitados (Loud 1948, lámina 272) recuerda a las figuras decapitadas representadas en la contemporánea paleta egipcia de Narmer (Petrie 1953, láminas J25, K26). Las incisiones adicionales rayadas en la parte superior de estas figuras representan su matanza mágica.
5. Los grafitis incluyen algunos logogramas que transmiten símbolos o ideas, lo que representa una etapa bastante avanzada de sofisticación intelectual.
6. La iconografía, así como otros detalles del templo, apuntan a conexiones culturales con Egipto, Mesopotamia y el norte de Siria.

Unos años después de la publicación de Kempinski, Amiran (1992) sugirió que los grafitis eran producto de un artista egipcio que residía en Meguido. Su idea fue aceptada por Braun en su análisis de otros motivos iconográficos locales del BA I (Braun 1993, nota 10). Poco después, Pirhiya Beck (1995) ofreció una interpretación que apoyaba la idea de que la inspiración para los grafitis de Meguido combinaba tradiciones mesopotámicas, egipcias y locales. Además, enfatizó el hecho de que varias imágenes en las losas están grabadas una encima de la otra, y sugirió que agregar nuevas incisiones podría haber sido una costumbre practicada por los visitantes del templo (Beck 1995,

11). Beck comentó también que algunos signos grabados, junto con algunos fragmentos de cerámica incisos contemporáneos de otra área de excavación en Meguido ("Etapa V"; Engberg y Shipton 1934, 30, fig. 10), podrían haber representado barcos egipcios de Nagada II-III. Ella afirmó que esta interpretación podría indicar que personas de origen egipcio que viajaban por mar habían visitado Meguido y su templo (Beck 1995, 11-12).

Unos años más tarde, Marcus (2002, 406-407) comentó sobre la última idea de Beck. Estuvo de acuerdo en que los tiestos grabados de la "Etapa V" representan barcos egipcios (e incluso ofreció su reconstrucción; Marcus 2002, fig. 24.1); sin embargo, objetó la propuesta de que las representaciones del "Pavimento de las Figuras" también fueran barcos.

Más recientemente, Greenberg había citado una nueva sugerencia, hecha por la difunta Ornit Ilan, expresando la opinión de que algunos de los símbolos dentro del "Pavimento de las Figuras" representaban insignias tribales inscritas en ocasiones de ceremonias en el templo (Greenberg 2003, 19). Van der Steen (2005, 16) desarrolló aún más esta idea, y sugirió que estos símbolos expresaban la identidad tribal e insinuaban la existencia de una confederación tribal que controlaba la región de Meguido. Van der Steen resume su idea sobre la iconografía del pavimento en las siguientes palabras:

> Kempinski interpretó la mayoría de las representaciones individuales como diferentes animales, cazadores, un intérprete de la lira, una posible diosa y escenas de guerra. Cada uno de ellos bien pudo haber representado a un grupo tribal, simbolizando los rasgos que eran su "marca registrada": habilidades de caza, la velocidad del antílope, la astucia del chacal o el arte del poeta. Ya sea coincidencia o no, todas estas cualidades fueron altamente valoradas en las sociedades tribales subrecientes, en gran parte porque eran vitales para la supervivencia del grupo. Incluso el arte del poeta o del cantante era importante porque cantaba sobre las gloriosas hazañas de los antepasados y así expresaba la identidad tribal (Van der Steen 2005, 16).

Además de estos análisis iconográficos, es importante mencionar que durante la década de 1990 una expedición conjunta dirigida por la Universidad de Tel Aviv había vuelto a excavar el complejo de culto de la Edad del Bronce Antiguo en Meguido. El cuidadoso trabajo de la expedición en el sitio reafirmó que el "Pavimento de las Figuras" estaba relacionado con el templo XIX, y ratificó la existen-

   Marcelo Campagno / Bernardo Gandulla / Ianir Milevski (eds.)

cia de dos fases de construcción (etiquetadas como J-2 y J-3), ambas fechadas en el BA IB. Además, la expedición descubrió que el estrato XVIII (J-4), que representa un reordenamiento importante del complejo cúltico posterior al estrato XIX, también corresponde al BA IB (Finkelstein y Ussishkin 2000, 72-73). La implicación cronológica de este descubrimiento es que el "Pavimento de las Figuras" encaja en un episodio de duración relativamente corta que tuvo lugar durante el BA IB, pero ciertamente no al final. En otras palabras, existió contemporáneamente con la fase temprana de la colonia egipcia, y no hacia su desaparición, que ocurrió al final del BA IB.

También cabe mencionar el hecho de que la nueva expedición encontró otra losa incisa, que había pertenecido al pavimento del patio del estrato XIX; sin embargo, no proporcionaron su fotografía (Finkelstein y Ussishkin 2000, 52-53).

Los grafitis de Meguido reevaluados

Antes de entrar en el intrincado análisis de los grafitis, conviene mencionar dos situaciones que ya aparecen tras un examen preliminar de las fotografías de las piedras en el informe de excavación. Primero, como han señalado investigadores anteriores, los motivos incisos se parecen mucho al arte egipcio de finales del IV milenio a.C. Para reforzar esta observación cabe señalar que:

1. La forma en que se representan las figuras humanas en las losas 1-11[4], es similar a la observada en la paleta egipcia de los Cazadores (Petrie 1953, lám. A3), en una paleta de Tarkhan (Petrie 1914, lám. VI), y en el fresco de la Tumba 100 de Hieracómpolis (Case y Payne 1962). La similitud es especialmente sorprendente en lo que respecta a la postura de los brazos, la aparición de un cinturón con un cuchillo de pedernal atado y la forma de la barbilla / barba.

---

4   Las losas están numeradas en el informe del 1 al 36, además de sus referencias a las láminas. Para simplificar la discusión en adelante, utilizo este método de referencia. La correlación entre los números de losas y los números de las placas del informe se presenta en la Tabla 2.

Número de losa	Número de lámina	Número de losa	Número de lámina
1	271:1	19	278:19
2	271:2	20	278:20
3	271:3	21	279:21
4	272:4	22	279:22
5	273:5	23	279:23
6	273:6	24	280:24
7	273:7	25	280:25
8	274:8	26	280:26
9	275:9	27	280:27
10	275:10	28	280:28
11	275:11	29	280:29
12	276:12	30	281:30
13	276:13	31	281:31
14	277:14	32	281:32
15	277:15	33	281:33
16	277:16	34	282:34
17	278:17	35	282:35
18	278:18	36	282:36

TABLA 2. Correlación entre los números de lámina en Meguido II y los números de losas (ambos según Loud 1948).

2. Los animales con cuernos en las losas 14-18 y 23 son extremadamente similares a los toros atacantes que representan al rey egipcio en la paleta de Narmer (Petrie 1953, lám. K26), la paleta de los Toros (Petrie 1953, lám. G17-18) y en otras representaciones grabadas de este motivo en la cerámica egipcia contemporánea del norte del Sinaí (Yekutieli 2002a), el puente de tierra que conecta la colonia con su patria.

3. Las figuras de las losas 6 y 7 usan sombreros que son muy similares a la Corona Blanca egipcia, como se muestra en la contemporánea cabeza de maza del rey Escorpión (Spencer 1993, 56, fig. 36), la paleta de Narmer (Petrie 1953, lám. J25), el incensario de Qustul (Williams 1986, 142, fig. 55, lám. 34) y el mango del cuchillo del Metropolitan Museum (Williams *et al.* 1987, figs. 1, 2).

4. Como ya había señalado Kempinski, las figuras decapitadas de la losa 4 son similares a los cadáveres decapitados de la paleta de Narmer (Petrie 1953, lám. K26).

 Marcelo Campagno / Bernardo Gandulla / Ianir Milevski (eds.)

Un segundo reconocimiento que se hace evidente al mirar la documentación de las losas en el informe de excavación es el hecho de que los facsímiles de los grafitis omiten gran parte de la evidencia que se ve en las fotografías (Loud 1948, láms. 271-82). Las fotografías muestran incisiones mucho más elaboradas de lo que sugieren los dibujos del informe. Esto es especialmente importante ya que evidentemente los dibujos y no las fotografías fueron la base de la mayor parte de la investigación posterior del "Pavimento de las Figuras" (como se desprende de las imágenes de las publicaciones de Kempinski, Amiran, Beck, Marcus y Van der Steen descritas anteriormente). Por lo tanto, los investigadores modernos han tratado y utilizado sólo una parte de la evidencia.

Estas observaciones, especialmente las últimas, me habían impulsado a reexaminar las fotografías (Yekutieli 2005). El punto de partida para el reexamen fue un nuevo trazado de todas las incisiones visibles en cada losa, realizado sobre la base de las fotografías de buena calidad del informe. Luego, y con el fin de analizar los trazados, seguí un comentario realizado por Aharon Kempinski sobre la losa 4:

> [...] Muestra cuatro cadáveres humanos decapitados dibujados en forma "logográfica" [...] Podemos reconocer un círculo de marcas hechas por golpes de piedra alrededor de las cuatro figuras así como la parte inferior de las dos figuras más grandes a la derecha. Hay signos de rayado de un patrón similar a una red en toda la escena, para marcar el "asesinato" mágico de estas personas (Kempinski 1989, 173).

El comentario de Kempinski promueve así la idea de fases de incisión secuenciales en las piedras de Meguido. De hecho, estas se observan mejor en la losa 4, que representa cuatro episodios de grabado, que van desde el más bajo (el más temprano) hacia arriba (ver Fig. 2):

A. Dibujo de cuatro figuras humanas sin cabeza (como señaló Kempinski 1989, 170-174) similares a una escena dentro de la contemporánea paleta de Narmer egipcia (Petrie 1953, pls. J25, K26) (Cabe mencionar que también a estas personas les cortan los pies, hecho que escapó a la inspección de otros investigadores).
B. Un patrón de red que cubre la superficie completa de la losa.
C. Pequeñas incisiones en los bordes de la piedra.
D. Bultos romos en dos elipses concéntricas encima de las marcas anteriores.

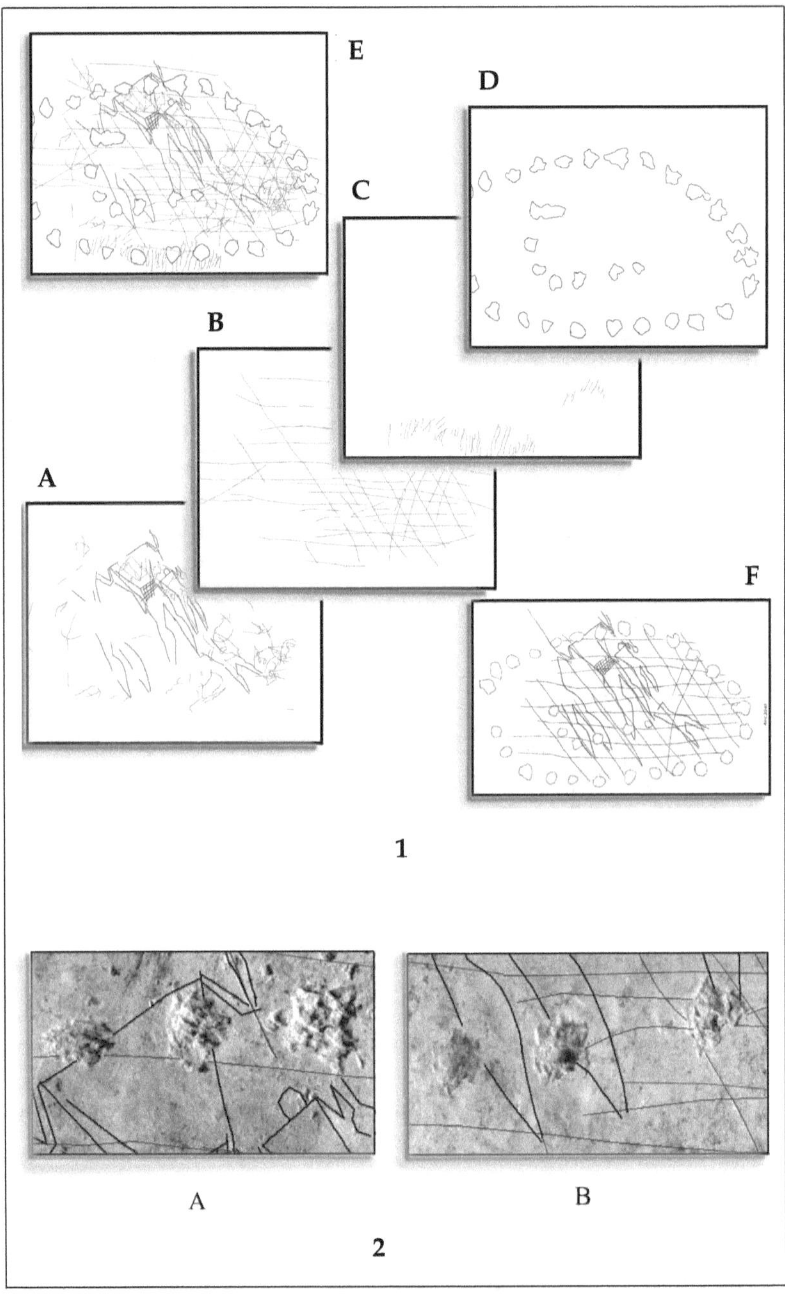

FIGURA 2. 1) Capas incisas en la losa 4; A-E dibujado por el autor, F según Loud 1948, lám. 272, 4 (= c 334). 2 A-B) Detalles de la losa 4 escaneados de Loud 1948, lám.272, con líneas agregadas por el autor. Las líneas anchas indican la capa de las figuras y las líneas estrechas siguen el patrón de la capa.

   Marcelo Campagno / Bernardo Gandulla / Ianir Milevski (eds.)

La secuencia relativa de las capas se revela a través del análisis de la cadena de operaciones que afecta el paramento de la losa. En este caso, de la fotografía del informe se desprende claramente que las protuberancias interrumpen el patrón de la red y que las líneas de este patrón se dibujaron en la parte superior de las figuras (ver Fig. 2:2) (La posición de los rasguños del borde en la secuencia es menos segura. Si bien fueron claramente interrumpidos por los golpes, es más difícil determinar su posición en relación con las figuras y el patrón de la red. Por lo tanto, su designación como "C" en la anterior secuencia sugerida es provisional). La combinación de las cuatro capas de incisión da el efecto final de la losa (ver Fig. 2:1E), de la cual los artistas del informe de Meguido reprodujeron mucho (ver Fig. 2:1F), pero ciertamente no todo.

Cuando el mismo tipo de examen cuidadoso se amplía a toda la colección de fotografías de las piedras, parece que la naturaleza compleja de la losa 4 se repite en muchas otras losas. La idea de una red rectilínea superpuesta a un diseño anterior reaparece en las losas 1-4, 8, 10, 15, 16 y 18; en los perímetros de las losas 4, 8 y 16 hay grabadas múltiples marcas de corte (quizás otras tuvieron este tratamiento también; sin embargo, muchas fotografías no muestran los bordes de las losas), y las losas 4, 8, 19, 25 y 29 exhiben golpes contundentes que dejaron marcas irregulares en la superficie, interrumpiendo escenas anteriores.

Cabe señalar que la presencia de capas de incisión superpuestas es relativamente común en el arte rupestre antiguo (p. ej., Anati 1968a; 1968b; Stölting 1997; Fossati y Arcà 1997). Sin embargo, su presencia en las losas de Meguido tiene un valor especial debido a una serie de razones. En primer lugar, estas piedras grabadas son fechables debido al hecho de que fueron selladas dentro de un estrato arqueológico. En segundo lugar, el hecho de que el pavimento fue sellado por un subestrato de la capa XIX (J-3 de la expedición de la Universidad de Tel Aviv), y por la capa XVIII (J-4 de Tel Aviv), ambos del BA IB, implica que había transcurrido un tiempo relativamente corto (en el rango de años como máximo) entre las aplicaciones de las incisiones adicionales a las losas. Esta situación es completamente diferente de los casos de grafitis al aire libre donde cientos o incluso miles de años podrían haber separado los eventos del dibujo (Anati 1968a: 5, 178-179). Finalmente, como se presentará en detalle a continuación, resultó que la mayoría de las capas superpuestas en cada losa estaban esencialmente relacionadas con las que estaban debajo de ellas. Las capas superpuestas habían borrado deliberadamente signos anteriores, enfatizado ciertas características precedentes y, en algunos casos, agregaron imágenes adicionales.

Como resultado de estas nociones, el concepto que surgió para el estudio sistemático de los grafitis de Meguido se basó en separar las últimas capas para recuperar las ilustraciones originales. Una vez hecho esto, se intentó reconstruir la escena inicial y luego examinar cómo se cambió a través de las capas posteriores. Por lo tanto, a una deconstrucción del registro inciso le sigue su reconstrucción, y ambos procesos se utilizan con el objetivo de interpretar cada losa y, en última instancia, el significado general del "Pavimento de las Figuras".

A nivel práctico, el procedimiento de análisis incluyó las siguientes etapas:

1. Escanear las fotografías del informe.
2. Establecer todas las líneas y marcas en cada losa y producir una nueva "descripción general" para cada una.
3. Remover la capa de patrón de red, las marcas de corte periféricas y las marcas de golpes contundentes (es de destacar el hecho de que la capa de red y los arañazos periféricos generalmente consisten en líneas rectas, mientras que las incisiones debajo de ellas forman parte de un patrón más grande en número de contornos curvilíneos).
4. En lo que queda, tratar de comprender la estructura básica de la escena original.
5. Buscar la inspiración para estas escenas dentro del corpus del arte egipcio de finales del IV milenio a.C. (debido al hecho de que previamente se había establecido un vínculo importante con tal arte).
6. Sugerir una reconstrucción de los "símbolos en acción" de cada losa.

Resultados

Cabe señalar desde el principio que habría sido preferible un examen de las piedras de pavimento originales. Sin embargo, dado que un proyecto de este tipo requería mucho más tiempo y recursos económicos de los disponibles (ya que las losas se encuentran actualmente en varios lugares del mundo), mi análisis se basó en el examen de las fotografías de buena calidad publicadas en el informe de excavación. Por ello, los resultados a continuación pueden considerarse como un estudio preliminar, que sugiere una nueva vía para una investigación de seguimiento. Sin embargo, se debe enfatizar que, aun así, el estudio actual es una mejora en comparación con las muchas investigaciones publicadas anteriormente de las losas de Meguido (detalladas arriba), que se basaron todas en los dibujos modernos parciales y selectivos del registro antiguo, y no en las fotografías. Por último, vale la pena mencionar que otros estudios mucho más sustanciales del arte rupestre antiguo se llevaron a cabo y se publicaron basándose únicamente en el análisis de fotografías (*e.g.*, Anati 1968a; 1968b) y demostraron ser valiosos.

Losa 16: El nuevo trazado del grafiti en esta losa revela que, además del animal con cuernos, aparentemente el único elemento representado por los artistas del informe, hay muchas otras incisiones en toda la superficie de la piedra (ver Fig. 3:1). Estas consisten en imágenes tempranas y posteriores tachaduras de líneas. Al principio, la diferenciación entre estos dos tipos de contornos es difícil; sin embargo, después de eliminar la capa de red superpuesta y las marcas de corte periféricas (ver Fig. 3:2), se puede notar un área de grabados intensos delante y debajo de las patas del animal con cuernos, y un patrón circular delante de sus cuernos. Esta situación alude a una escena original en la que un animal con cuernos pisa algo y ataca un arreglo circular (ver Fig. 3:3, izquierda).

La búsqueda de tal composición en el arte egipcio contemporáneo apunta hacia el registro inferior de la paleta de Narmer, en la que el rey, simbolizado por un toro, pisa a un enemigo y destruye las murallas de una ciudad fortificada (ver Fig. 3:3, derecha).

La historia de la losa alude a un escenario en el que una escena original que se asemeja a la del registro inferior de la paleta de Narmer fue borrada selectivamente en una determinada etapa; algunas de sus partes fueron borradas mientras se enfatizaban los contornos del animal. Así, el mensaje original se eliminó y se cambió por uno nuevo.

Losa 1: En la fotografía del informe aparece un inexplicable contorno circular débil detrás de una figura humana (ver Fig. 4:1, izquierda), que en sí mismo aparece como el signo más prominente en la losa. Este contorno es excepcionalmente similar al estilo en el que se representan los cuernos de los toros pintados de otras losas de Meguido (ver Fig. 4:1, derecha). Cuando se gira la losa 90° en el sentido de las agujas del reloj en relación con la forma en que se presenta en el informe, y se retira la capa de red (ver Fig. 4:2 izquierda),

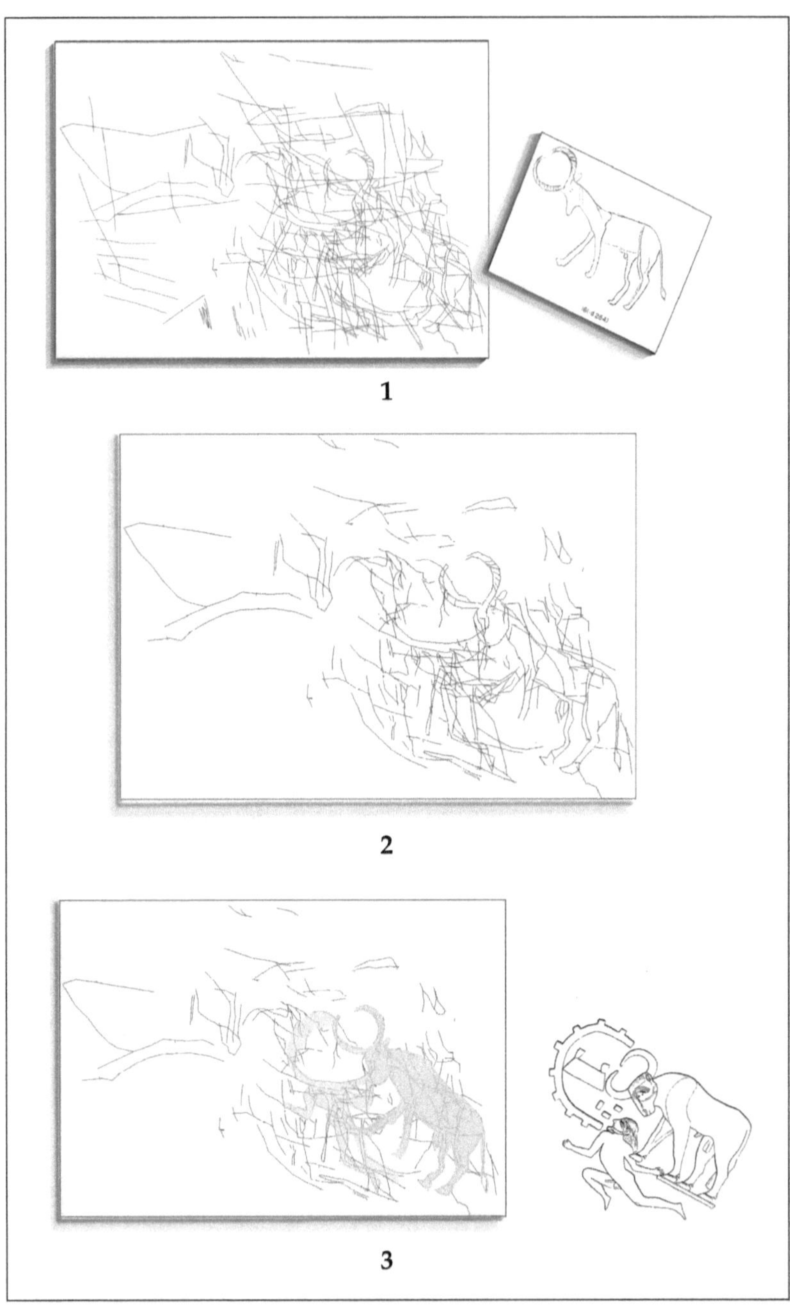

FIGURA 3. Losa 16. 1) Trazado del autor (izquierda) y en el informe de Meguido (derecha; según Loud, 1948, lám. 277, 16 [= d 284]). 2) Losa 16 después de quitar la capa de la red y los grabados periféricos. 3) Reconstrucción sugerida para la ilustración original de la losa 16 (izquierda) y un detalle de la paleta de Narmer (derecha).

 Marcelo Campagno / Bernardo Gandulla / Ianir Milevski (eds.)

se puede reconocer la silueta de un toro en postura de ataque detrás de un hombre tendido.

Una búsqueda de arreglos similares en la iconografía egipcia contemporánea recuerda el motivo principal de la Paleta de los Toros en la que el rey egipcio, representado por un toro, pisotea a un enemigo derrotado (ver Fig. 4:2, derecha).

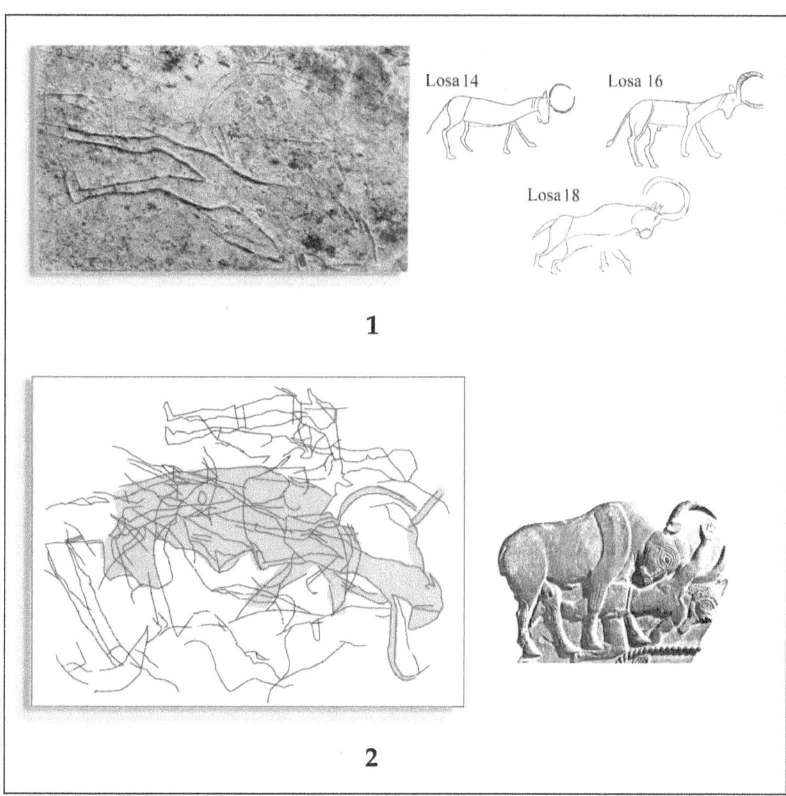

FIGURA 4. Losa 1. 1) Derecha: detalle de la losa 1 escaneada de Loud 1948, lám. 271, 1. Izquierda: grabados de toros en las losas de Meguido; Loud 1948, lám. 277, 14 (= d280); 16 (= d284); y lám. 278, 18 (= d281). 2) Losa 1 después de retirar la capa de patrón de red con una reconstrucción propuesta para la ilustración original (en tono gris) y un detalle de la Paleta de los Toros (derecha).

En consecuencia, la apariencia final de la losa sugiere, si es que nuestra identificación de la escena original es correcta, que en una determinada etapa la mayoría de los contornos del toro triunfante original fueron borrados, mientras que los contornos del antiguo enemigo derrotado fueron enfatizados e incisos más profundamente. Además, parece que la otra persona representada en la losa, que está claramente dibujada de una manera menos hábil (como es evidente por la forma tosca en que se representan sus pies), también se agregó en una etapa posterior. Así, también en el caso de esta losa, el mensaje original se transformó para transmitir uno nuevo y diferente.

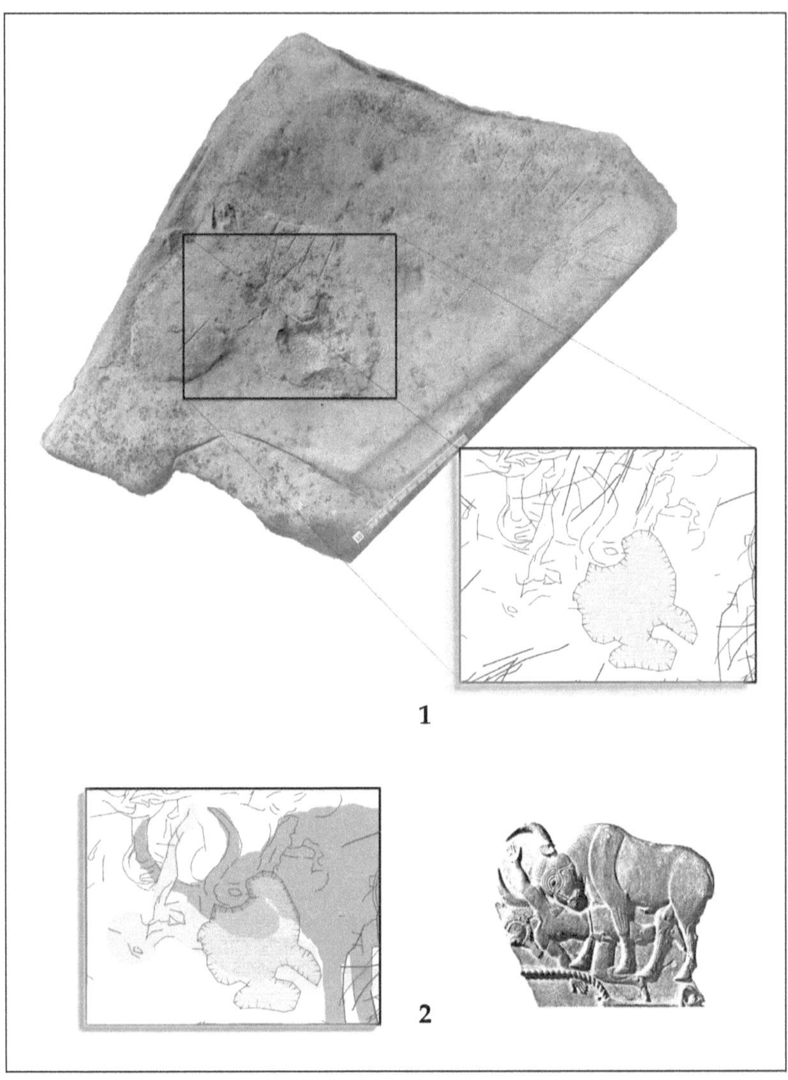

Figura 5. Losa 8. 1) Escaneo de la losa 8 (Loud 1948, Lámina 274) y trazado de su parte central (abajo a la derecha). El área en gris en la imagen denota la cicatriz en la superficie de la piedra. 2) El área trazada de la losa 8 después de eliminar los rayones superpuestos, con una reconstrucción propuesta de la ilustración original (en tonos grises; téngase en cuenta también el segmento cortado en el medio) y un detalle de la Paleta de los Toros (derecha).

   Marcelo Campagno / Bernardo Gandulla / Ianir Milevski (eds.)

Losa 8: Dentro de esta losa incisa de un modo muy rico y elaborado, me gustaría centrarme solo en la parte central (delimitada por el rectángulo en la Fig. 5:1, izquierda), y reservar un estudio más detallado para la inspección física de la piedra. En esta parte de la losa (ver Fig. 5:1, derecha) se ven los típicos cuernos redondeados de los toros de otras losas de Meguido (ver Fig. 4:1, derecha), así como el contorno de un ojo. Estos elementos implican que se ha representado un toro completo como parte de la escena original de la losa. Un examen detenido de la circunferencia de los cuernos revela un objeto alargado y ligeramente doblado que atraviesa su centro (ver Fig. 5:1). Este objeto aparece aún más claro después de eliminar la capa de arañazos posterior (ver Fig. 5:2, izquierda).

Volviendo al arte egipcio contemporáneo, esta misma disposición se puede encontrar en la paleta de los Toros (ver Fig. 5:2, derecha), donde el toro triunfante (que simboliza al rey) pisa a un enemigo cuyo brazo izquierdo se extiende entre sus cuernos. En este sentido, el elemento doblado dentro de la circunferencia de los cuernos en la losa 8 podría interpretarse como un brazo humano extendido.

Si esta interpretación es correcta, parece que se borró de la superficie de la piedra una escena original al estilo de la Paleta de los Toros. Curiosamente, además de los múltiples borrados, cierta parte de la escena original, la parte delantera del toro y una parte de la persona pisoteada, fueron cortadas de la losa dejando una marca en la superficie (el área rodeada de gris en las Figuras 5:1 y 5:2). Por lo tanto, quienes eliminaron la escena original habían decidido tomar una acción más brusca que un simple rascado y frotamiento.

Losa 25: Como otras losas, esta también tiene muchas más incisiones que las que se describen en el informe. Los artistas se concentraron únicamente en el signo más prominente de la piedra (ver Fig. 6:1 superior; 6:2D). Sin embargo, además de este ícono obvio (que también aparece de manera interesante en la losa 27, y quizás incluso en la losa 8), se notan otras imágenes, así como un área que fue cortada de la superficie de la losa (ver Fig. 6:1, grisado).

Al estudiar el elaborado grafiti en la piedra, pudimos reconocer la silueta de un ave mirando hacia la izquierda (ver Fig. 6:2A). El ave protege con sus alas abiertas un objeto, que se representa a continuación. Es difícil adivinar qué era este objeto ya que la mayor parte del mismo está cortado.

Al buscar un posible paralelo egipcio, la composición que viene a la mente es la de la imagen del buitre que protege al rey Narmer (ver Fig. 6:2, arriba) tanto en un cilindro de marfil de Hieracómpolis (Köhler 2002, fig. 31.3), como en la maza de Narmer (Millet 1990).

FIGURA 6. Losa 25. 1) Losa 25 trazada por el autor (izquierda) y como aparece en el informe de Meguido (derecha; Loud 1948, Pl. 280, 25 [= d 278]). Téngase en cuenta el área cortada marcada en gris. 2) Reconstrucción sugerida del grafiti de la Losa 25 (abajo a la izquierda); un detalle de un cilindro de Hieracómpolis (arriba a la derecha; Köhler 2002, fig. 31.3); un detalle de la Cabeza de Maza de Narmer (arriba a la izquierda; Millet 1990), y varios *serekhs* tempranos (abajo derecha).

   Marcelo Campagno / Bernardo Gandulla / Ianir Milevski (eds.)

Si esta asociación es correcta, entonces el objeto que fue borrado y cortado debajo del gran ave podría haber sido el nombre de un rey o su representación, como se ve en los paralelos egipcios. La inspección de cerca de lo que queda del objeto debajo del supuesto buitre (ver Fig. 6:2, B) es intrigante, ya que da la impresión de otra ave más pequeña con un pico doblado, y quizás un ojo también. Es evidente que, en Nagada III / Dinastías 0-1, las aves con características similares a menudo representaban a Horus (como un halcón) montado en la parte superior de un *serekh* (ver Fig. 6:2, derecha) con el nombre del rey egipcio.

Siguiendo esta sugerencia, la historia de la losa podría reconstruirse de la siguiente manera: la escena original consistía en un buitre que protegía el nombre de Horus de un gobernante egipcio. En una etapa posterior, se cortó el nombre del gobernante egipcio, se cubrieron otras partes de la escena con partes borradas y arañazos y, como acto final, otro símbolo fue añadido, *i.e.*, el ícono etiquetado como D en la Fig. 6:2, la característica más destacada de la losa 25.

Si esta reconstrucción es correcta, es extremadamente interesante preguntarse de quién fue el nombre del rey egipcio originalmente grabado en la piedra. La característica distintiva de las losas de Meguido, *i.e.* la manipulación de mensajes originales para transmitir mensajes opuestos podría proporcionar una pista para resolver este enigma.

Como se indicó anteriormente, se representaron diferentes mensajes nuevos en las losas del pavimento al enfatizar o agregar mensajes mientras se difuminaban y borraban otros (en cierto sentido, el éxito de este método se refleja en el hecho de que 5000 años después, los artistas del informe de Meguido a menudo representaron los signos agregados). El símbolo más destacado de la losa 25 es sin duda el ícono de la Fig. 6:2D. Si este ícono expresa el significado opuesto al de la losa original, que supuestamente exhibía el nombre de un gobernante egipcio, podría ser que refleje una manipulación visual del signo ausente.

Dentro del corpus de nombres de gobernantes egipcios contemporáneos, el ícono de la Fig. 6:2D consta de elementos que aparecen en el nombre de Narmer: un siluro del Nilo con bigotes y aletas prominentes, y un cincel (ver Fig. 7). Sin embargo, el nuevo ícono no es una representación directa del nombre egipcio, sino un tratamiento muy macabro del mismo: el siluro del Nilo es asesinado y cortado por la mitad y un cincel (o dos) es clavado en su cuerpo.

En consecuencia, nuestra interpretación tentativa de la losa 25, que aún debe investigarse más a fondo, es que expresa un firme antagonismo con todo lo que significa el Horus Narmer: el siluro del Nilo original y el cincel se han ido (ver Fig. 6:2C) y han sido castigados para siempre (ver Fig. 6:2D).

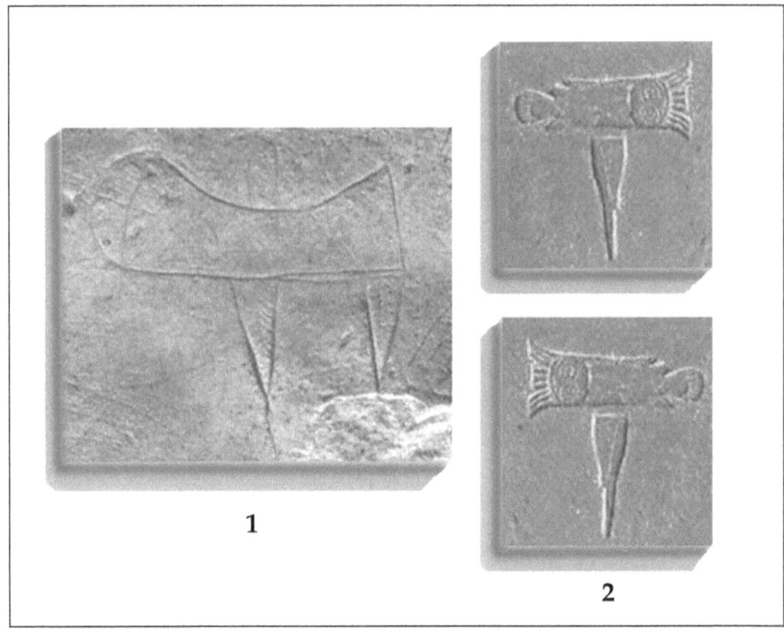

Figura 7. 1) El ícono de la losa 25 (izquierda; escaneado de Loud 1948, Pl. 280: 25). 2) Detalle de la Paleta de Narmer.

Discusión y conclusiones

El principal resultado de nuestro análisis es la identificación de una característica común en muchas de las losas de Meguido, a saber, secuencias recurrentes de incisiones estratificadas, la más antigua de las cuales simboliza el poder real egipcio. Por regla general, estas escenas originales fueron desfiguradas por capas incisas posteriores, que las borraron, cambiaron y manipularon para transmitir mensajes que desafiaban a los originales. Esta observación tiene una relación significativa con varios temas.

Comenzando con la capa incisa más antigua, vale la pena considerar el estilo al que pertenece, es decir, el arte pictográfico egipcio de finales del IV milenio a.C. Un examen de la información acumulada

     Marcelo Campagno / Bernardo Gandulla / Ianir Milevski (eds.)

que representa este medio revela que las descripciones pictóricas detalladas de eventos, ceremonias, aventuras y otras escenas, a menudo relacionadas con el poder real, eran una característica común de esa época. Tales representaciones, que frecuentemente incorporaron un conjunto reiterado de íconos y simbolismos, fueron grabadas en una amplia gama de medios: paredes de wadis y acantilados a lo largo de caminos prominentes, paletas ceremoniales, losas de piedra, etiquetas y otros artefactos. La distribución de este estilo abarca Egipto propiamente dicho, así como las áreas a las que había llegado la influencia egipcia. Entre estas representaciones destacan el panel de Escorpión de Gebel Tjauti (Friedman y Hendrickx 2002), los grafitis de Gebel Sheikh Suleiman (Needler 1967), el fresco de la Tumba 100 de Hieracómpolis (Case y Payne 1962), el textil de Gebelein (Williams *et al.* 1987, fig.15), el incensario de Qustul (Williams 1986, 142, fig. 55, lám. 34), varias paletas y etiquetas pre- y proto-dinásticas (Petrie 1953; Wilkinson 1999, 218-223), y como ha demostrado nuestra investigación, las primeras representaciones de las losas de Meguido. Este estilo artístico merece una discusión exhaustiva por sí misma, que no se dará aquí. Baste decir que está firmemente conectado con otros desarrollos contemporáneos, como los conceptos en evolución acerca de la realeza, divinidad, gobierno, orden, comunicación, pensamiento histórico, representación y narración de historias.

Además del valor artístico, la capa egipcia de las losas de Meguido tiene un significado especial dentro del contexto histórico del Levante meridional. Como se detalló anteriormente, durante la segunda mitad del BA IB, Egipto había colonizado el sur de Canaán como parte de la expansión de su estado prístino a las periferias vecinas (Algaze 1993, 316-319). La primera capa gráfica de las losas de Meguido, así como algunos otros hallazgos de ese sitio (Gophna 2000, 101-102; Joffe 2000, 170-174) sugieren que durante el apogeo de la colonia, las expediciones egipcias habían llegado a Meguido. Es posible que algunos egipcios se hayan asentado durante un tiempo en la ciudad o en sus inmediaciones. Estos "topógrafos" probablemente confiaban para su seguridad en el equilibrio entre respeto y terror creado por la recién formada colonia egipcia durante su fase expansionista. El estado de ánimo expansionista, que glorificaba el sometimiento de los locales a través de la revelación física del poder real y divino egipcio, se manifestaba claramente dentro de la primera capa gráfica de las losas. Por lo tanto, en mi opinión, estos "topógrafos" o "exploradores" egipcios fueron los autores de la capa de grafitis de estilo egipcio.

Las capas posteriores de las losas del "Pavimento de las Figuras" no son menos importantes. En realidad, estos gráficos adicionales específicos hacen que los grafitis de Meguido sean diferentes de las otras representaciones egipcias contemporáneas mencionadas anteriormente; conservan una historia adicional: la de la reacción local a los egipcios.

A juzgar por las representaciones de cautivos extranjeros atados, golpeados y torturados en el arte egipcio contemporáneo (Köhler 2002), y aprendiendo de los crecientes esfuerzos de fortificación realizados durante el BA IB en el sitio principal de la colonia egipcia, Tell es-Sakan (Miroschedji *et al.* 2001, 84, figs. 6, 8-10), parece que las relaciones entre colonizador y colonizado a finales del BA IB en Canaán estaban lejos de ser armoniosas y pacíficas.

Propongo que el "Pavimento de las Figuras" exhibe un episodio particular dentro de este contexto más amplio. Parece que en un momento determinado las losas con los grafitis egipcios fueron tomadas de sus autores o propietarios y llevadas al templo local de Meguido. En ese lugar, las marcas originales de las losas, y especialmente las que glorificaban el dominio egipcio y se jactaban de su hegemonía, fueron borradas y mutiladas. Además, a menudo se agregaban imágenes que enfatizaban los íconos locales.

Sorprendentemente, la resistencia iconográfica no terminó con esto. Como acto final, algunas de las losas, que alguna vez representaron la superioridad egipcia, se colocaron como pavimento en el patio del templo local, o se apilaron en forma de rampa dentro del mismo patio (Loud 1948, figs. 144-6, 154). Por lo tanto, cada visitante del templo tenía la oportunidad de pisar los significantes del colonizador.

Pisar los íconos del adversario es un acto muy simbólico tanto en la antigüedad como en la época moderna, pero hacerlo en el templo de un dios local tiene un valor adicional. Refleja un aprecio, aprobación, gratitud y apelación a estas deidades dentro de un contexto más amplio de lucha contra un colonizador odiado, sus gobernantes y sus dioses.

Curiosamente, hay otro indicio de demolición simbólica de íconos egipcios en el templo XIX de Meguido. El informe de la excavación indica que tres cabezas de maza egipcias (Loud 1948, lám. 270: 2-4)[5]

---

5   La descripción de Loud 1948, lám. 270: 4 indica que se encontró en el locus 4033 de la capa XVIII; sin embargo, la etiqueta de tinta en la fotografía de este artefacto en la misma placa indica el locus 4008 (el "Pavimento de las Figuras"). En cualquier caso, dado que 4033 era un área abierta superpuesta directamente sobre 4008 (en la cuadrícula O15), existe una alta probabilidad de que esta cabeza de maza rota se haya originado en la acumulación del pavimento.

     Marcelo Campagno / Bernardo Gandulla / Ianir Milevski (eds.)

y una punta de lanza de posible origen egipcio (Loud 1948, lám. 283: 1)[6] se encontraron en el recinto del templo. Estas cuatro armas están rotas (las cabezas de la maza) o dobladas (la punta de la lanza), es decir, ya no podían funcionar como armas eficientes. Aunque esto podría ser una mera coincidencia arqueológica, las armas egipcias desfiguradas dentro del recinto del templo complementan el mensaje transmitido por las losas del pavimento y sus grafitis: el dominio egipcio está mutilado, deformado y destrozado.

Por lo tanto, el "Pavimento de las Figuras" representa un aspecto dentro de una resistencia local mayor a los egipcios cuyas ambiciones colonizadoras se habían sentido en Meguido, en el extremo norte de la "zona de contacto", durante la fase inicial de expansión de la colonia.

Como observación final, cabe agregar que la mayoría de las investigaciones sobre la colonia egipcia en Canaán durante el BA IB se centraron casi exclusivamente en el punto de vista del colonizador. Es decir, identificando artefactos y estructuras egipcias dentro de la zona colonizada, especulando sobre la razón que llevó a los egipcios a crear la colonia (comercio, expansionismo militar, administración de energía experimental, etc.) o intentando retratar el tipo de comportamiento que los egipcios expresaron hacia los nativos (cooperación, violencia, etc.). Sin embargo, como indican varias disciplinas de la teoría social actual (más específicamente la teoría poscolonial), los episodios como tales son mucho más complejos. Además del colonizador (y su punto de vista), también involucran al colonizado, y los intrincados procesos que tienen lugar entre los dos: hibridación, resistencia, colaboración, discursos hegemónicos y subalternos emergentes, manipulaciones de la memoria y el olvido, etc. (Williams y Chrisman 1994).

Por lo tanto, además de fomentar una mayor investigación del "Pavimento de las Figuras" de Meguido y sus múltiples significados, este trabajo ofrece una primera conciencia de la voz de los colonizados en el Canaán del BA IB, y llama a prestar más atención a la compleja interacción entre colonizador y colonizado en este encuentro egipcio-cananeo.

---

6   Loud asignó la punta de lanza al estrato XVIII (Loud, 1948, Pl. 283: 1); sin embargo, la expedición de la Universidad de Tel Aviv, después de la reconstrucción de Epstein (1973), había demostrado que en realidad pertenecía a la fase posterior del estrato XIX (su nivel J- 3; Finkelstein y Ussishkin 2000, 73). Esta punta de lanza pertenece a un conjunto de herramientas y armas de cobre del BA IB que incorpora una mezcla de rasgos egipcios y cananeos, como mejor ejemplifica el tesoro contemporáneo de Kfar Monash (Sebanne 2003). Curiosamente, también sugiere la lanza sostenida por la persona que lleva un tocado tipo "corona blanca" en la losa 7.

Bibliografía

Algaze, G. (1993). "Expansionary Dynamics of Some Early Pristine States", *American Anthropologist* 95(2), 304-333.

Amiran, R. (1974). "An Egyptian Jar Fragment with the Name of Narmer from Arad", *Israel Exploration Journal* 24, 4-12.

Amiran, R. (1992). "An Egyptian Artist from Megiddo and a Local Canaanite Artist from Tell Farah (N), both from the Early Bronze Age I", en *Eighteenth Archaeological Conference in Israel, 12-13 February, 1992*. Jerusalem, 31 (Hebreo).

Amiran, R., Paran, U., Shiloh, Y., Brown, R., Tsafrir, Y. y Ben-Tor, A. (1978). *Early Arad I.* Jerusalem.

Amiran, R. y van den Brink, E.C.M. (2001). "A Comparative Study of the Egyptian Pottery from Tel Ma'ahaz, Stratum 1", en S.R. Wolff (ed.), *Studies in the Archaeology of Israel and Neighboring Lands in Memory of Douglas L. Esse.* Chicago, 29-58.

Amiran, R. y van den Brink, E.C.M. (2002). "The Ceramic Assemblage from Tel Ma'ahaz, Stratum I (Seasons 1975-1976)", en E.C.M. van den Brink y T.E. Levy (eds.), *Egypt and the Levant. Interrelations from the 4th through the Early 3rd Millennium BCE.* Leicester / London, 273-279.

Anati, E. (1968a). *Rock-Art in Central Arabia – The "Oval Headed" People of Arabia.* Louvain.

Anati, E. (1968b). *Rock-Art in Central Arabia – Fat-Tailed Sheep in Arabia, and the Realistic-Dynamic Style of Rock-Art in the Jebel Qara.* Louvain.

Anđelkovic, B (1995). *The Relations between Early Bronze Age I Canaanites and Upper Egyptians.* Belgrade.

Beck, P. (1995). "Issues in the History of Early Bronze Age Art in Eretz Israel", *Cathedra* 76, 3-33 (Hebreo).

Beit-Arieh, I. y Gophna, R. (1999). "The Egyptian Protodynastic (Late EBI) Site at Tel Ma'ahaz: a Reassesment", *Tel Aviv* 26, 191-207.

Ben-Tor, A. (1975). "Two burial caves of the Proto-Urban period at Azor, 1971", *Qedem* 1, 1-54.

Ben-Tor, A. (1982). "The Relations between Egypt and the Land of Canaan during the Third Millennium B.C.", *Journal of Jewish Studies* 33, 3-18.

Bhabha, H. K. (1994). *The Location of Culture.* New York.

Brandl, B. (1989). "Observations on the Early Bronze age Strata of Tel Erani", en P. de Miroschedji (ed.), *L'urbanization de la Palestine a l'age du Bronze ancien,* British Archaeological Reports, International Series 527[ii]. Oxford, 357-388.

Brandl, B. (1992). "Evidence for Egyptian colonization in the southern coastal plain and lowlands of Canaan during the EB1 period", en E.C.M. van den Brink (ed.), *The Nile Delta in Transition: 4th - 3rd Millenium B.C.* Ramat-Gan, 441-477.

Braun, E. (1993). "Some observations on the origins and iconography of a cylinder seal from Bab edh-Dhra", *Bulletin of the American Schools of Oriental Research* 290, 121-125.

Braun, E., van den Brink, E.C.M., Gophna, R. y Goren, Y. (2001). "New Evidence for Egyptian Connections during a Late phase of Early Bronze I from the Soreq Basin in South-Central Israel", en S.R. Wolff (ed.), *Studies in the Archaeology of Israel and Neighbor-*

Marcelo Campagno / Bernardo Gandulla / Ianir Milevski (eds.)

ing Lands in Memory of Douglas L. Esse. Chicago, 59-92.

CASE, H. y PAYNE, J. (1962). "Tomb 100: the decorated tomb at Hierakonpolis", *Journal of Egyptian Archaeology* 48, 5-18.

DUNAYEVSKY, I. y KEMPINSKI, A. (1973). "The Megiddo temples", *Zeitschrift des deutschen Palästina-Vereins* 89, 161-187.

ENGBERG, R. y SHIPTON, G.M. (1934). *Notes on the Chalcolithic and Early Bronze Age Pottery of Megiddo.* Chicago.

EPSTEIN, C. (1973). "The sacred area at Megiddo in stratum XIX", *Eretz Israel* 11, 54-57 (Hebreo).

FINKELSTEIN, I. y USSISHKIN, D. (2000). "Area J", en I. Finkelstein, D. Ussishkin, y B. Halpern (eds.), *Megiddo III: The 1992-1996 Seasons, vol I.* Tel Aviv, 25-74.

FOSSATI, A. y ARCÀ, A. (1997). "Tracing the past: petroglyph reproduction for rupestrian archaeology", *TRAC-CE* 7 http://www.geocities.com/Tokyo/2384/ .

FRIEDMAN, R.F. y HENDRICKX, S. (with contributions by DARNELL, J.C.) (2002). "Gebel Tjauti rock inscription I", en J.C. Darnell (ed.), *Theban Desert Road Survey in the Egyptian Western Desert.* Chicago, 10-19.

GOPHNA, R. (1976a). "Excavations at 'En Besor", *'Atiqot* 11, 1-9.

GOPHNA, R. (1976b). "Egyptian immigration into southern Canaan during the first dynasty", *Tel Aviv* 3, 31-37.

GOPHNA, R. (1995). *Excavations at 'En Besor.* Tel Aviv.

GOPHNA, R. (2000). "Egyptian settlement and trade in Canaan at the waning of the Early Bronze age I: new discoveries and old questions", en J.A. Ostrowski, y K.M. Ciałowicz (eds.), *Les Civilisations du Bassin Méditerranéen.* Kraków, 99-104.

GREENBERG, R. (2003). "Early Bronze age Megiddo and Bet Shean: discontinuous settlement in sociopolitical context", *Journal of Mediterranean Archaeology* 16, 17-32.

HENNESSY, J.B. (1967). *The Foreign Relations of Palestine during the Early Bronze Age.* London.

ILAN, O. (2002). "Egyptian pottery from small Tel Malhata and the interrelations between the Egyptian "colony" in southwest Palestine and the "Canaanite" Arad basin and central Highlands", en E.C.M. van den Brink y T.E. Levy (eds.), *Egypt and the Levant. Interrelations from the 4th through the Early 3rd Millennium BCE.* London, 306-322.

JOFFE, A.H. (1993). *Settlement and Society in the Early Bronze Age I and II, Southern Levant.* Sheffield.

JOFFE, A.H. (2000). "The Early Bronze Age pottery from Area J", en I. Finkelstein, D. Ussishkin, y D. Halpern (eds.), *Megiddo III: The 1992-1996 Seasons, vol. 1.* Tel Aviv, 161-168.

KEMPINSKI, A. (1989). *Megiddo. A City-State and Royal Centre in North Israel.* München.

KÖHLER, E.Ch. (2002). "History or ideology? New reflections on the Narmer Palette and the nature of foreign relations in Pre- and Early Dynastic Egypt, en E.C.M. van den Brink y T.E. Levy (eds.), *Egypt and the Levant. Interrelations from the 4th through the Early 3rd Millennium BCE.* London, 499-513.

LAMON, R.S. y SHIPTON, G.M. (1939). *Megiddo I.* Chicago.

LAPP, P. (1970). "Palestine in the Early Bronze Age", en J.A. Sanders (ed.), *Near Eastern Archaeology in the Twen-*

tieth Century: Essays in Honor of Nelson Glueck. New York, 101-131.

LEVY, T.E., VAN DEN BRINK, E.C.M., GOREN, Y. y ALON, D. (1995). "New light on king Narmer and the Protodynastic Egyptian presence in Canaan", *Biblical Archaeologist* 58(1), 26-35.

LEVY, T.E., ALON, D., VAN DEN BRINK, E.C.M., KANSA, E. y YEKUTIELI, Y. (2001). "The Protodyanstic / Dynasty 1 Egyptian presence in southern Canaan: a preliminary report on the 1994 excavations at Nahal Tillah, Israel", en S.R. Wolff (ed.), *Studies in the Archaeology of Israel and Neighboring Lands in Memory of Douglas L. Esse*. Chicago, 411-445.

LEVY, T.E. y VAN DEN BRINK, E.C.M. (2002). "Interaction models, Egypt and the Levantine periphery", en E.C.M. van den Brink y T.E. Levy (eds.), *Egypt and the Levant. Interrelations from the 4ᵗʰ through the Early 3ʳᵈ Millennium BCE*. London, 3-38.

LOUD, G. (1948). *Megiddo II* (2 volumes). Chicago.

MARCUS, E. (2002). "Early seafaring and maritime activity in the Southern Levant from prehistory through the third millennium BCE", en E.C.M. van den Brink y T. E. Levy (eds.), *Egypt and the Levant. Interrelations from the 4ᵗʰ through the Early 3ʳᵈ Millennium BCE*. London, 403-417.

MILLET, N.B. (1990). "The Narmer macehead and related objects", *Journal of the American Research Center in Egypt* 27, 53-59.

MIROSCHEDJI. P. de, SADEQ, M., FALTINGS, D., BOULEZ, V., NAGGIAR-MOLINER, L., SYKES, N. y TENGBERG, M. (2001). "Les fouilles de Tell es-Sakan (Gaza): nouvelles données sur les contacts Égypto-Cananéens aux IV-III millénaires", *Paléorient* 27(2), 75-104.

NEEDLER, W. (1967). "A Rock Drawing on Gebel Sheikh Suleiman (near Wadi Halfa)", *Journal of the American Research Center in Egypt* 6, 87-91.

OREN, E.D. (1973). "The overland route between Egypt and Canaan in the Early Bronze Age, preliminary report", *Israel Exploration Journal* 23, 198-205.

OREN, E.D. (1989). "Early Bronze Age settlement in northern Sinai: a model for Egypto-Canaanite interconnections", en P. de Miroschedji (ed.), *L'urbanization de la Palestine a l'age du Bronze ancien*, British Archaeological Reports, International Series 527[ii]. Oxford, 389-405.

PETRIE, W.M.F. (1914). *Tarkhan II*. London.

PETRIE, W.M.F. (1953). *Ceremonial Slate Palettes*. London.

PORAT, N. (1992). "An Egyptian colony in southern Palestine during the late Predynastic – Early Dynastic Period", en E.C.M. van den Brink (ed.), *The Nile Delta in Transition: 4th - 3rd Millenium B.C.* Ramat-Gan, 433-440.

SCHULMAN, A.R. (1992). "Still more Egyptian seal impressions from 'En Besor", en E.C.M. van den Brink (ed.), *The Nile Delta in Transition: 4th - 3rd Millenium B.C.* Ramat-Gan, 395-417.

SEBBANE, M. (2003). "The Kfar Monash hoard – A re-evaluation", *Eretz Israel* 27, 169-184 (Hebreo).

SEIDLMAYER, J.S. (1996). "Town and site in the early Old Kingdom: a view from Elephantine", en J. Spencer (ed.), *Aspects of Early Egypt*. London, 108-127.

SPENCER, A.J. (1993). *Early Egypt: The Rise of Civilisation in the Nile Valley*. London.

STAGER, L.E. (1992). "The periodization of Palestine from Neolithic through Early Bronze times", en R.W. Ehrich (ed.), *Chronologies in Old World Archaeology*. Chicago, 22-41.

 Marcelo Campagno / Bernardo Gandulla / Ianir Milevski (eds.)

STÖLTING, S. (1997). "Zur stratigraphie skandinavischer felsbilder", *Stonewatch Magazin* 2, 9-13.

TADMOR, M. (2002). "The Kfar Monash hoard again: a view from Egypt and Nubia", en E.C.M. van den Brink y T.E. Levy (eds.), *Egypt and the Levant. Interrelations from the 4th through the Early 3rd Millennium BCE*. London, 239-251.

VAN DEN BRINK, E.C.M. (1998). "Late Protodynastic – early first Dynasty Egyptian finds in late Early Bronze Age I Canaan: an update", en C.J. Eyre (ed.), *Proceedings of the Seventh International Congress of Egyptologists*. Leuven, 1215-1226.

VAN DEN BRINK, E.C.M. (2002). "An Egyptian presence at the end of the Early Bronze Age I at Tel Lod, central coastal plain, Israel", en E.C.M. van den Brink y T.E. Levy (eds.), *Egypt and the Levant. Interrelations from the 4th through the Early 3rd Millennium BCE*. London, 286-305.

VAN DEN BRINK, E.C.M. y BRAUN, E. (2002). "Wine jars with Serekhs from Early Bronze Lod: Appellation vallée du Nil contrôlée, but for whom?", en E.C.M. van den Brink y E. Yannai (eds.), *In Quest of Ancient Settlements and Landscapes. Archaeological Studies in Honour of Ram Gophna*. Tel Aviv, 167-192.

VAN DER STEEN, E.J. (2005). "The sanctuaries of Early Bronze IB Megiddo: evidence of a tribal polity?", *American Journal of Archaeology* 109, 1-20.

VON DER WAY, T. (1992). "Excavations at Tell el-Fara'in / Buto in 1987-1989", en E.C.M. van den Brink (ed.), *The Nile Delta in Transition, 4th-3rd Millennia B.C.* Ramat-Gan, 1-10.

WARD, W. (1963). "Egypt and the east Mediterranean from Predynastic times to the end of the Old Kingdom", *Journal of Social and Economic History of the Orient* 6, 1-57.

WARD, W. (1969). "The supposed Asiatic campaign of Narmer", *Melanges de l'Université Saint-Joseph* 45, 205-221.

WEINSTEIN, J.M. (1984). "The significance of Tell Areini for Egyptian - Palestinian relations at the beginning of the Bronze Age", *Bulletin of the American Schools of Oriental Research* 256, 61-69.

WILKINSON, T.A.H. (1999). *Early Dynastic Egypt*. London / New York.

WILLIAMS, B. (1986). *The A-Group Royal Cemetery at Qustul*. Chicago.

WILLIAMS, B., LOGAN, T.J. y MURNANE, W.J. (1987). "The Metropolitan Museum Knife Handle and Aspects of Pharaonic Imagery before Narmer", *Journal of Near Eastern Studies*, 46(4), 245-285.

WILLIAMS, P. y CHRISMAN, L. (1994). *Colonial Discourse and post-Colonial Theory*. New York.

YADIN, Y. (1955). "The earliest Record of Egypt's Military Penetration into Asia?", *Israel Exploration Journal*, 5, 1-16.

YANNAI, E. (2002). "The Northern Sharon in the Chalcolithic Period and the Beginning of the Early Bronze Age in Light of the Excavations at 'Ein Assawir", en E.C.M. van den Brink y E. Yannai (eds.), *In Quest of Ancient Settlements and Landscapes. Archaeological Studies in Honour of Ram Gophna*. Tel Aviv, 65-85.

YEIVIN, S. (1960). "Early contacts between Canaan and Egypt", *Israel Exploration Journal* 10, 193-203.

YEIVIN, S. (1961). *First Preliminary Report on the Excavations at Tel "Gat" (Tell Sheykh Ahmed el-Areyny). Seasons 1956-1958*. Jerusalem (Hebreo).

YEIVIN, S. (1963). "Further evidence of Narmer at "Gat"", *Oriens Antiquus* 2, 205-213.

YEIVIN, S. (1968). "Additional notes on the Early relations between Canaan and Egypt", *Journal of Near Eastern Studies* 27, 37-50.

YEKUTIELI, Y. (1998). *The Early Bronze Age I of North Sinai - Social, Economic, and Spatial Aspects*, Tesis de doctorado, Ben-Gurion University of the Negev. Beersheva (Hebreo).

YEKUTIELI, Y. (2000). "Early Bronze Age I Pottery at Southwestern Canaan", en G. Philip y D. Baird (eds.), *Ceramics and Change in the Early Bronze Age of the Southern Levant*. Sheffield, 129-152.

YEKUTIELI, Y. (2002a). "Divine Royal Power", en E.C.M van den Brink y E. Yannai (eds.), *In Quest of Ancient Settlements and Landscapes. Archaeological Studies in Honour of Ram Gophna*. Tel Aviv, 243-253.

YEKUTIELI, Y. (2002b). "Settlement and Subsistence Patterns in North Sinai during the Fifth to Third Millennia BCE", en E.C.M. van den Brink y T.E. Levy (eds.), *Egypt and the Levant. Interrelations from the 4th through the Early 3rd Millennium BCE*. London, 422-433.

YEKUTIELI, Y. (2004). "The Desert, the Sown and the Egyptian Colony", *Agypten und Levante*, 14, 163-171.

YEKUTIELI, Y. (2005). "Deconstruction and Reconstruction of Fourth millennium BC Iconoclastic Graffiti", *Antiquity, Project Gallery* 79 (305) http://antiquity.ac.uk/ProjGall/yekutieli/

YEKUTIELI, Y. (2008). "Symbols in Action: The Graffiti of Megiddo Reevaluated", en B. Midant-Reynes y Y. Tristant (eds.), *Egypt at its Origins 2. Proceedings of the International Conference "Origin of the State. Predynastic and Early Dynastic Egypt", Toulouse (France) 5th-8th September 2005*, Orientalia Lovaniensia Analecta 172. Leuven / Paris / Dudley MA, 807-837.

YOUNG, R.J.C. (2003). *Postcolonialism*. Oxford.

URBANISMO Y MOVIMIENTOS DE POBLACIÓN EN PALESTINA DURANTE LA EDAD DEL BRONCE ANTIGUO

Pablo Jaruf
Universidad de Buenos Aires – Universidad Nacional de Luján –
Instituto Superior del Profesorado "Dr. Joaquín V. González"

Bernardo Gandulla
Universidad de Buenos Aires – Universidad Nacional de Luján

Introducción

Palestina, o la región meridional del Levante, fue escenario de un primer ciclo de urbanización que se extendió por casi mil años, del Bronce Antiguo IB al Bronce Antiguo III datados aproximadamente entre 3300/3200 y 2500 a.C.[1] (a partir de ahora emplearemos la abreviatura BA para referirnos a estos períodos arqueológicos). A mediados del siglo XX era común interpretar este fenómeno como el resultado de movimientos de población: mientras que el comienzo de la urbanización se debía al lento asentamiento de poblaciones proto-urbanas que migraron desde el norte y el este hacia Palestina, su final se adjudicaba a la repentina invasión de amorritas, procedentes de la misma dirección (p. ej., Kenyon 1960, 79-80, 157-159).

En lo que respecta al origen, se debatió también la influencia egipcia, pues se constató una destacada presencia de la cultura de Nagada en las primeras fases de urbanización, durante el período hoy conocido como BA IB2 (*ca.* 3200-3050 a.C.). El primer autor que planteó la posibilidad de una presencia militar egipcia en Palestina fue Yadin en 1955, hipótesis que ganó fuerza tras los hallazgos en Tel Erani (Yeivin 1960) y En Besor (Gophna 1995a), entre otros[2]. En estos sitios, ubicados en la zona de la costa meridional de Palestina y el piedemonte contiguo, además de elementos característicos como

---

1   La cronología que empleamos en este artículo está parcialmente basada en el libro de Greenberg (2019). Si bien el BA IB comienza en torno al 3500 a.C., los fechados de ^{14}C de las primeras murallas corresponden al 3300/3200 a.C., es decir, casi dos siglos después de iniciado este período.

2   Para la ubicación de los sitios, ver mapas 1 y 2, pp. 10 y 11.

cerámica y estructuras construidas siguiendo patrones nilóticos, se halló una notable cantidad de *serekhs* con los nombres de distintos faraones, además de numerosos cilindros-sellos e improntas de sello[3]. A lo anterior se suma la construcción de un asentamiento amurallado en Tell es-Sakan, el cual muy probablemente estuvo habitado por egipcios, por lo que pudo servir como punto nodal de las vinculaciones entre el Nilo y el Levante meridional[4].

No obstante, esta visión comenzó a ser desafiada durante la década de los setenta del siglo pasado, cuando se produjo una renovación arqueológica influida por las novedades que habían tenido lugar en la escuela anglosajona. La llamada Nueva Arqueología o Arqueología Procesual, en su búsqueda de tendencias comunes universales de larga duración, pasó a prestar mayor atención a los factores endógenos, considerando los cambios en la cultura material como la expresión de modificaciones sucedidas en los sistemas económicos, políticos e ideológicos (p.ej., Levy y Holl 1995). A partir de este momento, se moderó el peso otorgado a los movimientos de población, pasando a hablarse de una lenta evolución local cuyas raíces se ubicaban en períodos precedentes (p.ej., Finkelstein 1996).

Los hallazgos arqueológicos, por su parte, confirmaron el peso de los factores endógenos, aportando evidencias del incremento del tamaño de los asentamientos en el período hoy conocido como BA IB1 (*ca.* 3500/3400-3200 a. C.), es decir, antes de la presencia clara de egipcios en la región. A partir de estas fechas se constata también la erección de torres y de murallas, como en Tel Shalem (Eisenberg 1996), En Zippori (Milevski y Getzov 2014), Tel Erani (Milevski *et al.* 2016; Milevski y Yegorov, este volumen) y En Esur (Paz y Elad 2022) entre otros sitios, así como la construcción de edificios destacados, que algunos consideran templos, como en Meguido (Finkelstein y Ussishkin 2000), y/o palacios, como en el ya citado Tel Erani (Kempinski y Gilead 1991; Nigro 1994, 7-11; *contra* Miroschedji 2019, 162), todos elementos característicos de las ciudades posteriores en el Levante meridional. La interpretación más plausible es que todo este registro refleja la consolidación de un proceso caracterizado por una mayor división y productividad del trabajo, lo que impulsó el crecimiento de las redes de intercambio, provocando la emergencia de distintos

---

3   Sobre la naturaleza de los vínculos entre la población local y foránea durante este período, véanse los artículos de este volumen.

4   Cabe aclarar que las evidencias procedentes de este sitio han sido halladas de manera más reciente (Miroschedji y Sadek 2005).

    Marcelo Campagno / Bernardo Gandulla / Ianir Milevski (eds.)

centros políticos que disputaban por el acceso y control a estas rutas y recursos (p.ej., Milevski 2020, 54-57; Milevski *et al.* 2022, 137-139).

Sobre la crisis de este primer urbanismo, como dijimos, se solía adjudicar a la repentina invasión de amorritas. No obstante, cabe señalar que no habrían sido los primeros migrantes que llegaron a la región una vez consolidado este urbanismo, pues durante el BA III (2850-2500 a.C.) se constata el arribo de poblaciones portadoras de una cultura originaria del Transcáucaso, identificada como Kura-Araxes (p.ej., Sagona 2018, 213-280). Estos últimos, a diferencia de los amorritas, no se habrían enfrentado con las poblaciones locales ni provocado un conflicto, sino que, al contrario, parecen haberse incorporado al sistema sociopolítico preexistente (p.ej., Iserlis 2009).

Por razones como la anterior, pasó a prestarse más atención a la idea de ciclo en lugar de crisis, entendido este como parte de un proceso que incluía fases de crecimiento y otras de decrecimiento. Según esta mirada, los recursos disponibles y las vías de comunicación eran condiciones que permitían establecer centros que coordinaban la división del trabajo y la concentración y redistribución de productos y de servicios, los cuales se convertían poco a poco en ciudades (p.ej., Finkelstein 1995). Sin embargo, el crecimiento desmedido de estos centros durante el BA II-III (*ca.* 3050-2500 a.C.) podía dar lugar a una sobreexplotación de los recursos, tanto humanos como naturales, lo que minaba los cimientos del sistema, dando lugar a bruscas caídas, donde las formas de vida retornaban a una agricultura de subsistencia para después, lentamente, volver a establecer centros urbanos y así reiniciar el ciclo de expansión (p.ej., Miroschedji 2009). Este cuadro general presenta varias diferencias, dependiendo de las zonas, pues en algunas los ciclos de urbanización y de desurbanización eran más pronunciados que otros o se daban en distintos momentos, lo que podía depender de factores climáticos (p.ej., Greenberg 2017).

En suma, con base en estos últimos estudios, coincidimos que tanto el origen como la crisis del primer urbanismo palestino cuenta con suficientes raíces locales, otorgando un peso relevante a los factores endógenos, por encima de los movimientos de población. Sin embargo, nos resulta sugerente que los dos fenómenos más claros de presencia de poblaciones foráneas en el Levante meridional se ubiquen tanto al comienzo como al final del ciclo: los egipcios en el BA IB2 y la intrusión de la cultura material Kura-Araxes en el BA III. Si bien esta última correspondía a sociedades que –como veremos más abajo– no estaban organizadas de modo urbano, sus portadores interactuaron y se adaptaron a las normas de asentamiento local (Greenberg 2021). Así, pensamos que la presencia de estas poblaciones pudo haber tenido efectos culturales persistentes en la región. Para evaluar esta posibilidad, procedemos a repasar de forma breve algunas características de la cultura material a comienzos del urbanismo en el BA IB, su consolidación durante el BA II y su fase final en el BA III.

Los inicios del urbanismo: Bronce Antiguo IB

Tanto para el período Neolítico Tardío o Cerámico como para el Calcolítico, es posible identificar algunos asentamientos con rasgos urbanos, como por ejemplo el sitio de Shaar Hagolan, correspondiente a la cultura neolítica Yarmukiense (Garfinkel y Ben-Shlomo 2009), y el de Teleilat al-Ghassul, de la cultura calcolítica Ghassuliense (Bourke 2002). En ambos casos es posible advertir cierta planificación del espacio, como calles o plazas, así como también la separación de funciones, es decir, áreas dedicadas a actividades religiosas y otras a la producción de bienes. No obstante, se trataron de experiencias aisladas que cesaron sin dejar correlatos. El final del período Calcolítico implicó, a su vez, una profunda transformación en los sistemas de asentamiento y la cultura material, razón por la cual muchos consideran que el Bronce Antiguo inaugura un nuevo proceso en la prehistoria de Palestina (p.ej., Joffe y Dessel 1995).

Para hablar de urbanismo propiamente dicho, en cambio, es necesario identificar este tipo de evidencias en distintos sitios y que las mismas perduren lo suficiente como para inferir de ello la existencia de un sistema (Jaruf 2019, 6-12). A su vez, estos asentamientos deberían presentar rasgos propios que caractericen a las ciudades posteriores de la región, las cuales, como dijimos, contaban con sistemas defensivos compuestos por torres y murallas, mientras que en su interior se deberían encontrar edificios destacados, tales como templos, palacios y almacenes públicos o centrales[5]. Pues bien, este tipo de evidencias comienzan a ser claras y regulares recién algunos siglos después de iniciada la Edad del Bronce, durante el período llamado BA IB, como indicamos unos párrafos arriba.

Un sitio que reúne varias de estas características es Tel Erani, ubicado a medio camino entre la costa meridional de Palestina y el piedemonte contiguo. Ante todo, cuenta con una muralla de 8 m

---

5   Para un estudio clásico sobre las ciudades del Levante meridional, véase Herzog 1997.

 Marcelo Campagno / Bernardo Gandulla / Ianir Milevski (eds.)

de espesor que rodea una superficie de 25 ha, a la cual se le suma un glacis cuyas dimensiones no son bien conocidas (Milevski *et al.* 2019). En el interior del asentamiento se encuentran amplios edificios de varias salas separados por calles o pasillos que, si bien han sido denominados palacios –ver más arriba–, es mejor considerarlos como construcciones comunitarias o simplemente grandes viviendas (Miroschedji 2019, 162). A lo anterior hay que sumar que la cerámica del sitio para este período, conocida como Erani C, fue hallada también en la tumba U-j de Abidos, en el Alto Egipto, lo que indica la participación de la ciudad en redes de intercambio de larga distancia (p.ej., Daizo 2019). Sistemas de defensa también se han identificado en sitios del valle del Jordán, como Tel Shalem al oeste y Pella al este (Bourke 2014). Lo mismo se constata en la zona de Galilea donde, como dijimos, se han hallado murallas y torres en En Zippori, también datados en la parte final del BA I.

En lo que respecta al interior de estos asentamientos, se han hallado amplios conjuntos de viviendas, como en Horvat Illin, algunas de ellas con un tamaño y calidad que se diferenciaba claramente del resto de las construcciones que las rodeaban (Milevski y Braun 1993). Algo similar se advierte en el Estrato M3 de Bet Shean, donde se identificó un edificio con varias salas que contenían objetos de cobre y amplias instalaciones para el almacenamiento de granos (Mazar y Rotem 2009). Como mencionamos con anterioridad, en Meguido se encuentra una secuencia de edificios que parecen haber sido templos –Área J–, los cuales se ubicaban en la parte alta del sitio, a diferencia del complejo de viviendas, que se localizaba en la parte baja, mostrando entonces una división entre una ciudad alta y otra baja, que sería característica de los asentamientos urbanos posteriores en el Levante meridional (Ussishkin 2015).

La presencia egipcia en Palestina

La presencia egipcia tuvo lugar dos o tres siglos después de la aparición de estos rasgos urbanos en distintos asentamientos del Levante meridional. Como dijimos, en un principio se pensaba que esta situación podía haber desempeñado un rol determinante en el proceso de urbanización local, pero dataciones más precisas han demostrado que en realidad se produjo hacia fines del BA IB, en la fase ahora conocida como BA IB2. Por lo tanto, el avance egipcio sucedió cuando estas dinámicas estaban ya relativamente constituidas. Incluso, es posible pensar que habría sido el desarrollo de estas últimas lo que quizás motivó y favoreció el establecimiento de egipcios, quienes entonces aprovecharon la preexistencia de un sistema que facilitaba los vínculos entre el Levante meridional y el Nilo.

Mucho se debate sobre la naturaleza de esta presencia y las hipótesis propuestas van desde que el sur de Palestina fue anexionado como provincia por parte de un estado faraónico imperialista (p.ej., Anđelković 2012), hasta que pudieron haber sido simples particulares que se habrían ido a vivir por cuenta propia a esta región (p.ej., Gophna 1995b, 277-280). Lo que está fuera de duda es que el conjunto de la cultura material demuestra la presencia de poblaciones procedentes de Egipto, aunque parte de la misma parece haber sido elaborada por locales que querían imitar los estilos nilóticos (p.ej., Braun 2014, 226-227, y los trabajos del presente volumen).

Además de cerámica de Nagada, tanto importada como elaborada con materiales sudlevantinos, se suma el hallazgo de instrumentos líticos de claro estilo egipcio, algunos de los cuales también parecen haber sido producidos en Palestina. Ya hemos mencionado la notable cantidad de sellos, improntas y *serekhs*, que dan cuenta de un sistema administrativo que interconectaba los asentamientos de esta región con el Nilo. Con respecto a la arquitectura, destaca la construcción de edificios que siguen patrones del noreste africano, como por ejemplo el tamaño de los ladrillos (p.ej., Gophna y Gazit 1995). A lo anterior hay que sumar un amplio repertorio de fauna nilótica, como moluscos (*Chambardia rubens acruata*) –solo transportaban sus caparazones, que parecen haber servido para elaborar bienes de prestigio– y perca (*Lates niloticus*), así como también vasijas de alabastro y piedras exóticas, con las cuales hacían paletas (Braun 2014).

Ahora bien, a pesar de la fuerte presencia de cultura material egipcia en el Levante meridional, al presente no se ha podido identificar ningún enterramiento, sino solo unas pocas tumbas locales. Es probable, entonces, que los difuntos fueran llevados al delta del Nilo para su enterramiento, costumbre que se ve reflejada cientos de años después en el *Cuento de Sinuhé*, cuando los extranjeros preferían que su cuerpo descansara en sus tierras de origen (p.ej., Campagno 2015). De ser así, esto indicaría un fuerte contraste étnico entre nativos y egipcios, con nociones muy diferentes acerca de la muerte y la vida en el más allá.

Otro aspecto que llama la atención es la brusca interrupción de esta presencia, la cual fue acompañada por una marcada reestructuración

        Marcelo Campagno / Bernardo Gandulla / Ianir Milevski (eds.)

del sistema de asentamiento levantino, lo que puede ser indicativo de conflictos (Jaruf *et al.* 2021). A partir de entonces, los egipcios prefirieron la ruta marítima y habrían dejado en manos de los habitantes del Sinaí y del sur del Levante los vínculos terrestres con Palestina (p.ej., Cismondi 2021). Es de notar también que, a pesar de su permanencia durante casi dos siglos, prácticamente no legaron nada de sus prácticas culturales, e incluso las poblaciones locales abandonaron las imitaciones de cerámica nilótica. Es altamente probable, entonces, que a pesar de los fuertes vínculos que habían tenido lugar durante el BA IB2, ambas comunidades se habrían mantenido separadas. Esta afirmación de diferencia podría explicar que la cultura que se desarrolló a partir de entonces lo hiciera en aparente oposición a las normas de sus pares africanos.

La consolidación del urbanismo: Bronce Antiguo II

La consolidación definitiva del urbanismo tuvo lugar recién tras la partida de los egipcios, durante el BA II (ca. 3050-2850 a. C.). Se conoce un número relativamente alto de ciudades fortificadas de este período[6]; la mayoría se encuentran cerca de importantes fuentes de agua y próximas a las principales rutas de la región, aunque ubicadas en las pendientes o la cima de las colinas, muy seguramente por cuestiones defensivas. Lo mismo sucede en zonas antes poco habitadas, como el Golán, la Alta Galilea y el valle de Hula, donde destacan Hazor, Me'ona y Lawieh. Uno de los lugares con mayor concentración de asentamientos es la parte norte del valle del Jordán, donde se ubicaba Bet Yerah. En cambio, hay zonas donde parece haber disminuido la población, como la planicie costera, las tierras altas centrales y la meseta transjordana, a pesar de lo cual también encontramos sitios relevantes, muy seguramente centros de sistemas de asentamiento que incluían pequeñas aldeas o caseríos en sus inmediaciones, como el caso de Tel Yarmuth, al oeste, y de Bab edh-Dhra', al este. Es notable, por su parte, la ubicación en zonas semiáridas, como Arad, que se halla en la franja septentrional del desierto de Neguev.

Durante este período se termina de consolidar también la agricultura mediterránea. Incluso en Arad se encontraron restos de varios tipos de cereales (cebada y trigo) y de legumbres (lentejas y garbanzos). También se usó el lino para preparar aceite y tejidos. En

---

6   Para una visión actualizada del BA II, véase Greenberg 2019, 70-95.

otros sitios se identificaron restos de aceitunas, higos, uvas, granadas y dátiles, lo que testimonia una intensificación de la horticultura, principalmente en la zona de las colinas. Estas evidencias parecen indicar que esta actividad pasó a ocupar una posición dominante, favoreciendo el establecimiento de grandes ciudades rodeadas por pequeños asentamientos (Stager 1985).

A partir del BA II las ciudades fortificadas llegaron a ser comunes en todo el Levante. El rasgo típico del período fue el intento, en la mayoría de los casos, por reforzar las murallas, haciéndolas más gruesas y colocando muros paralelos con terraplenes entre ellos. Como señala Herzog (1997, 73-77), una característica fue la existencia de más de un portal en el muro de circunvalación. Cada ciudad tuvo por lo menos una gran entrada de más de 2 m de ancho, como en Tel el-Fa'rah (Norte) y en Arad. Sumado a lo anterior, varias contaron con accesos menores de 80 cm a 1 m de ancho. Esta dualidad parece reflejar un intento de balanceo entre las necesidades militares y las civiles, ya que los múltiples accesos libraban a los campesinos de realizar varios kilómetros para llegar a sus campos. La vulnerabilidad de la ciudad era minimizada haciendo las puertas secundarias tan estrechas como fuera posible, de manera que, ante peligros de agresión, pudieran ser rápidamente bloqueadas o defendidas desde lo alto de las murallas. No obstante, el hecho de que estas murallas parecieran haber sido construidas por segmentos, sin seguir un orden uniforme, ha llevado a algunos autores a minimizar su valor defensivo, planteando la posibilidad de que cada parte haya sido levantada y mantenida solo por los vecinos que vivían en sus inmediaciones (Greenberg y Ashkenazi 2019, 18-22).

Un aspecto adicional de estos sistemas fue la construcción de torres que se proyectaban por fuera de la muralla permitiendo el "fuego flanqueado". Para el BA IB se conocen ejemplos en En Zippori y En Esur (Milevski, comunicación personal), mientras que para el BA II la forma más común fue la semicircular incorporando un estrecho portal, como en el caso de Arad donde las torres se construyeron en intervalos de 25 a 30 m (Amiran e Ilan 1992). Una innovación interesante es la aparición de bastiones vinculados a las murallas como el descubierto en Tel Yarmuth; en este caso se trata de un bastión macizo de 25 m de largo por 13 m de ancho (Miroschedji 1990).

En varios sitios, como en Tel el-Far'ah (Norte) (Vaux 1962) y en Jericó (Nigro 2019), los taludes en torno de las murallas fueron reforzados mediante un glacis: una estructura en ángulo de 45° aproximadamente, compuesta por capas alternadas de diferentes tipos de suelos y/o piedras. El glacis sirvió para prevenir la erosión o zapado de las defensas, obligando a un ataque enemigo a ser ejecutado en pendiente ascendiente, así como para dificultar el asalto a las murallas.

Arad, la ciudad del BA II en mejor estado de conservación, es un asentamiento circunvalado por una extensa muralla de 2,5 m de espesor, con puertas, pasajes y torres semicirculares. Su interior parece haber carecido de calles, siendo sus vías de circulación muy irregulares, determinadas por la forma de sus unidades de vivienda[7]. Estas últimas consistían en complejos integrados por moradas, depósitos y vallados que rodeaban un espacio central abierto. Cada complejo tuvo una superficie cubierta de unos 150 a 200 m² e incluyó, al menos, una vivienda amplia y varios talleres y depósitos; una parte del patio central probablemente era utilizada como corral para los rebaños. Las supuestas "calles" eran, simplemente, los espacios abiertos entre un complejo habitacional y otro. La única estructura pública junto a la muralla es un fuerte rectangular que dominaba el reservorio central para el agua.

Además de las fortificaciones, otra empresa comunal importante fue el abastecimiento de agua. Con este cometido las ciudades de Arad y de 'Ai (Callaway 1980) tomaron en consideración la topografía de modo tal que el agua de lluvia en la ciudad fue conducida directamente a grandes cisternas. Tras las murallas, el agua era vital tanto en tiempos de sitio como en los períodos de sequía.

Las únicas estructuras notables en el interior de las ciudades del BA II son construcciones ceremoniales habitualmente consideradas como templos. La importancia de dichos edificios en este período está claramente atestiguada por la construcción en gran escala, el espesor de los muros y los magníficos materiales empleados. En la ciudad de 'Ai, por ejemplo, el templo, ubicado en la cima del montículo, está constituido por una amplia sala de 22 x 9,50 m, que incluía cuatro bases de piedra para columnas de madera que soportaban el techo, así como una habitación auxiliar, que servía probablemente como depósito (Callaway 1965).

Un aspecto llamativo de estos asentamientos es que no cuentan con indicios suficientes que nos permitan afirmar la existencia de una elite claramente diferenciada del resto de la población. Al con-

---

7   Para un resumen y análisis de la estructura interior de Arad, véase Herzog (1997, 44-62) y para una visión más actualizada sobre el trazado urbano de las ciudades del Levante meridional durante el BA II en general, véase Greenberg (2019, 79-86).

trario, el conjunto de la cultura material parece enfatizar una cierta homogeneidad, como si todos los habitantes de estas ciudades fueran relativamente iguales, lo que no excluye, claro está, que este colectivo hubiera impuesto sus decisiones a las poblaciones rurales que habitaban en las inmediaciones del lugar (Chesson 2019; Miroschedji 2018).

¿Los cimientos de una cultura cananea?

En términos generales, el término "cananeo" suele emplearse para referir a las ciudades del II milenio a.C. y su cultura. Si bien se han planteado dudas acerca de su utilidad, al punto de haberse propuesto que debe ser desechado del vocabulario arqueológico (Lemche 1991), desde un punto de vista geográfico todavía conserva valor, pues refiere aproximadamente a los territorios que se ubicaban entre el norte de Siria y el sur de Palestina (Grabbe 2007, 50-52). A pesar de la diversidad de esta amplia región, se constata una suficiente cantidad de rasgos que otorgan singularidad a esta parte del Cercano Oriente con respecto a otras como Mesopotamia o Anatolia. Justamente, uno de estos rasgos es la existencia de pequeños asentamientos urbanos amurallados que atravesaban distintas fases de crecimiento y decrecimiento. Ahora bien, de una u otra manera, estas ciudades y su cultura debieron guardar algún grado de relación con las poblaciones que habitaban esta misma región en la Edad del Bronce Antiguo. La idea que nos gustaría plantear en este apartado es que la consolidación del urbanismo durante el BA II habría aportado los primeros cimientos de una cultura cananea local, sudlevantina, que a partir de allí se habría desarrollado con pautas propias.

Como dijimos con anterioridad, en el BA IB1 se constatan signos de desigualdad social al interior de los asentamientos, mientras que en el BA IB2 observamos el despliegue de la presencia egipcia, la cual, mediante distintos dispositivos administrativos –como sellos y *serekhs*– parece haber establecido un sistema de intercambios vinculado al Nilo. Sin embargo, el urbanismo del BA II es bastante parco a la hora de ofrecer indicios de desigualdad, mientras que parece haber cortado los vínculos directos con Egipto e incluso rechazado adoptar dispositivos que pudieran haber servido para la administración de bienes locales.

Este rechazo a los modelos nilóticos parece haberse expresado incluso en la iconografía. Yekutieli (2008; véase también Yekutieli en este volumen) plantea que una de las formas en que se manifestó

     Marcelo Campagno / Bernardo Gandulla / Ianir Milevski (eds.)

la resistencia a la presencia extranjera fue por medio de la intervención en imágenes egipcias, como aquellas que parecen haber sido rayadas en Meguido. Esta suerte de iconoclastia tendría a su vez un antecedente en una posible "reforma" acaecida en el fin del período Calcolítico (*ca.* 3700 a.C.), donde también es posible constatar la destrucción intencionada de imágenes (Yekutieli 2014). De ser así, esto explicaría que, a pesar de contar con las condiciones materiales y el conocimiento técnico, las poblaciones locales no elaboraron una amplia estatuaria, a diferencia de sus vecinos africanos e incluso de Siria y de Mesopotamia. La poca iconografía que se conoce se restringe a sellos, los cuales reproducen imágenes esquemáticas y geométricas que parecen haber representado parejas, grupos de danzantes y/o de funcionarios, así como posibles edificios públicos, además de algunos pocos animales enastados y quizás aves (Miroschedji 2011).

Otro aspecto vinculado al urbanismo, además del incremento de las artes visuales, es la práctica de la escritura. Sin embargo, a pesar de tener contacto con los egipcios, los sudlevantinos nunca adoptaron los jeroglíficos para poner por escrito sus lenguas. Los primeros intentos se produjeron recién a mediados del II milenio a.C., en un ámbito periférico, lo que habría de derivar en el primer alfabeto lineal (Shai y Uziel 2010). Cabe señalar que tampoco adoptaron el cuneiforme, aunque ya era utilizado en Siria a mediados del III milenio a.C. Las primeras tablillas datan recién de la segunda mitad del II milenio a.C., mil años después de la difusión de esta técnica. También llama la atención el uso que dieron a los sellos, pues si bien en otros lugares se solían utilizar para garantizar el cierre de bultos, recipientes, puertas o *bullae,* en el Levante meridional se imprimían en la superficie todavía blanda de las vasijas, antes de ser cocidas. En definitiva, como plantea Chesson, "es claro que la gente de la Edad del Bronce decidió escoger ciertos elementos de la forma de vida de sus vecinos, pero descartó otros" (2019, 173).

Entre los aspectos que tampoco incluyeron figuran aquellos símbolos o muestras claras de desigualdad social. Al contrario, las ciudades del BA II se caracterizan por una cultura material relativamente homogénea, que Greenberg (2009, 86-93) ha conceptualizado como *commodification,* en el sentido de una simplificación y estandarización, particularmente de las vasijas cerámicas. Esto mismo parece verificarse en los enterramientos, que desaparecen casi por completo para este período, lo que indica que debieron realizarse prácticas funerarias que implicaban la eliminación del cuerpo y/o su disociación de un determinado lugar de enterramiento (Ilan 2002, 96-99).

El esfuerzo colectivo parece haberse orientado a los sistemas de defensa, que quizás eran los símbolos con los cuales se identificaban las poblaciones locales. Al respecto, para algunos autores es sugerente que estos sistemas, a pesar de sus grandes dimensiones, no resultaran del todo efectivos en casos de combate real, pues contaban con serias deficiencias, como aberturas inusuales, a lo que se suma que es altamente probable que las batallas hayan sido en campo abierto, como indica la baja cantidad de puntas de flecha u otras armas halladas en los asentamientos (p.ej., Ashkenazi 2019). En otras palabras, mientras que sociedades como la egipcia orientaban sus esfuerzos hacia la construcción de tumbas individuales o familiares cada vez más grandes y lujosas, en Palestina, al contrario, las poblaciones preferían engrandecer las fortificaciones de sus ciudades.

Todas estas evidencias parecen confirmar que las poblaciones locales realizaron elecciones deliberadas que tenían por intención diferenciarse de las pautas culturales de sus vecinos, particularmente de los egipcios, con quienes habían tenido una relación directa pocas décadas antes. Es probable que esto explique el peso de lo colectivo y de lo corporativo en las dinámicas sociales de períodos posteriores, basadas más en relaciones interpersonales que ponderan al grupo por encima de las individualidades, como se verifica en el contenido de las cartas de el-Amarna, donde los pequeños reyes locales no pasan de ser *primi inter pares*, cuyo poder político estaba permanentemente en riesgo de ser arrebatado, así como también en la presencia destacada de cuerpos colegiados, como asambleas o consejos (p.ej., Pfoh 2020).

En síntesis, creemos que la presencia egipcia, a pesar de ser relativamente breve en lo que duró el primer ciclo de urbanización palestina, pudo haber tenido un impacto significativo en la manera como se desarrolló este proceso, al establecer, por contraste, una serie de patrones que los diferenciaría de sus vecinos y sentaría las bases de ciertos rasgos que perdurarían después en la cultura cananea del sur del Levante durante el milenio siguiente.

La culminación del urbanismo: Bronce Antiguo III

El BA III (*ca.* 2850-2500 a.C.) está marcado, por un lado, por la disminución en la cantidad de sitios urbanos y, por otro lado, por la presencia de una cultura cerámica foránea, conocida de manera local como Khirbet Kerak, pero que en realidad formaba parte de

     Marcelo Campagno / Bernardo Gandulla / Ianir Milevski (eds.)

un horizonte mucho más amplio que se denomina Kura-Araxes y que era originario del Transcáucaso. Esta intrusión, como la egipcia del BA IB2, no alcanzó todas las regiones del Levante meridional y, a diferencia de la anterior, se concentró en la parte septentrional y el valle del Jordán.

El abandono de algunos asentamientos coincide con el incremento en el tamaño de otros, por lo que podemos sugerir un proceso de mayor nucleamiento, quizás aprovechado o impulsado por algunos individuos y/o familias urbanas, cuyas viviendas comenzaron a adquirir mayor tamaño y disponer de bienes de mejor calidad, tal como se verifica en los llamados "palacios" de Khirbet ez-Zeraqun, Khirbet Batrawy, Tel Yarmuth y Meguido (Genz 2010). Estos edificios se destacan por su aspecto monumental y por contar con varios cuartos de usos múltiples, salas hipóstilas y amplios patios, a los que se suman evidencias de almacenamiento en gran escala. El ejemplo más contundente lo ofrece la secuencia de Tel Yarmuth, donde se alza un complejo cerrado por un muro y que se diferencia claramente de las estructuras del resto del asentamiento, mucho más pequeñas, que lo rodean (Miroschedji 2019, 163-174). A pesar de lo anterior, los habitantes de las ciudades y sus inmediaciones, como en el período anterior, siguieron dedicando gran parte de sus esfuerzos a fortalecer las murallas[8]. Gracias a nuevos agregados se aumentó el tamaño de los complejos.

En Meguido contamos primero con una combinación entre murallas, un palacio y estructuras quizás religiosas, como un templo y un altar circular (Estratos XVII-XVI/Niveles J-5-J-6). Es probable que las murallas hayan servido, no como una fortificación para el asentamiento, sino como una terraza para el complejo del palacio o como *temenos* para toda la zona de la acrópolis. No obstante, en los estratos subsiguientes (XVI-XV/Niveles J-6-J-7), se multiplican las estructuras religiosas y se construye una entrada monumental. En total, pueden identificarse tres templos del mismo estilo *megaron*, de influencia septentrional, pues reproduce una planta arquitectónica originaria del norte de Siria, donde este diseño se conoce como *in antis* (Ussishkin 2015, 90-98).

Un mismo tipo de estructuras figuran en Khirbet ez-Zeraqun, donde también aparecen asociadas a una plataforma circular de piedra. Todo el complejo llega a los 1200 m² y está separado del resto del asentamiento por un muro (Genz 2002, 94-96). Cada uno de los

---

8   Para una visión general de las fortalezas del BA III, véase Herzog 1997, 77-97.

edificios en su interior mide entre 75 y 120 m², mientras que la plataforma posee 6 m de diámetro. El conjunto de los artefactos y los restos faunísticos hallados en su interior apuntan a la realización de banquetes y quizás de sacrificios, siendo de destacar la presencia de cerámica Khirbet Kerak (Sala 2007, 190-201).

Otra importante información respecto de la urbanización proviene de Bet Yerah, en la ribera sur del Mar de Galilea. Allí se encontró una bien planeada estructura que cubría unos 1200 m² e incluía nueve círculos, cada uno de 8 m de diámetro, enterrados dentro de una amplia base de piedra. Los círculos fueron ordenados en torno de un área cuadrangular dividida en un patio y una habitación de 11 x 4,5 m, cuyo techo estaba sostenido por dos columnas y un corredor de 3 m de ancho conducía al patio. Esta construcción ha sido interpretada como un granero público y su capacidad total estimada en unos 2500 m³, es decir, unas 1750 toneladas de grano. Una cantidad tan grande de grano fue recolectada con toda seguridad por una numerosa comunidad de agricultores y es indicadora, a su vez, de una economía redistributiva compleja (Greenberg *et al.* 2017).

En definitiva, no caben dudas de que durante el BA III el proceso de urbanización alcanzó su apogeo: las fortificaciones se expandieron, la distribución interna de las ciudades se complejizó y se construyeron grandes edificaciones, algunas quizás palacios y otras muy posiblemente templos. La concentración y el aumento de tamaño de los dispositivos de almacenamiento coinciden también con un incremento en la cantidad de sellos, objetos vinculados con una administración que parece haberse vuelto más compleja[9]. Todo lo anterior pudo haber significado un aumento de la presión sobre las poblaciones aldeanas, lo que quizás explicaría la desurbanización que siguió a este período. No obstante, la extensa duración del BA III, que en algunos asentamientos perduró por más de cuatro siglos, es indicativa de que se trataba de una forma de organización social que contaba con bases suficientemente sólidas.

El fenómeno Khirbet Kerak

El BA III está caracterizado, como dijimos, por la presencia de la cultura cerámica Khirbet Kerak (KKW, por su sigla en inglés). Esta denominación designa a un conjunto bien diferenciado hallado en varios sitios de Palestina, principalmente en el valle de Jezreel y el

---

9   Aunque véase Greenberg 2019, 116-117.

    Marcelo Campagno / Bernardo Gandulla / Ianir Milevski (eds.)

valle del Jordán, siendo identificado por primera vez en la década de los '30 del siglo XX por Albright, quien la denominó así en función del lugar del hallazgo: Khirbet el-Kerak (Bet Yerah). Según los fechados de radiocarbono, la presencia de esta cultura sería posterior al inicio de este período, quizás comenzando un siglo después (Philip y Millard 2000, 284).

Este repertorio es de un tipo peculiar y, a todas luces, una innovación de tipo intrusivo que ha planteado un problema cuya solución aún es materia de estudio. Este conjunto se compone de tinajas realizadas a mano, hechas con arcilla poco alisada, cuerpo grueso y cocidas a temperatura comparativamente baja. Fueron cubiertas con una pátina gruesa y altamente lustrada. El color de la pátina era controlado por fuego: el exterior era negro o negro con el borde rojo. Las formas decorativas van desde simples nudos y líneas (especialmente sobre los pequeños cuencos) a espirales y polígonos (particularmente en las grandes ánforas y cráteras) e imágenes antropoides (Amiran 1952).

Los modelos más antiguos de esta cerámica, fechados hacia el 3500/3400 a.C., fueron hallados en Anatolia Oriental y en regiones de Georgia, como indica Sagona (1984), quien la asimila, siguiendo la tradición de la arqueología soviética, con la cultura Kura-Araxes y que Burney (1989) denominó como *Early Trans-Caucasian Culture* (ETC, por su sigla en inglés), designación esta que ha sido adoptada por gran parte de los investigadores hasta el presente. Esta cultura, además de la cerámica descripta, cuenta con otros indicadores, como un número significativo de vasijas y herramientas de metal y de piedra, figurinas de bovinos con cuernos largos y estructuras edilicias de uso doméstico cuyo diseño está altamente estandarizado en función de un fogón central (Sagona 2018, 213-280). El conjunto de estas evidencias indica que se trataba de sociedades aldeanas cuyo núcleo eran las viviendas, a pesar de lo cual igual conservaban un importante grado de movilidad, y se mostraban reacias a ordenarse de manera urbana, algunos llegando incluso a hablar de verdaderas sociedades anárquicas (Smith 2015, 97-126).

La difusión de esta cerámica en el sudeste de Turquía y en el Levante comienza a principios del III milenio a.C., según indican las evidencias de sitios como Arslantepe y Ras Shamra (Philip y Millard 2000, 280-281). Recién uno o dos siglos después arriba a Palestina, una vez iniciado el período del BA III. La naturaleza de este fenómeno ha venido dividiendo la interpretación de los investigadores. Por un lado, están los que sostienen la hipótesis de una importación desde la región transcaucásica, que es el argumento de Hennessy (1967,

75). A su modo de ver, este fenómeno se explica por la presencia de artesanos extranjeros itinerantes aceptados pacíficamente por los habitantes del Levante.

Por otro lado, un importante grupo de investigadores se manifiesta a favor de la migración de uno o varios grupos étnicos desde el Cáucaso meridional, generadora de asentamientos en algunas de las regiones aledañas a las mayores rutas de intercambio. En efecto, cantidades significativas de esta cerámica han sido descubiertas tanto en sitios del Khabur como del valle de 'Amuq –donde es conocida como *Red Black Burnished Ware*–, pasando por el litoral marítimo sirio y, como dijimos, llegando hasta el norte del actual Israel, siendo el valle del Jordán la parte más meridional de su presencia (Gandulla 2007). En este mismo sentido, Esse y Hopke (1986) han sostenido que, por la notable cantidad de dicha cerámica, su forma característica y su distribución espacial restringida, es difícil sostener que la "influencia Khirbet Kerak" haya estado limitada a un pequeño grupo de comerciantes, agregando que su paulatina desaparición indica probablemente un caso de movimiento de pueblos.

En un estudio de Iserlis (2009, 181-195) se formula y desarrolla una hipótesis que, en nuestra opinión, concurre a reforzar lo anterior. Este autor realiza un estudio en tres niveles de análisis: tipológico, arqueométrico y de *chaine opératoire*, cuya combinación hace posible exponer una caracterización tecnológica de los grupos cerámicos del sitio con ideas sobre el rol social de artefactos, de productores y de consumidores. Con base en estos estudios, y en relación con el fenómeno Khirbet Kerak en Bet Yerah y su virtual "desaparición" posterior, concluye: "La tecnología cerámica sirvió como un instrumento de construcción de límites sociales en Bet Yerah (…)" por lo que este tipo de vasijas constituyeron "un medio de comunicación entre miembros del grupo y una suerte de límite entre los migrantes y la población indígena local" (Iserlis 2009, 193). De esta manera la tecnología KKW habría preservado la identidad de los migrantes como una entidad separada, siendo su desgaste gradual indicio de "la pérdida de conocimiento asociada con la asimilación" (Iserlis 2009, 193).

En resumen, estaríamos ante la evidencia de un ingreso de población foránea procedente del Transcáucaso que, tras un primer momento de clara diferenciación con respecto a la población local, terminó por asimilarse, fenómeno que implicó la gradual desaparición de sus marcadores culturales.

    Marcelo Campagno / Bernardo Gandulla / Ianir Milevski (eds.)

No sería la única vez que un fenómeno de esta naturaleza tendría lugar, pues en siglos posteriores observamos también la intrusión de elementos de origen septentrional que poco a poco son asimilados por las poblaciones locales. Un ejemplo conocido es el del elemento hurrita, población que durante la segunda mitad del III milenio a.C. habitaba las laderas meridionales del Transcáucaso, pero que algunos han identificado como los portadores de la cultura Khirbet Kerak, hipótesis propuesta originalmente por Burney (1958). Este autor consideró que la población de la ETC, y con ella la de Khirbet Kerak, fueron predominantemente parte del grupo hurrita. Esta antigüedad que, en tiempos de Burney, parecía no poder probarse, hoy se ve confirmada pues "la tesis según la cual los hurritas no habrían inmigrado a la región comprendida entre el Éufrates y el Mediterráneo sino en la época de Mari ha sido refutada por un documento de Kaniš recientemente publicado" (Wilhelm 1996, 176). Steinkeller (1998) también aporta argumentos lingüísticos al plantear que en torno al 2200 a.C. habría tenido lugar una expansión del elemento hurrita hacia el sur, con lo cual fortalece la posibilidad de la identificación cultural con la anterior ETC.

La cerámica de Khirbet Kerak adquiere así el significado de confirmar el influjo septentrional hacia la región del Levante. Este último, sin embargo, no parece haber entrado en colisión con las poblaciones locales, como habría sido el caso de la presencia egipcia durante el BA IB2, sino que mostró una articulación notable con los asentamientos urbanos, aun cuando la cultura ETC pudo haber respondido a pautas de organización aldeana reticentes a la centralización política. La razón de esta diferencia podría residir entonces en la naturaleza de ambas presencias, pues mientras que la egipcia habría intentado imponer sus propias prácticas en beneficio de un centro alejado de la región, la segunda buscaría forjar lazos entre comunidades pequeñas y dispersas ubicadas en distintas regiones.

Conclusión: De la retracción egipcia al incremento de la influencia septentrional

Las bases del urbanismo en Palestina datan del período del BA IB1, cuando es posible constatar la construcción de murallas y de torres que encerraban un espacio dentro del cual comenzaban a aparecer edificios de mayor tamaño y complejidad, quizás templos y/o palacios. Lo anterior era la manifestación de nuevas relaciones sociales que implicaban una mayor división del trabajo y un incremento del intercambio (p.ej., Milevski 2016), surgiendo así una interdependencia entre un espacio rural y otro urbano. El desarrollo de este nuevo sistema de asentamiento habría sido aprovechado por los egipcios en el BA IB2 para desplegar su presencia en el sur del Levante meridional, fortaleciendo estas tendencias urbanas, a lo que sumaron la incorporación de mecanismos administrativos y el establecimiento de fuertes vínculos entre Palestina y el valle del Nilo.

Para comienzos del BA II la presencia egipcia se retrae, pero esto no significa una interrupción de las dinámicas urbanas sino, al contrario, su definitiva consolidación, pasando a constituir uno de los rasgos característicos del paisaje político de la región. No obstante, vemos que este urbanismo se acompaña de pautas culturales contrarias a aquellas que identificaban a los egipcios, impulsando en cambio una cultura más igualitaria y homogénea, dedicando parte importante de sus esfuerzos a las murallas y otras construcciones urbanas, no a las tumbas de los particulares, a la vez que preferían realizar expresiones iconográficas más sencillas y rechazar el uso de la escritura y de otras formas de registro. De esta manera, vemos aparecer algunos rasgos que repercutirían a la larga en la cultura local de períodos posteriores, cuyas ciudades y autoridades políticas parecen más modestas que las de otras partes del Cercano Oriente, incluso de Siria o del Levante septentrional.

La contraposición con el modelo egipcio no impidió que durante el BA III otra cultura se incorporara al escenario palestino, pero esta vez se trataba de un elemento procedente del norte y que parece no haber estado vinculado con anterioridad a contextos urbanos sino, al contrario, a su rechazo. Aun así, logró establecer vínculos con las ciudades cananeas para, después de un par de siglos de diferenciación, terminar por asimilarse a las culturas del Levante meridional. Esta incorporación pareció deberse a que los extranjeros no tenían como objetivo orientar sus esfuerzos hacia un centro político ubicado fuera de la región, sino hacia una multiplicidad de centros menores, como lo eran las ciudades sudlevantinas, evidenciando así otra forma de vinculación, muy distinta a la establecida siglos antes por los visitantes egipcios (p.ej., Greenberg y Palumbi 2015). Esta presencia septentrional habría sentado así precedente para una fuerte influencia desde esta misma dirección sobre la cultura cananea, la cual será más clara en el milenio siguiente, como muestra la onomástica hurrita en los nombres locales (p.ej., Horowitz y Oshima 2006). En otras

     Marcelo Campagno / Bernardo Gandulla / Ianir Milevski (eds.)

palabras, más allá de los ciclos de urbanización que atravesó luego esta región, el influjo septentrional se mantuvo presente. Egipto, en cambio, a pesar de su evidente influencia en períodos posteriores, como en el campo de la iconografía, parece haber sido considerado como un extraño/enemigo, en síntesis, un "otro".

Bibliografía

AMIRAN, R. (1952). "Connections between Anatolia and Palestine in the Early Bronze Age", *Israel Exploration Journal* 2, 89-103.

AMIRAN, R. e ILAN, O. (1992). *Arad: eine 5000 Jahre alte Stadt in der wüste Negev, Israel.* Neumuenster.

ANÐELKOVIĆ, B. (2012). "Hegemony for Beginners: Egyptian Activity in the Southern Levant during the Second Half of the Fourth Millennium B.C.", *Issues in Ethnology and Anthropology* 7(3), 789-808.

ASHKENAZI, H. (2019). "Sometimes Defense is Just an Excuse: Fortification Walls of the Southern Levantine Early Bronze Age", *Cambridge Archaeological Journal* 30 (1), 45-67.

BOURKE, S.J. (2002). "The Origins of Social Complexity in the South Jordan Valley: New Evidence from Teleilat Ghassul, Jordan", *Palestine Exploration Quarterly* 134, 2-27.

BOURKE, S.J. (2014). "Urban Origins in the Early Bronze Age Jordan Valley: Recent Discoveries from Pella in Jordan", en F. Höflmayer y R. Eichmann, R. (eds.), *Egypt and the Southern Levant during the Early Bronze Age.* Rahden, 3-18.

BRAUN, E. (2014). "Observations on Contacts between the Nile Valley and the Southern Levant in Late Prehistory Prior to Dinasty 0", en M.A. Jucha, J. Dębowska-Ludwin y P. Kołodziejczyk (eds.), *Aegyptus Est Imago Caeli. Studies Presented to Kryisztof M. Ciałowicz on his 60th Birthday.* Kraków, 223-234.

BURNEY, C.A. (1958). "Eastern Anatolia in the Chalcolithic and Early Bronze Age", *Anatolian Studies* 8, 157-109.

BURNEY, C.A. (1989). "The Khirbet Kerak Question and the Early Trans-Caucasian Background", en P. de Miroschedji (ed.), *L'Urbanisation de la Palestine à l'âge du Bronze Ancien, actes du Colloque d'Emmaüs II*, British Archaeological Reports, International Series 527. Oxford, 331-339.

CALLAWAY, J.A. (1965). "The 1964 'Ai (et-Tell) Excavations", *Bulletin of the American Schools of Oriental Research* 178, 13-40.

CALLAWAY, J.A. (1980). *The Early Bronze Age Citadel and Lower City at 'Ai (et-Tell).* Cambridge.

CAMPAGNO, M. (2015). "Egyptian Boundaries in the Tale of Sinuhe", en H. Amstutz, A. Dorn, M. Müller, M. Ronsdorf y S. Uljas (eds.), *Fuzzy Boundaries. Festschrift für Antonio Loprieno.* Hamburg, 335-346.

CHESSON, M. (2019). "The Southern Levant during the Early Bronze Age I-III", en A. Yasur-Landau, E.H. Cline y Y.M. Rowan (eds.), *The Social Archaeology of the Levant. From Prehistory to the Present.* Cambridge, 163-182

CISMONDI, E. (2021). "Consideraciones sobre el rol del pastoralismo móvil en el proceso de urbanización en el sur del

Levante durante el Bronce Antiguo", *Revista del Instituto de Historia Antigua Oriental* 22, 167-188.

DAIZO, M.B. (2019). "Circulación de bienes entre Egipto y el Levante meridional en el IV milenio a. C.: una aproximación desde los recientes hallazgos arqueológicos en Tell el-Farkha y Tel Erani", *Revista del Instituto de Historia Antigua Oriental* 20, 23-51.

EISENBERG, E. (1996). "Tel Shalem: Soundings in a Fortified Site of the Early Bronze Age IB", *'Atiqot* 30, 1-24.

ESSE, D.L. y HOPKE, P. (1986). "Levantine Trade in the Early Bronze: From Pots to People", en J. Olin y M.J. Blackman (eds.), *Proceedings of the 24th International Archaeometry Symposium.* Washington, 327-329.

FINKELSTEIN, I. (1995). "Two Notes on Early Bronze Urbanization and Urbanism", *Tel Aviv* 22, 47-69.

FINKELSTEIN, I. (1996). "Toward a New Periodization and Nomenclature of the Archaeology of the Southern Levant", en J.S. Cooper y G.M. Schwartz (eds.), *The Study of the Ancient Near East in the 21st Century. The William Foxwell Albright Centennial Conference.* Winona Lake, 103-124.

FINKELSTEIN, I. y USSISHKIN, D. (2000). "Area J", en I. Finkelstein, D. Ussishkin y B. Halpern (eds.), *Megiddo III: The 1992–1996 Seasons*, Vol. 1, Monograph Series of the Institute of Archaeology of Tel Aviv University 18. Tel Aviv, 25-74.

GANDULLA, B. (2007). "La cerámica Khirbet Kerak (Beth Yerah, Israel) y la etnicidad: un enfoque alternativo", *Runa* 27, 165-180.

GARFINKEL, Y. y BEN-SHLOMO, D. (2009). *Sha'ar Hagolan 2. The Rise of Urban Concepts in the Ancient Near East.* Jerusalem.

GENZ, H. (2002). *Die frühbronzezeitliche Keramik von Khirbet ez-Zeraqōn mit Studien zur Chronologie und funktionalem Deutung frühbronzezeitlicher Keramik in der südlichen Levante*, Abhandlungen des Deutschen Palästina-Vereins 27/2, Deutsch-jordanische Ausgrabungen in Khirbet ez-Zeraqōn 1984–1994, Endberichte 5. Wiesbaden.

GENZ, H. (2010). "Thoughts on the Function of 'Public Buildings' in the Bronze Age Southern Levant", en D. Bolger y L.C. Maguire (ed.), *Development of Pre-State Communities in the Ancient Near East.* Oxford, 46-52.

GOPHNA, R. (ed.) (1995a). *Excavations at 'En Besor.* Tel Aviv.

GOPHNA, R. (1995b). "Early Bronze Age Canaan: Some Spatial and Demographic Observations", en T.E. Levy (ed.), *The Archaeology of Society in the Holy Land.* London, 269-280.

GOPHNA, R. y GAZIT, D. (1995). "The First Dynasty Egyptian Residency at 'En Besor", en R. Gophna (ed.), *Excavations at 'En Besor*, Tel Aviv, 61-70.

GRABBE, L.L. (2007). *Ancient Israel. What do We Know and How do We Know It?* London.

GREENBERG, R. (2017). "No Collapse: Transmutations of Early Bronze Age Urbanism in the Southern Levant", en F. Höflmayer (ed.), *The Late Third Millennium in the Ancient Near East. Chronology, C14, and Climate Change*, Oriental Institute Seminars 11. Chicago, 31-58.

GREENBERG, R., ASHKENAZI, H., BERGER, A., ISERLIS, M., PAZ, Y., ROTEM, Y., SHIMELMITZ, R., TAN, M. y PAZ, S. (2017). "The Circles Building (Granary) at Tel Bet Yerah (Khirbet el-Kerak): A New Synthesis (Excavations of 1945–1946, 2003–2015)", *Bulletin of the American Schools of Oriental Research* 378, 163-202.

Greenberg, R. (2019). *The Archaeology of the Bronze Age Levant*. Cambridge.

Greenberg, R. (2021). "Fragments of an Anarchic Society: Kura-Araxes Territorialization in the Third Millennium BC Town at Tel Bet Yerah", *World Archaeology* 53(3), 384-400.

Greenberg, R. y Ahskenazi, H. (2019). "On the Collective Ethos of Fortification in the Levantine Bronze Age", en S. Hansen y R. Krause (eds.), *Bronze Age Fortresses in Europe*. Bonn, 17-28.

Greenberg, R. y Palumbi, G. (2015). "Corridors and Colonies: Comparing Fourth-Third Millennia BC Interactions in Southeast Anatolia and the Levant", en A.B. Knapp y P. van Dommelen (eds.), *The Cambridge Prehistory of the Bronze & Iron Age Mediterranean*. Cambridge, 111-138.

Hennessy, B. (1967). *The Foreign Relations of Palestine during the Early Bronze Age*. London.

Herzog, Z. (1997). *Archaeology of the City. Urban Planning in Ancient Israel and Its Social Implications*. Jerusalem.

Horowitz, W. y Oshima, T. (2006). *Cuneiform in Canaan. Cuneiform Sources from the Land of Israel in Ancient Times*. Jerusalem.

Ilan, D. (2002). "Mortuary Practices in Early Bronze Age Canaan", *Near Eastern Archaeology* 65(2), 92-104.

Iserlis, M. (2009). "Khirbet Kerak Ware at Tel Beth Yerah: Segregation and Integration through Technology", *Tel Aviv* 36, 181-195.

Jaruf, P. (2019). "Del Calcolítico al Bronce Antiguo en Siria-Palestina: revisando el modelo de la segunda urbanización", *Claroscuro* 18(2), 1-28.

Jaruf, P., Cismondi, E., Kifer, K. y Constanze Lima, L. (2021). "Los inicios del urbanismo en el Levante meridional: evidencias de conflictos armados y posibles interpretaciones", en M. Campagno y A. Gayubas (eds.), *De la guerra y otras formas de violencia en el Cercano Oriente Antiguo*. Buenos Aires, 59-87.

Joffe, A.H. y Dessel, J.P. (1995). "Redefining Chronology and Terminology for the Chalcolithic of the Southern Levant", *Current Anthropology* 36(3), 507-518.

Kempinski, A. y Gilead, I. (1991). "New Excavations at Tel Erani: A Preliminary Report of the 1985-1988 Seasons", *Tel Aviv* 18, 164-191.

Kenyon, K. (1960). *Archaeology in the Holy Land*. London.

Lemche, N.P. (1991). *The Canaanites and Their Land. The Tradition of the Canaanites*. Sheffield.

Levy, T.E. y Holl, E.F.C. (1995). "Social Change and the Archaeology of the Holy Land", en T.E. Levy (ed.), *The Archaeology of Society in the Holy Land*. London / Washington, 4-8.

Mazar, A. y Rotem, Y. (2009). "Tel Bet Shean during the EB IB Period: Evidence for Social Complexity in the Late 4th Millennium BC", *Levant* 41(2), 131-153.

Milevski, I. (2016). *Intercambio de productos en el Levante meridional*, Cuadernos de Arqueología Mediterránea 24. Barcelona.

Milevski, I. (2020). "La Prehistoria tardía en Palestina: los períodos Neolítico, Calcolítico y la Edad del Bronce Antiguo", en F. Luciani y L. Rovira (comps.), *Temas y problemas de historia antiguo-oriental. Una introducción*. Santa Fe, 45-62.

Milesvki, I. y Braun, E. (1993). "Arqueología en Israel: baja Khorvat 'Illin, una aldea del Bronce Antiguo cerca de Beth

Shemesh", *Revista de Arqueología* 142, 8-15.

Milevski, I. y Getzov, N. (2014). "'En Zippori. Preliminary Report", *Hadashot Arkheologiyot - Excavations and Surveys in Israel* 126. [En línea] http://www.hadashot-esi.org.il/Report_Detail_Eng.aspx?id=13675. [Consulta: 14-7-2020].

Milevski, I., Getzov, N. y Paz, Y. (2022). "Uneven and Combined: The Synchronization of the Early Bronze Age I and the First Urbanization of the Southern Levant", en M.J. Adams y V. Roux (eds.), *Transitions during the Early Bronze Age in the Levant. Methodological Problems and Interpretative Perspectives*, Ägypten und Altes Testament 101. Münster, 127-142.

Milevski, I., Yegorov, D., Aladjem, E. y Pasternak, M.D. (2016). "Salvage Excavation at Tel Erani, Areas P to U: Preliminary Report", en K.M. Ciałowicz, Y. Yekutieli y M. Czarnowicz (eds.), *Tel Erani I. Preliminary Report of the 2013-2015 Excavations*. Krakow, 45-57.

Milevski, I., Campagno, M., Gandulla, B., Jaruf, P., Daizo, M. B., Czarnowicz, M., Ochał-Czarnowicz, A., Karmowski, J., Yegorov, D., Cohen-Sasson, E. y Yekutieli, Y. (2019). "Tel Erani, Israel: reporte de la campaña arqueológica de 2018 y sus antecedentes", *Revista del Instituto de Historia Antigua Oriental* 20, 5-22.

Miroschedji, P. de (1990). "The Early Bronze Age Fortifications at Tel Yarmut – An Interim Statement", *Eretz-Israel* 21, 48*-61*.

Miroschedji, P. de (2009). "Rise and Collapse in the Southern Levant in the Early Bronze Age", *Scienze dell'antichità, Storia Archeologia Antropologia* 15, 101-129.

Miroschedji, P. de (2011). "At the Origin of Canaanite Cult and Religion: The Early Bronze Age Fertility Ritual in Palestine", *Eretz-Irsael. Archaeological, Historical and Geographical Studies* 30, 74*-103*.

Miroschedji, P. de (2018). "The Urbanization of the Southern Levant in its Near Eastern Setting", *Origini* 42(2), 109-148.

Miroschedji, P. de (2019). "Early Bronze Age Palaces in the Southern Levant", en M. Bietak, P. Matthiae y S. Prell (eds.), *Ancient Egyptian and Ancient Near Eastern Palaces, Volumen II. Proceedings of a Workshop held at the 10th ICAANE in Vienna, 25-26 April 2016.* Wiesbaden, 159-179.

Miroschedji, P. de y Sadeq, M. (2005). "The Frontier of Egypt in the Early Bronze Age: Preliminary Soundings at Tell es-Sakan (Gaza Strip)", en J. Clarke (ed.), *Archaeological Perspectives on the Transmission and Transformation of Culture. A View from the Eastern Mediterranean*, Levant Supplementary Series 2. Oxford, 155-169.

Nigro, L. (1994). *L'architettura palaziale della Palestina nelle Età del Bronzo e del Ferro*, Contributi e Materiali di Archeologia Orientale 5. Roma.

Nigro, L. (2019). "Tell es-Sultan/Ancient Jericho in the Early Bronze Age II-III", en E. Gallo (ed.), *Conceptualizing Urban Experiences. Tell es-Sultan and Tall al-Khammām Early Bronze cities across the Jordan*, ROSAPAT 13. Roma, 79-108.

Paz, Y. y Elad, I. (2022). "Old Memories and New Consciousness: Forging New Social Identity in the EB IB City of 'En Esur", en G.D. Stiebel, D. Ben-Ami, A. Gorzalczany, Y. Tepper e I. Koch (eds.), *In Centro. Collected Papers Vol. II, Memory*. Tel Aviv, 63-85.

Pfoh, E. (2020). "Aspectos del tribalismo político en el Levante meridional durante la Edad del Bronce Tardío", *Antiguo Oriente* 18, 235-260.

Philip, G. y Millard, A.R. (2000). "Khirbet Kerak Ware in the Levant: The Implications of Radiocarbon Chronology and Spatial Distribution", en C. Marro y H. Hauptmann (eds.), *Chronologies des pays du Caucase et de l'Euphrate aux IVᵉ–IIIᵉ millénaires,* Varia Anatolica 9. Paris, 279-296.

Sagona, A. (1984). *The Caucasian Region in the Early Bronze Age,* British Archaeological Reports, International Series 214. Oxford.

Sagona, A. (2018). *The Archaeology of the Caucasus. From Earliest Settlements to the Iron Age.* Cambridge.

Sala, M. (2007). *L'architettura sacra della Palestina nell 'età del Bronzo antico I–III: Contesto archeologico, analisi architettonica e sviluppo storico,* Contributi e materiali di archeologia orientale 13. Roma.

Shai, I. y Uziel, J. (2010). "The Whys and Why Nots of Writing: Literacy and Illiteracy in the Southern Levant during the Bronze Ages", *KASKAL. Rivista di storia, ambienti e culture del Vicino Oriente Antico* 7, 67-83.

Smith, A.T. (2015). *The Political Machine. Assembling Sovereignty in the Bronze Age Caucasus.* Princeton / Oxford.

Stager, L.E. (1985). "The First Fruit of Civilization", en J.N. Tubb (ed.), *Palestine in the Bronze and Iron Ages. Papers in Honour of Olga Tufnell.* New York, 172-188.

Steinkeller, P. (1998). "The Historical Background of Urkesh and the Hurrian Beginnings in Northern Mesopotamia", en G. Buccellati y M. Kelly-Buccellati (eds.), *Urkesh/Mozan Studies 3: Urkesh and the Hurrians. Studies in Honor of Lloyd Cotsen,* Bibliotheca Mesopotamica 26. Malibu, 75-98.

Ussishkin, D. (2015). "The Sacred Area of Early Bronze Megiddo: History and Interpretation", *Bulletin of the American Schools of Oriental Research* 373, 69-104.

Vaux, R. de (1962). "Les fouilles de Tell el Far'ah: rapport preliminaire sur les 7e, 8e, 9e campagnes 1958-1960 (suite)", *Revue Biblique* 69, 212-253.

Wilhelm, G. (1996). "L'état actuel et les perspectives des études hourrites", en J.-M. Durand (ed.), *Amurru 1. Mari, Ébla et les Hourrites, dix ans de travaux, Actes du colloque international (Paris, mai 1993).* Paris, 175-187.

Yadin, Y. (1955). "The Earliest Record of Egypt's Military Penetration into Asia", *Israel Exploration Journal* 5(1), 1-16.

Yekutieli, Y. (2008). "Symbols in Action – The Megiddo Grafitti Reassessed", en B. Midant-Reynes, Y. Tristant, J. Rowland y S. Hendrickx (eds.), *Egypt and Its Origins 2. Proceedings, of the International Conference "Origin of the State, Predynastic and Early Dynastic Egypt", Toulouse (France), 5ᵗʰ-8ᵗʰ September 2005,* Orientalia Lovaniensia Analecta 172. Leuven / Paris / Dudley MA, 807-837.

Yekutieli, Y. (2014). "The Early Bronze Age Southern Levant: The Ideology of An Aniconic Reformation", en B. Knapp y P. van Dommelen (eds.), *The Cambridge Prehistory of the Bronze and Iron Age Mediterranean.* Cambridge, 609-618.

www.ingramcontent.com/pod-product-compliance
Lightning Source LLC
LaVergne TN
LVHW041511170726
843492LV00005B/1455